Dieses Buch ist für meine Familie. Liebe!

Janina Uhse

meine Glücklichküche

Ihr Lieben,

eines war für mich klar: Wenn ich ein Buch rausbringe, dann mache ich es richtig. Ich wollte alle Entscheidungen selber treffen und aktiv die Verantwortung tragen, um meine Geschichte zu erzählen. Die Geschichte eines „Natural Born Foodie". Ich kann da nichts für! Ich bin so.

Aufgewachsen mit Großeltern, die – seit ich denken kann – leidenschaftliche Gastronomen sind, einer Mutter, die schon immer hervorragend die gesamte Familie bekocht hat – und den Reisen. Den Reisen, die ich in meiner Kindheit und Jugend erleben durfte, die mir das Tor zu einer bunten, andersartigen, neuen Welt geöffnet haben. Die Liebe zum Essen und die Leidenschaft für Zutaten verbindet über alle Grenzen und ist eine international verständliche und wunderbare Sprache. Hier ist es also – mein erstes Kochbuch! Ohne euch aber wäre das alles nicht möglich gewesen. Ich blicke auf über drei sooo leckere Jahre Janina and Food zurück, die ihr mit eurem Input und eurer Kreativität so sehr geprägt habt. Danke! Ohne euch, ohne die Janina and Food-Community, würde ich noch immer in meiner kleinen Küche für meine Freunde und mich kochen, und so ist es doch gleich 1000 Mal schöner! Deshalb für euch: eine kulinarische Reise vom Anfang bis zum Hier und Jetzt und noch viel, viel weiter ... von Herzen eure

Janina

Ohne euch?

| André | **FOTOGRAF**

| Michelle | **ASSISTENTIN**

| Tim | **AUTOR**

| Su | **MANAGERIN**

Erst das Zusammenspiel von Leidenschaft, Liebe und Professionalität macht solch ein Herzensprojekt möglich. Ohne die Menschen hinter diesen Polaroids wäre dieses Buch nicht real geworden. Etwas Handfestes mit Freunden aus Träumen bauen ist ein Wahnsinnsgefühl. Danke, ihr Herzensmenschen, dass ihr „Meine Glücklichküche" möglich gemacht habt.

André Josselin | Deine Fotos erzählen Geschichten, ohne dass sie einen Text benötigen würden. Die kulinarische Reise mit dir war „super nice". Arigatou Gozaimasu. **Tim Gutke** | Nie würde ich ein Buch ohne dich machen. So nah dran und ein Schreibstil, bei dem die langweiligste Geschichte lustig und emotional wird. Team für immer! **Michelle Sitter** | Deine bunten Pins, deine strukturierte Arbeit und dein veganer Lifestyle – für Janina and Food unersetzlich. **Su Song** | Ohne dich gäbe es Janina and

Ohne mich!

| Jürgen | ARTDIRECTOR

| Joana | ILLUSTRATORIN

| Ulla | KOCH-BUDDY

| Marina | FOOD-FOTOGRAFIN

Food wohl gar nicht. Seit der Geburtsstunde mit dabei, nun kann unser Baby schon laufen. Wahnsinn. Ulla Killing | Einzigartig, detailverliebt, über den Tellerrand hinaus, mutig und kreativ. Das bist du und das ist es, was du Janina and Food mitgibst. Marina Jerkovic | Wenn ich deine Food-Bilder sehe, läuft mir das Wasser im Mund zusammen. Was braucht man mehr für ein Kochbuch?! Guten Appetit. Joana Köhl | Als ich eine selbst gezeichnete Geburtstagskarte von dir bekommen habe, war mir klar: Dich brauch ich für das Kochbuch! Deine Liebe zum Detail macht „Meine Glücklichküche" zu etwas Einzigartigem. Jürgen Kaffer | Mit dir habe ich den tollsten und fähigsten Artdirector gefunden. Darüber hinaus erträgst du meine manchmal mangelnde Entscheidungsfreudigkeit immer geduldig und bist bereit, auch noch am späten Abend bei einem Glas Rotwein via Telefon alle Details wieder und wieder durchzugehen.

Was ihr beim Kochen bedenken solltet ...

Ich nehme euch durch dieses Buch in meine Vergangenheit mit. Es ist also so etwas wie eine Zeitmaschine zu meinen Wurzeln. Ich bereise mit euch Orte und wir treffen Menschen, die mich so sehr geprägt haben.
Und: Gemeinsam bereisen wir neue Orte, um von den dort lebenden Menschen zu lernen. Und das Grande Finale, wie sollte es anders sein: Berlin, meine Wahlheimat, eine große gedeckte Tafel, die tollsten Freunde und purer Genuss. Im Folgenden habe ich euch einen kleinen Leitfaden zusammengestellt, der euch vielleicht dabei helfen wird, das Buch, meine Art zu kochen und meine Herangehensweisen noch besser zu verstehen.

KEIN STRESS Es gibt eine Sache, die mir ganz wichtig ist: Kochen und Essen sollten im besten Fall Spaß machen. Macht euch keinen Stress, wenn ihr mal eine Zutat nicht zu Hause habt, versucht, sie gegen etwas anderes auszutauschen, oder lasst sie weg. Genau das Gleiche gilt für Zutaten, die ihr nicht mögt. Kochen ist Experimentieren – bringt immer euren eigenen Geschmack ein und probiert Neues aus. So macht ihr aus Essen mehr als eine reine Nahrungsaufnahme. So wird ein Spaß daraus und Spaß macht ja bekanntlich glücklich, oder?

VEGANISIEREN Ihr werdet in diesem Buch Gerichte finden, die nicht vegan oder vegetarisch sind. Lasst euch davon nicht sofort abschrecken, hier ist eure Kreativität gefragt! In den meisten Fällen gibt es Möglichkeiten, die Gerichte ohne Fleisch, Fisch oder ganz ohne tierische Produkte zuzubereiten. Anstelle von Kuhmilch nehmt ihr pflanzliche Milch. Statt Butter Pflanzenöl, statt Quark findet ihr Sojaalternativen in fast jedem gut sortierten Supermarkt. Anstelle von Honig greift ihr zu Agavendicksaft, Ahornsirup, Stevia oder Kokosblütenzucker, statt Fleisch geht auch Tofu, Saitan, Jackfruit oder Gemüse.
Ihr seht, mit etwas Kreativität ist das kein Problem.

WERKZEUGE Um die Rezepte in diesem Buch nachzukochen, braucht ihr keinerlei Profigeräte, sondern einfaches Besteck. Das sollte sich in der Küche befinden:
- Scharfe Messer
- Töpfe und Pfannen (in unterschiedlichen Größen und ofenfest)
- Schneidebrett
- Mixer
- Handrührgerät
- Spring- und Kastenform, Backblech
- Sparschäler

GEWÜRZE Es gibt für mich ein paar Gewürze, die in keiner Küche fehlen sollten. Ihr werdet sie in vielen Gerichten hier im Kochbuch finden, aber auch unabhängig davon lohnt es sich, diesen Gewürzvorrat zu Hause parat zu haben:
- Pfeffer aus der Mühle (frisch gemahlener Pfeffer ist viel aromatischer als der pulverisierte)
- Salz (Fleur de Sel und Salzflocken)
- Chiliflocken
- Honig und Agavendicksaft
- Zimt
- Ras el Hanout
- Frischer Knoblauch und Ingwer
- Kaltgepresstes Olivenöl
- Essig (Weißwein, Balsamico, Apfelessig, Estragon)
- Sojasoße

VORBEREITUNG Gemüse und Obst sollten vor dem Verzehr immer gewaschen oder geputzt werden, um Schmutz, Rückstände und Bakterien zu entfernen. Aber: Wascht es nicht schon direkt nach dem Einkauf ab, dann verliert es seine natürliche Schutzschicht und verdirbt schneller.

... es geht nicht darum, perfekt zu sein. Befreit euch, seid neugierig, genießt, probiert etwas Neues aus und esst, was euch glücklich macht!

Alleine auf diesem Tisch liegen sicher zig Variationen und unterschiedliche Gerichte. Was macht man draus? Probiert euch aus! Ich habe daraus mit Koch Tarik Rose in Hamburg ein ganzes Menü auf dem Grill gemacht. Wie und was? Schaut ab Seite 74

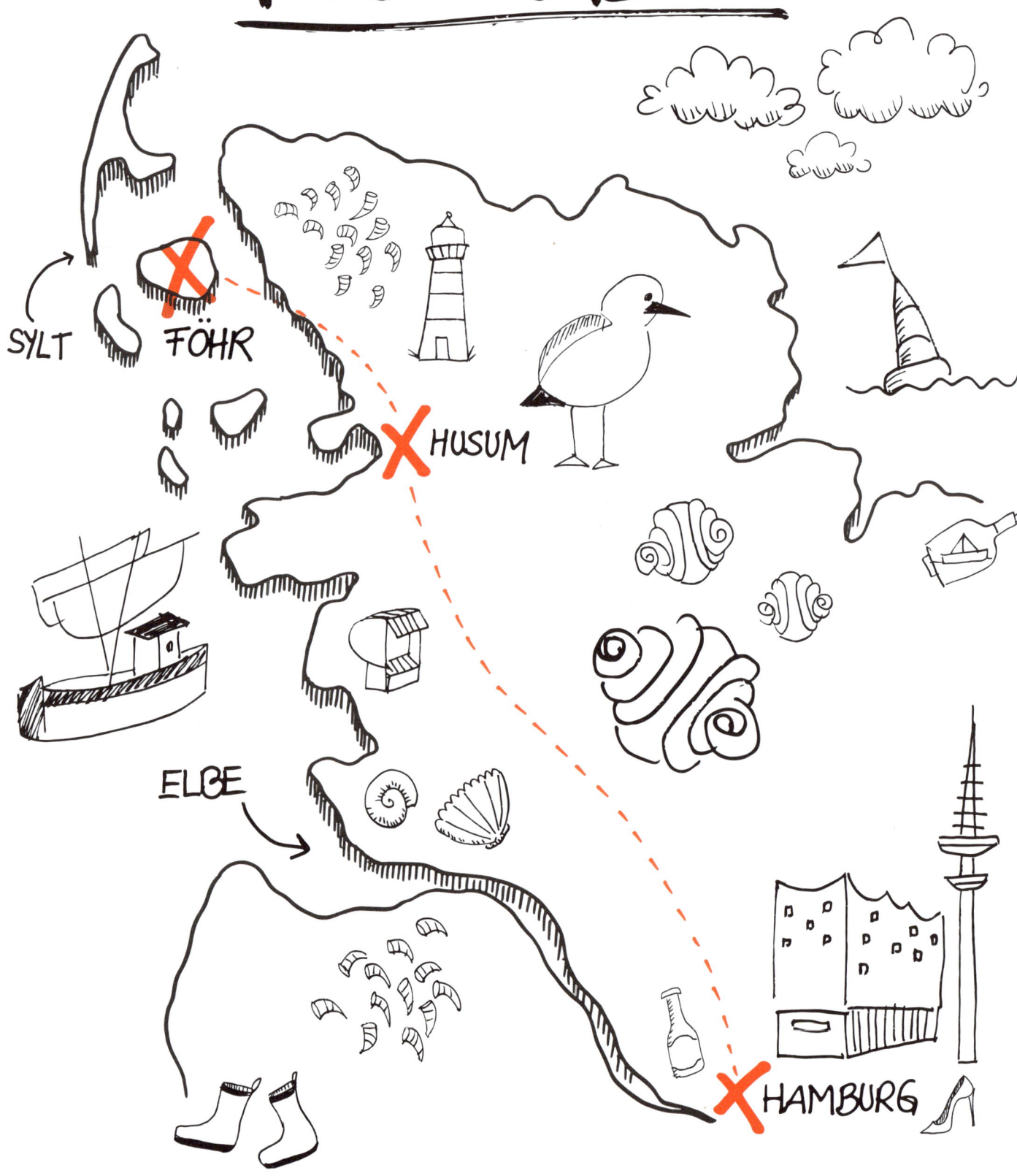

Ruf *der* Heimat

Seite 30
Opas Miesmuscheln

Seite 34
Mamas Rübenschmaus

Seite 36
Klopse à la Uhse

Seite 38
Omas Fliederbeersuppe mit Klüten

Seite 40
Opas Lieblingsbutterkuchen

Seite 46
Steak mit Rotwein-Balsamico-Reduktion und Kartoffelgratin

Seite 48
Caponata mit Schwips

Seite 58
Feinste friesische Krabbensuppe

Seite 60
Krabbenrührei mit Zitronensalz – aber bitte mit Sahne

Seite 70
Apfel-Franzbrötchen-Brot

Seite 72
Frühaufsteher-Trümmertorte mit Erdbeeren

Seite 80
Grill-Aubergine mit Burrata und Tomatensalsa

Seite 82
Kotelett vom Landschwein mit gegrilltem Brokkoli

Seite 84
Grill-Banane mit Passionsfrucht und Dulce de Leche

Seite 88
Wassermelonensalat mit Rucola und Schafskäse

Seite 90
Dip, Dip, hurra!

Seite 92
Grillantischer Erdäpfelsalat

STORIES

Seite 26
Wo alles begann – Opa kocht

Seite 42
Nordwein? Das ist doch Watt!

Seite 52
Ein Krustentier, das lob ich mir – eine Ausfahrt mit dem Krabbenkutter

Seite 64
Ich backe, also bin ich – so macht man Franzbrötchen

Seite 74
Feuer frei! Grillen mit Tarik Rose

Diese Gerichte sind vegan

INHALT 10 → 11 NORDEN

RAUS UND DAVON

Seite 110
Happy Spicy Tan Tan Ramen

Seite 120
Erdbeer-Matcha-Sando

Seite 122
Die Kopfsalat-Tee-Affäre

Seite 124
Fast Tokio Overnight-Matcha-Oats

Seite 134
Janinas Quick Okonomiyaki

Seite 136
Handwarme Süßkartoffel

Seite 140
Weltbestes Popcorn

Seite 146
Ruckzuck-Reise-Eiweißbrot

Seite 148
Angezogene Jahrmarktsfrüchtchen

Seite 158
Onigirazu – das Sushi-Sandwich

Seite 160
Lachs mit Miso-Butter

Seite 162
Ofenfisch aus der Kindheit

Seite 172
Salty Rindfleisch-Teriyaki

Seite 174
All Black Spicy Chicken

Seite 176
Black-and-Green-Bowl

STORIES

Seite 106
Ramen – die Ursuppe der Japaner

Seite 114
Grün ist die Hoffnung – ein Teemeister lädt ein

Seite 128
Straßenmampf – Streetfood von seiner leckersten Seite

Seite 138
Alle Jahre wieder – der deutsche Weihnachtsmarkt in Osaka

Seite 150
Fishing for compliments – auf dem größten Fischmarkt des Landes

Seite 166
Soja – Hausbesuch bei einer der letzten Sojasoßenmanufakturen

INHALT 12 — 13 JAPAN

Diese Gerichte sind vegan

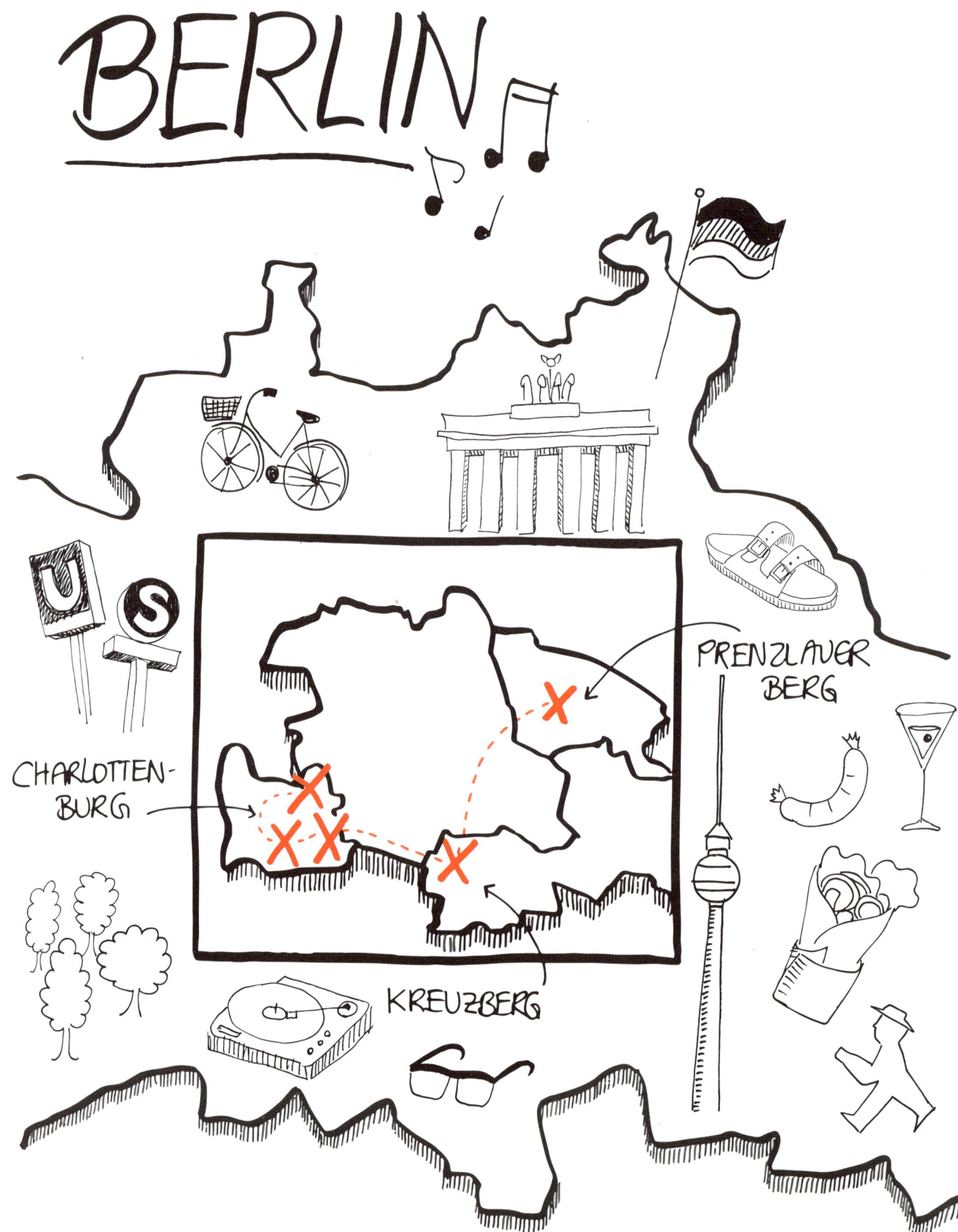

Hier im Jetzt

Seite 188
Klaus' Nice Cream

Seite 190
Das schnellste Eis der Welt

Seite 192
Frozen Fruit-Cake

Seite 198
Linsensuppe aus dem Morgenland

Seite 200
Wüstenblume mit Granatapfel

Seite 202
Die Wurzeln des Orients

Seite 206
Bini's Monkey Ponkey

Seite 208
Sundowner-Gemüse-Chips

Seite 210
Hangover-Radieschen

Seite 212
Geröstete Bier-Bar-Nüsse

Seite 223
Sentas Paleo-Kuchen

Seite 224
Ullas Ofenkürbis

Seite 225
Iris' Kartoffelsuppe

Seite 226
Evas Soba-Nudeln mit Lachsspießen

Seite 230
Friends Wedge-Salat

Seite 232
Quetschkartoffeln – die Absoluten Giganten

Seite 234
Avocado & Grapefruit – Ziemlich beste Freunde

Seite 236
Maishähnchen – Bang Boom Bang

STORIES

Seite 184
Ice, Ice, Baby – der Eismacher vom Prenzlauer Berg

Seite 194
Döner macht schöner – Berlin, so multikulti

Seite 204
Wenn die Nacht zum Tag wird – das Nachtleben der Hauptstadt

Seite 214
Tischdeko – so decke ich am liebsten

Seite 218
Cooking with friends – das große Finale

Diese Gerichte sind vegan

INHALT 14 — 15 BERLIN

Ruf der Heimat

Geboren als Nordlicht, empfinde ich oft eine Sehnsucht nach dem Meer, den Menschen und dem Essen hier. Kernig, ehrlich und doch lieblich – dieser Mix erdet mich. Es ist die Heimat meines Herzens

54°40'53.5"N 8°28'49.6"E

NORDEN

16
↓
17

Ich habe diese Fahrt schon oft gemacht: Föhr, Husum und Hamburg. Doch immer wieder gibt es unterwegs Orte und Begegnungen, die mich inspirieren und Dinge neu betrachten lassen. Im Norden wurde mein kulinarischer Grundstein gelegt und jede Reise durch diese Region ist auch eine Reise zu mir selbst

54°40'47.0"N 8°32'55.0"E

Wenn ich bei meinen Großeltern auf Föhr bin, ist das immer auch eine Verbindung zu meiner Kindheit. Meine Mutter wurde auf der Insel geboren und Spaziergänge am Strand oder eine Wattwanderung machen mich bis heute richtig glücklich. Die Anreise mit der Fähre ist zwar immer etwas beschwerlich – aber das macht ja auch den Reiz der Nordseeinsel aus

Als ich Tarik Rose anrief, sagte er: „Ja, zornik, kommst bei mir rum und wir grillen am Fähranleger." Auch deshalb schlägt mein Herz für die Hanseaten – echte Weltbürger mit klaren Kanten. Und natürlich haben wir am Fähranleger Teufelsbrück, unter seinem Restaurant, gegrillt, während oben die Gäste à la carte speisten

53°32'47.1"N 9°51'49.0"E

Zwischen der Nordseeinsel und meinem Herzen gibt es eine direkte Verbindung. Bis heute leben meine Großeltern dort – mit Blick aufs Meer und einem Restaurant im Parterre. In dieses Gefühl von scheinbar endloser Weite habe ich mich früh verliebt – und ich spüre es noch heute, wenn ich in Dagebüll die Fähre nach Föhr betrete. Das Restaurant gehörte mal meinen Großeltern und immer wenn ich sie besuchte, wuselte ich zwischen den Gästen umher. Ich war als kleine Kellnerin gar nicht so schlecht. Zumindest bekam ich gutes Trinkgeld, das ich dann für Trampolin und Eis ausgegeben habe. Und, seid ihr reif für die Insel?

Wo alles begann

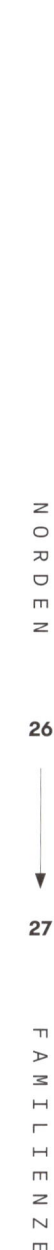

Zu Föhr habe ich eine einzigartige Beziehung. Meine Großeltern leben hier, meine Mutter wurde auf der Insel geboren und als Kind verbrachte ich hier viel Zeit – im Restaurant von Oma und Opa. Es waren die Geburtsstunden eines Natural Born Foodie

Föhr, einst eine Insel der Walfänger, heute Touristenmagnet in der Ostsee

Klar gehören Miesmuscheln zum Norden wie Möwen und Strand. Aber niemand bereitet sie in meiner Welt so lecker zu wie Oma und Opa

Noch heute steigt dieses besondere Föhr-Gefühl bereits an der Mole in Dagebüll in mir auf – wie schon immer, genau an diesem Ort. Wenn die Fähre, die zwischen Festland und Insel pendelt, anlegt, spüre ich, es bricht eine ganz besondere Zeit an – die Insel-Tage beginnen.

Föhr hat eine interessante Geschichte. Ich habe sie mir mal im Friesenmuseum in Wyk angehört. Ich habe dort auch Butter selbst gemacht, aber das ist eine ganz andere Geschichte.

Wenn ich mich recht erinnere, war Föhr vor über 300 Jahren die

Opas **Miesmuscheln**

ZUTATEN FÜR 2 PERSONEN

```
    2 kg  Miesmuscheln
  1 Bund  Suppengrün (Sellerie,
          Möhren, Lauch,
          Petersilie)
      1   Gemüsezwiebel
 750 ml   Wasser
  1 Pck.  Muschelgewürz (findet ihr in jedem
          gut sortierten Supermarkt im Gewürzregal)
      4   Lorbeerblätter
      1   Stückchen Butter
 250 ml   Weißwein
          Salz
          Pfeffer
```

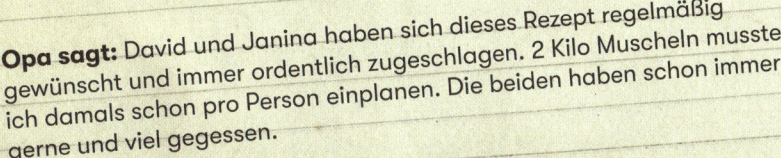

Opa sagt: David und Janina haben sich dieses Rezept regelmäßig gewünscht und immer ordentlich zugeschlagen. 2 Kilo Muscheln musste ich damals schon pro Person einplanen. Die beiden haben schon immer gerne und viel gegessen.

So wird's gemacht:

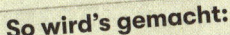

Die Muscheln unter kaltem Wasser abbrausen, um mögliche Schmutzreste zu entfernen.
Das Suppengemüse und die Zwiebel klein würfeln.
In einem großen Topf das Wasser mit dem Muschelgewürz, Lorbeerblättern, Salz und Pfeffer aufkochen lassen. Das klein geschnittene Gemüse in das köchelnde Wasser geben und für ca. 10 Minuten bissfest kochen. Im Anschluss Butter und Weißwein hinzugeben und nochmals kurz aufkochen lassen.
Die Miesmuscheln in den Sud geben und den Topf mit einem Deckel abdecken. Den Topf immer wieder hin und her rütteln, damit die Muscheln gleichmäßig gegart werden. Gerne auch die Muscheln zwischendurch mit dem heißen Sud übergießen.
Unbedingt den Sud zwischendurch probieren und abschmecken. Gegebenenfalls nachwürzen.
Die Muscheln sind fertig, wenn sie geöffnet sind. Das dauert in der Regel nicht länger als 8 Minuten.

Insel der Walfänger. Von hier aus segelte man ins Eismeer und jagte den Meeressäugern nach, um aus ihrem Fett den Tran für die Öllampen zu gewinnen.
Zu dieser Zeit stand kein Baum auf der Insel und die Föhrer nutzten die Walknochen als Baumaterial – ziemlich martialisch. Heute sieht die Welt auf der kleinen Insel na-

türlich anders aus. Die Fährstrecke von Dagebüll nach Wyk beträgt elf Kilometer. Noch bevor das Schiff im Hafen anlegt, kann man schon einige der 1800 Strandkörbe der Insel sehen – und das Haus meiner Großeltern. Es liegt direkt am Strand, und wenn ich oben auf dem Deck der Fähre stehe, stelle ich mir dann immer vor, wie Oma und Opa ihrerseits auf der Terrasse sitzen und zu mir rüberschauen. „Manfred", sagt dann meine Oma, „Janinchen ist gleich da."

Meine Großeltern leben seit Anfang der 1960er hier und einige Jahre später wurde meine Mutter auf der Insel geboren – die emotionale Nähe ist dementsprechend hoch. Gabriele und Manfred, meine Großeltern, sind mit Leib und Seele Gastronomen. Seit ich denken kann, standen sie hinter ihrem Tresen, plauderten mit Gästen oder brachten dampfende Gerichte und kühle Getränke an die Tische. In demselben Haus, in dem sie heute noch leben, befand – und befindet sich – im Anbau das Valentino, das Restaurant der beiden. Noch heute, auch wenn sie es nicht mehr betreiben, trägt es denselben Namen.

Ich hatte tolle Jahre im Valentino. Wenn meine Eltern als Schausteller auf den Jahrmärkten unterwegs waren, verbrachte ich diese Zeit häufig auf der Insel bei Oma und Opa. Ich habe dann – als Dreikäsehoch – im Restaurant mitgeholfen. Fleißig wuselte ich zwischen den Tischen und Stühlen umher. Es gab sogar Gäste, die nur von mir bedient werden wollten, behauptet zumindest mein Opa. Noch heute erzählt er lachend, dass ich manchmal mehr Trinkgeld bekommen habe als der angestellte Kellner. Ich habe dieses Geld gut in meine Zukunft investiert – in Eis und Trampolinspringen am Strand.

Vor sieben Jahren haben die zwei das Valentino verkauft, aber die Leidenschaft für Kulinarik, Geselligkeit und Gesellschaft ist geblieben. Deswegen wird auch jedes Mal, wenn sie die Insel verlassen, auf dem Festland ein Restaurant ausgesucht, das eine Küche bietet, die es auf Föhr nicht gibt – und das sind einige.

Man muss wissen: So eine Insel ist ein ganz eigener kleiner Kosmos. Föhr passt flächenmäßig ziemlich genau zehnmal in meine Wahlheimat Berlin. Und dann, wenn die Touristen im Winter nur noch vereinzelt kommen, sind die 8 300 Bewohner unter sich (und von denen flüchtet mindestens auch die Hälfte gen Süden). Viele Restaurants und Bars bleiben dann für einige Wochen oder gar Monate geschlossen. Die Föhrer, die bleiben, besinnen sich auf die Familie. Es wird gemeinsam gekocht, gelesen oder bis tief in die Nacht gequasselt. Ich genieße auch diese Phasen, es ist eben eine ganz andere Seite der Insel. Aus dieser Zeit stammt wahrscheinlich auch das – ich muss es schreiben – legendäre Familienrezept für die Miesmuscheln.

Es galt und gilt ja, Muscheln nur in den Monaten mit einem „r" zu essen. Also in der kalten Jahreszeit von September bis April. Diese Regel gilt heutzutage tatsächlich noch immer – zumindest für fangfrische Muscheln. Der Grund war und ist, dass zum einen die Muscheln zwischen Mai und August laichen und daher das Fleisch von minderer Qualität ist. Und: Muscheln ernähren sich von Algen. Diese nehmen wiederum Gifte aus dem Meer auf, die sie gegebenenfalls an die Muscheln weitergeben. So etwas passiert in den Sommermonaten – kaum zur kalten Jahreszeit, weil die Algenblüte abgeschlossen ist. Wer im Sommer Lust auf Muscheln hat, kann sie tiefgekühlt bedenkenlos genießen, sie werden vorher in sauberem Wasser gelagert und scheiden so mögliche Giftstoffe aus. Die geschlossene Kühlkette garantiert also das ganze Jahr „frische" Muscheln.

Und wie verhält es sich mit den Mythen um die Muscheln? Kürzlich wurde einer entkräftet: Galt doch immer die eiserne Regel, dass Muscheln, die sich nach dem Kochen nicht geöffnet haben, schlecht seien. Doch so scheint es nicht zu sein. Der australische Meeresbiologe Nick Ruello und sein Team haben im Selbsttest über 32 Monate kiloweise Muscheln gegessen und geschlossene mit einem Messer geöffnet. Sie konnten keine finden, die schlecht gewesen wäre. Ruello glaubt, der Mythos stammt aus einem Kochbuch von 1973, von dem dann alle abgeschrieben hätten. Ich vermag das nicht zu sagen. Mythen halten sich wacker, und vielleicht ist am Ende doch ein Funken Wahrheit dran. Ich muss es euch überlassen, was ihr glauben wollt.

Gemeinsam essen ist für mich ein elementarer Baustein des Kochens. Zusammen lachen, über das Erlebte sprechen oder einfach nur Zeit verbringen und genießen – echte Glücksmomente

Mamas Rübenschmaus

ZUTATEN FÜR 4–6 PERSONEN

1	Steckrübe (ca. 1 kg)
700 g	vorwiegend festkochende Kartoffeln
500 g	Möhren
1	große Gemüsezwiebel
2 EL	Butterschmalz
2	Lorbeerblätter
3	Wacholderbeeren
1,2 l	Gemüsebrühe
400 g	Kassler, gepökelt, vom Nacken
4	Kohlwürste/Knacker
5 EL	scharfer Senf (den benutzt meine Mutter, ihr könnt natürlich auch mittelscharfen nehmen)
1 Bund	Petersilie
	Salz
	Pfeffer
	Zucker

Wenn mich jemand fragt: Was ist dein Lieblingsgericht?, fällt die Antwort meist kurz und knapp aus. Rübenschmaus! Kaum ein anderes Gericht versetzt mich mit sofortiger Wirkung direkt zurück in meine Kindheit. Und wer kann es am besten kochen? Natürlich Mama! Deshalb hier das Original. Rübenschmaus von meiner Mama.

So wird's gemacht:

Steckrübe, Kartoffeln und Möhren schälen und würfeln. Zwiebel pellen und auch diese in Würfel schneiden.

Butterschmalz in einem großen Topf schmelzen lassen und das Gemüse darin andünsten. Lorbeerblätter und Wacholderbeeren dazugeben und mit Salz, Pfeffer und einer Prise Zucker würzen. Mit 1,2 Liter Gemüsebrühe aufgießen und ca. 20 Minuten köcheln lassen.

Nach 20 Minuten das Kassler und die Kohlwürste/Knacker hinzugeben und weitere 15 Minuten köcheln lassen.

Lorbeerblätter und Wacholderbeeren herausfischen und das Fleisch und die Würste beiseitelegen, um das Gemüse mit einem Kartoffelstampfer grob zu pürieren. Pertersilie klein schneiden, ein paar Blättchen beiseitelegen. Mit Senf und Petersilie würzen und gegebenenfalls mit Salz und Pfeffer nachwürzen.

Fleisch in Stücke schneiden und mit den Kohlwürsten/Knackern zurück in den Topf geben, die restliche Petersilie hacken, mit Petersilie und einer extra Portion Senf servieren.

ZUBEREITUNGSZEIT

15 Minuten
(+ 45 Minuten Garzeit)

Klopse à la **Uhse**

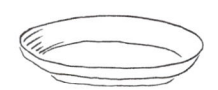

ZUTATEN FÜR 4 PERSONEN

FÜR DIE KLOPSE

1	Zwiebel
2	Scheiben Toastbrot
600 g	Kalbshackfleisch
1 EL	Senf, mittelscharf
2	Eier, Größe M
3	Sardellen
1 EL	gehackte Kapern, nach Belieben
1 EL	gehackte Petersilie, nach Belieben
1,4 l	Gemüsebrühe
30 g	Butter
30 g	Mehl
50 ml	Weißwein
100 ml	Schlagsahne
3 EL	Kapern (+1 EL Kapernsud)
1	Lorbeerblatt
	Petersilie
	Salz und Pfeffer

FÜR DAS KARTOFFELPÜREE

1 kg	Kartoffeln, mehlig kochend
30 g	Butter
100 ml	Sahne
100 ml	Milch
	Salz und Pfeffer
	Muskatnuss

FÜR DEN ROTE-BETE-SALAT

500 g	vakuumierte Rote Bete
1 Bund	Schnittlauch
2 EL	Estragon-Essig
3 EL	Olivenöl
1 Prise	Zucker
	Salz und Pfeffer

Wenn ich an meine Kindheit denke, gibt es zwei Gerichte, die ich mir immer gewünscht habe: Rübenschmaus und Königsberger Klopse mit extra viel Kapern – so esse ich sie immer noch am liebsten!
(Sorry, Mama, ich habe das Rezept noch etwas perfektioniert.)

So wird's gemacht:

Zwiebel sehr fein würfeln, Toastbrot in kaltem Wasser einweichen und gut ausdrücken, mit Zwiebeln, Kalbshack, Senf, Eiern, Salz und Pfeffer und den sehr fein geschnittenen Sardellen zu einem glatten Teig verkneten, evtl. nachwürzen. Nach Belieben kann man noch die gehackten Kapern und Petersilie zur Fleischmasse hinzugeben. Mit nassen Händen zu 14–16 Klopsen formen.
Die Gemüsebrühe (1 l) mit dem Lorbeerblatt aufkochen und die Klopse darin bei milder Hitze 8–10 Minuten gar ziehen lassen. Butter bei mittlerer Temperatur zerlassen und das Mehl unter ständigem Rühren anschwitzen. Mit Wein, 400 ml Brühe und Schlagsahne unter Rühren ablöschen und aufkochen lassen, dabei ständig rühren. Klopse in der Soße erwärmen.
Kapern, Kapernsud und Petersilie unterrühren, Soße eventuell mit Salz und Pfeffer nachwürzen.

Für das Püree die Kartoffeln schälen und in einen Topf mit Wasser geben und kochen. Sobald die Kartoffeln gar sind, den Topf vom Herd nehmen und das Wasser abgießen.
Butter, Sahne und Milch (wer mag, kann die Butter, Sahne und Milch in einem kleinen Topf erwärmen, damit die Butter schmilzt) zu den Kartoffeln geben und mit einem Kartoffelstampfer zerquetschen und gut verrühren.
Das Püree mit Salz, Pfeffer und Muskatnuss abschmecken und bis zum Servieren warm stellen.

Für den Salat die Rote Bete würfeln. Alle restlichen Zutaten in einer Schüssel vermengen und über die Rote-Bete-Würfel geben. Als Beilage zu den Königsberger Klopsen servieren.

ZUBEREITUNGSZEIT

ca. 1 Stunde 15 Minuten
(+8-10 Minuten Garzeit)

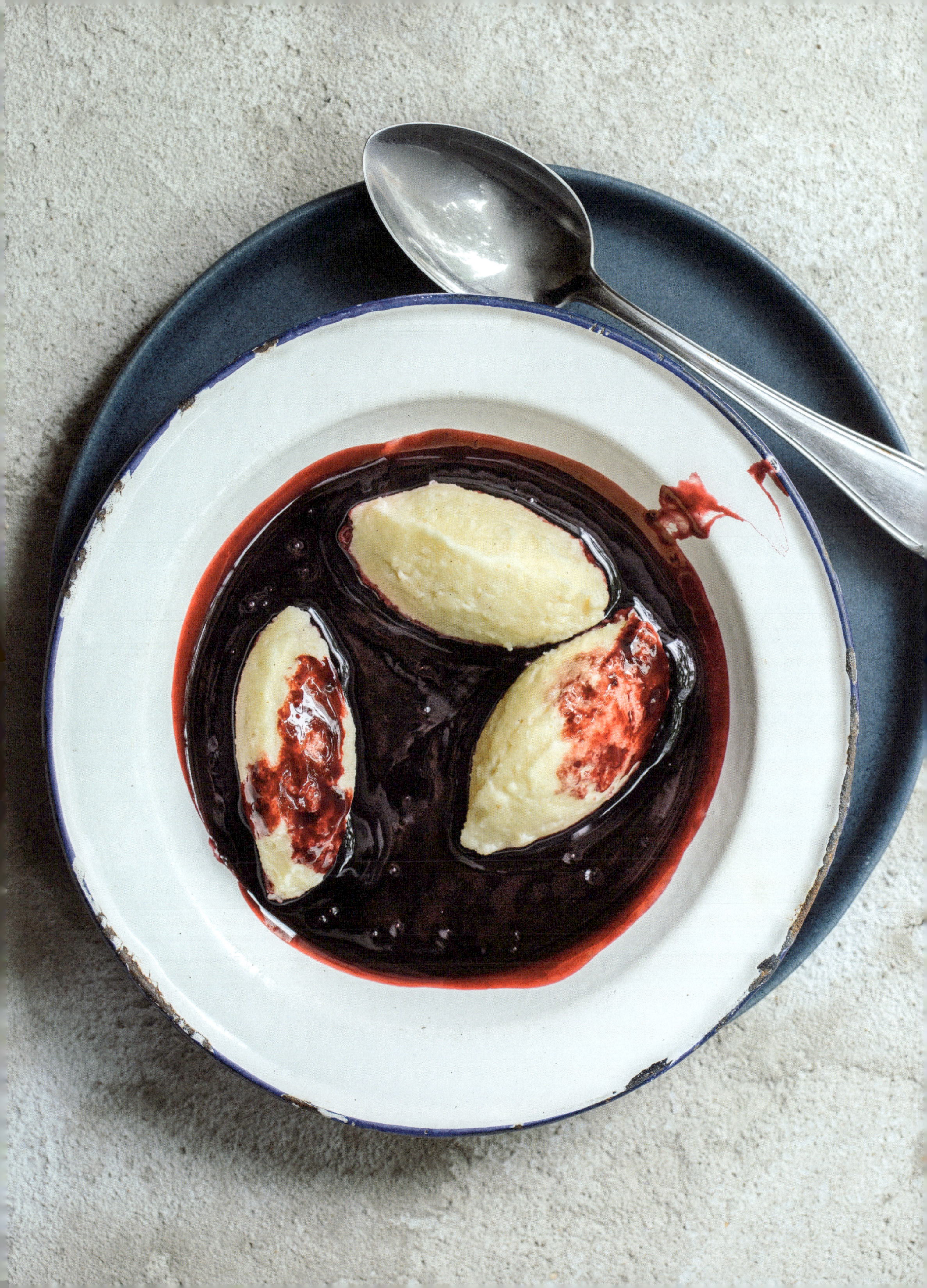

Omas Fliederbeersuppe mit Klüten

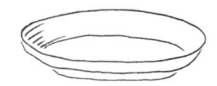

ZUTATEN FÜR 4 PERSONEN

FÜR DIE GRIESSKLÜTEN

- 500 ml Milch
- 20 g Butter, weich
- 1½ TL Zucker
- 1 TL Vanillepaste
- 125 g Hartweizengrieß
- 1 l Wasser
- 1 Ei, Größe M
- Salz

FÜR DIE SUPPE

- 400 ml Fliederbeersaft-Direktsaft (oder Holundersaft, den bekommt ihr im Biomarkt oder im Reformhaus)
- 200 ml Apfelsaft
- 30 g Zucker (ich mag es nicht so süß, wenn ihr es süßer möchtet, nehmt 40 g)
- 1 Zimtstange
- ¼ abgeschälte Schale von Bio-Orange
- ¼ TL Nelke, gemahlen
- 1 Kardamom-Kapsel, leicht angedrückt
- 1 EL Zitronensaft
- 1 EL geh. Vanillepuddingpulver
- 2 EL Orangensaft, frisch gepresst

ZUBEREITUNGSZEIT

20 Minuten
(+5-6 Minuten Garziehzeit)

Über dieses Gericht könnte ich tausend Anekdoten erzählen. Zum Beispiel hat mir eine meiner Omas morgens, bevor ich zur Schule gegangen bin, immer heißen Fliederbeersaft gemacht. Meine andere Oma hatte damals Fliederbeersträucher in ihrem Garten. Immer nachdem sie die frischen Beeren gepflückt hat, gab es Omas Fliederbeersuppe mit Grießklüten.

Meine Mutter hat in ihrer Schwangerschaft topfweise Grießpudding gegessen. Kein Wunder, dass ich Fliederbeersuppe mit Grießklüten so liebe.

So wird's gemacht:

Für die Grießklüten Milch, Butter, eine Prise Salz, Zucker und Vanillepaste aufkochen. Den Hartweizengrieß unter ständigem Rühren einrieseln lassen und bei milder Hitze 4–5 Minuten quellen lassen, dabei mehrmals umrühren.

Die fertig gequollene Masse in eine Schüssel füllen und das Ei sofort mit dem Handrührgerät (oder den Knethaken der Küchenmaschine) unterarbeiten. Die Grießmasse auf der Oberfläche mit Klarsichtfolie bedecken und abkühlen lassen.

Aus der ausgekühlten Grießmasse mit zwei Teelöffeln kleine Nocken abstechen. Dabei die Teelöffel zwischendurch mit heißem Wasser befeuchten, so bleibt die Masse nicht an den Löffeln kleben. Wasser in einen Topf füllen, leicht salzen und kurz warten, bis es zu sieden beginnt. Nocken in zwei Portionen ins siedende Wasser geben und bei geöffnetem Deckel und milder bis mittlerer Hitze 5–6 Minuten gar ziehen lassen. Mit der Schaumkelle herausheben und gut abtropfen lassen.

Für die Suppe Fliederbeer- und Apfelsaft, Zucker, Zimtstange, Orangenschale, Nelke, Kardamom und Zitronensaft aufkochen und bei geöffnetem Deckel bei starker Hitze 5 Minuten einkochen.

Puddingpulver im Orangensaft anrühren, unter Rühren zur bereits kochenden Gewürzmischung geben und alles erneut aufkochen lassen.

Die Grießklüten vorsichtig auf die Suppe setzen, kurz erwärmen und die Suppe mit Grießklüten servieren.

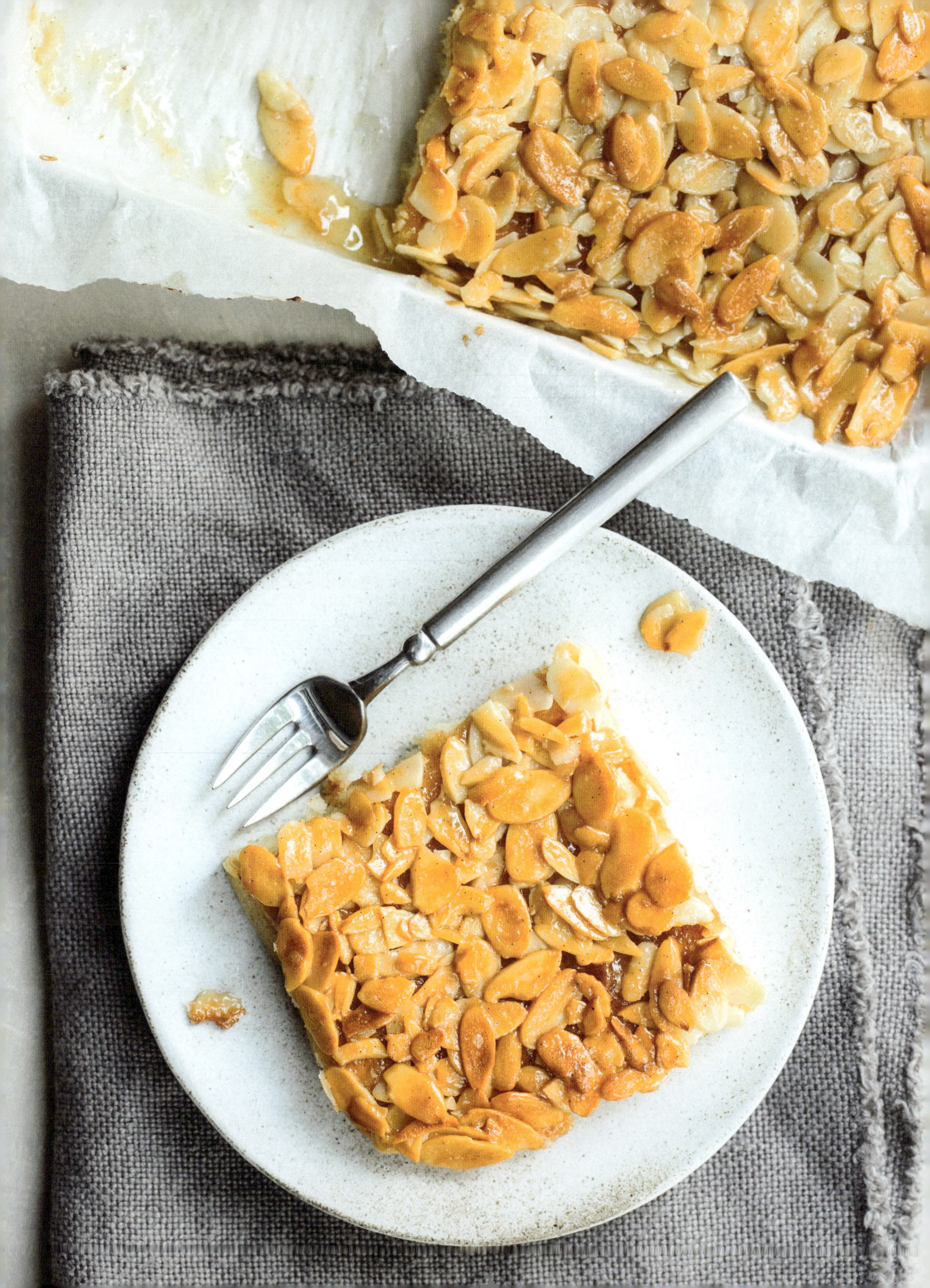

Opas Lieblingsbutterkuchen

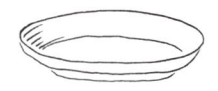

ZUTATEN FÜR 1 BACKBLECH

FÜR DEN BODEN

200 ml	Sahne
150 g	Zucker
3	Eier, Größe M
200 g	Mehl
1 TL	Vanillepaste
1 TL	Backpulver
	Salz

FÜR DEN BELAG

180 g	Butter
300 g	gehobelte Mandeln
130 ml	Sahne
170 g	Zucker
1 TL	Vanillepaste

Bei jedem norddeutschen Bäcker findet man diesen Kuchen. Selbst gemacht, so einfach, aber so genial!

So wird's gemacht:

Backofen auf 170 °C Ober- und Unterhitze (150 °C Umluft) vorheizen. Alle Zutaten für den Boden in einer Rührschüssel fluffig aufschlagen. Auf ein mit Backpapier belegtes Backblech streichen und für ca. 10 Minuten backen.

Inzwischen die Butter bei milder Hitze in einem Topf schmelzen und dann die anderen Zutaten für den Belag hinzufügen. Wenn sich alles gut verbunden hat, Topf vom Herd nehmen, kurz abkühlen lassen und dann auf den vorgebackenen Boden geben. Den Kuchen weitere 25 Minuten goldbraun backen.

Den Kuchen aus dem Ofen nehmen und am besten auf einem Gitter abkühlen lassen.

ZUBEREITUNGSZEIT

10 Minuten
(+ 35 Minuten Backzeit)

CADUS
- FRANCE -
Origine

Irgendwie klingt es doch recht befremdlich: Nah am Watt, auf einer deutschen Nordseeinsel, stehen Weinreben. Nur wenige Autominuten von meinen Großeltern entfernt, wird auf dem Gut Waalem Wein gekeltert. Und was passt besser zu einem leckeren Gericht als ein feiner Tropfen, gezogen aus dem Heimatboden?

Von der Straße aus sieht man das weiße Herrenhaus nicht. Geschickt hinter den großen Bäumen versteckt, ist die Überraschung umso größer, als ich über den verschlungenen Schotterweg das Anwesen erreiche. Die grünen Reben, die bis zum Deich und damit fast zur Wasserkante reichen, scheinen sich hier im rauen Klima des Nordens prächtig zu entwickeln.

„Das war hier nicht immer so", sagt Christian Roeloffs und kommt mir die wenigen Stufen vom Portal entgegen. „Erst die Erderwärmung macht es möglich", erklärt der Geschäftsführer und meint es eher sarkastisch als begeistert. Insbesondere für ihn als gebürtigen Insulaner sind die Erderwärmung und der damit verbundene Anstieg des Meeresspiegels ein Horrorszenario. Darauf soll auch das Wappentier am Eingang des Weinguts Waalem hinweisen – es ist ein Eisbär. Der stumme Wächter des Hauses hat es als Sinnbild des Klimawandels sogar auf das Etikett der Weinflasche geschafft – eine tragische Ehre. Und so befindet sich im Obergeschoss des

Nordwein? Das ist doch *Watt!*

Der Eisbär im Eingangsbereich war mal ein Geschenk. Nun soll er daran erinnern, dass der Klimawandel uns alle angeht – und Weinanbau so hoch im Norden auch nicht immer möglich war

Hauses auch die wohl umfangreichste Bibliothek zum Thema Arktisforschung. Das Klima und die damit verbundenen Veränderungen sind auf der Nordseeinsel allgegenwärtig.

Doch wie kam es nun zum Weinanbau auf Föhr? Im Jahr 2008 wurde Schleswig-Holstein das Weinbaurecht erteilt. Daraufhin begann man schon ein Jahr später damit, die ersten Weißweinsorten Johanniter und Solaris anzupflanzen. Heute bewirtschaftet das Weingut Waalem 4,4 Hektar in Nieblum und Alkersum. Im Jahr 2018 gab es einen Ertrag von 10 000 Litern. Daraus wurden zwei Weißweine, der Kul und der Réserve, dazu ein Sekt, der Brut. Es sind eher trockene Weine. Und während der Kul fruchtige Aromen wie Apfel, Birne, Zitrus und Honigmelone vereint, sind es beim Réserve Grapefruit, Birne und Stachelbeere. Hilft das? Nein? So beschreibt es der Winzer des Hauses. Ich kann nur sagen: Beide sind unfassbar lecker, aber der Sekt ist mein Favorit.

Wer einmal eine Weinernte erleben möchte, kann sich als Freiwilliger melden. Denn jedes Jahr zwischen September und Oktober – der Winzer legt den perfekten Zeitpunkt nach Sonneneinstrahlung und Niederschlag fest – wird geerntet. Viele Insulaner helfen mit. „Heute, wenn ich die Geschichte des Weinguts erzähle, klingt es so einfach", sagt Roeloffs, „aber am Anfang haben es viele als Schnapsidee abgetan." Er nippt an seinem Weinglas und lacht. „Also, der erste Wein 2011 war aber auch wirklich 'ne Katastrophe." Ich liebe die Friesen für ihre ganz klare Art, auf die Dinge zu blicken. Mit ihren Ideen sind Christian Roeloffs und sein Team noch nicht am Ende – ein Grappa und ein Weinbrand sollen bald kommen.
Wer es bei einem Inselbesuch nicht aufs Weingut schafft, kann die Verkostung auf der Fähre nachholen – auch dort bekommt man Piccolo-Fläschchen des friesischen Tropfens.

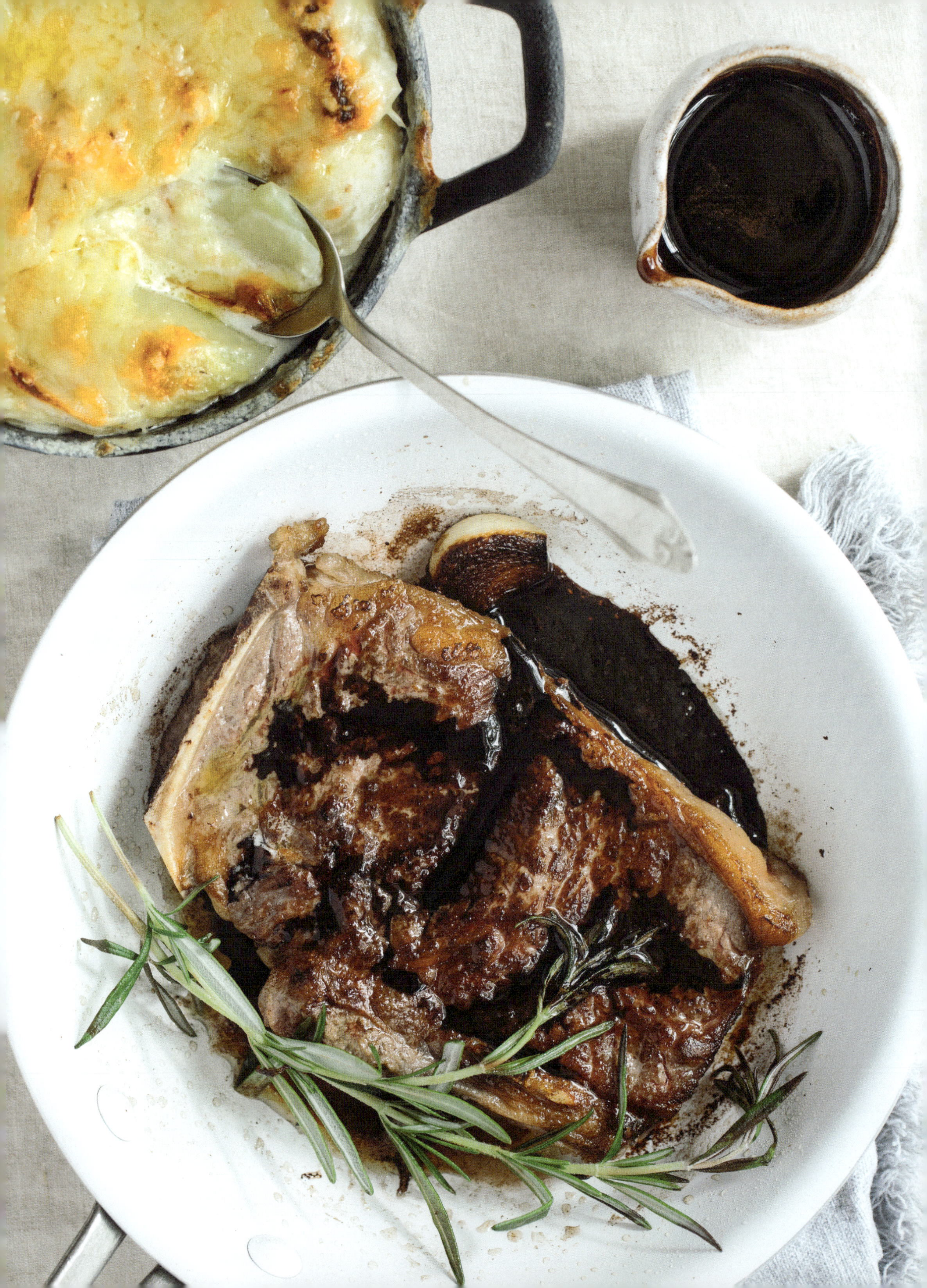

Steak mit **Rotwein**-Balsamico-Reduktion und Kartoffelgratin

ZUTATEN FÜR 4 PERSONEN

FÜR DIE BALSAMICO-REDUKTION

- 250 ml Rotwein
- 120 ml Balsamico-Essig
- 2 EL brauner Zucker

FÜR DIE STEAKS

- 4 Rumpsteaks à 200 g
- 1 EL Rosmarin
- 2 Knoblauchzehen
- 2 EL Olivenöl (hitzebeständig)
- 2 EL Butter
- Salz
- Pfeffer

FÜR DAS KARTOFFELGRATIN

- 800 g Kartoffeln (vorwiegend festkochend)
- 1 EL Butter
- 100 ml Milch
- 100 ml Sahne
- ¼ TL Muskatnuss
- 1 Knoblauchzehe
- 100 g Gruyère-Käse, gerieben

ZUBEREITUNGSZEIT

Steaks mit Reduktion:
35 Minuten
(+ 10 Minuten Backzeit)
Kartoffelgratin:
15 Minuten
(+ 40 Minuten Backzeit)

Ich liebe es, meine Soßen mit Wein zu verfeinern, das gibt den gewissen Pfiff. Diese Reduktion ist supereasy, ihr braucht nur ein wenig Geduld beim Einkochen.

So wird's gemacht:

Rotwein, Balsamico-Essig und braunen Zucker in einen kleinen Topf geben. Der Zucker soll sich in der Flüssigkeit komplett auflösen. Einmal aufkochen lassen, dann die Hitze reduzieren und bis zur Hälfte einkochen, bis eine sirupähnliche Konsistenz erreicht ist.
Rosmarin hacken, Knoblauch in Scheiben schneiden, Steaks mit Rosmarin und Knoblauch in Olivenöl für mindestens 30 Minuten marinieren. Den Backofen auf 230 °C Ober- und Unterhitze (210 °C Umluft) vorheizen.

Pflanzenöl in einer ofenfesten Grillpfanne erhitzen. Die marinierten Steaks auf beiden Seiten kurz braten. Butter dazugeben, die Steaks darin schwenken und mit einem Löffel übergießen. Steaks im heißen Backofen 4 Minuten ruhen lassen.

Inzwischen das Kartoffelgratin zubereiten, dafür den Ofen auf auf 200 °C Ober- und Unterhitze (180 °C Umluft) vorheizen. Währenddessen die Kartoffeln in Scheiben schneiden oder in feine Scheiben hobeln, eine Auflaufform mit Butter einstreichen und die Kartoffelscheiben darin aufrecht schichten.

Milch, Sahne, Salz und Pfeffer, Muskatnuss und Knoblauch mischen und über die Kartoffelscheiben gießen.

Das Kartoffelgratin auf der mittleren Schiene für 35 Minuten backen. Im Anschluss das Gratin aus dem Ofen holen, mit Käse bestreuen und für weitere 5 Minuten gratinieren, bis es schön knusprig braun ist.

Das Fleisch mit der Balsamico-Reduktion beträufeln, mit Salz und Pfeffer abschmecken und mit Kartoffelgratin servieren.

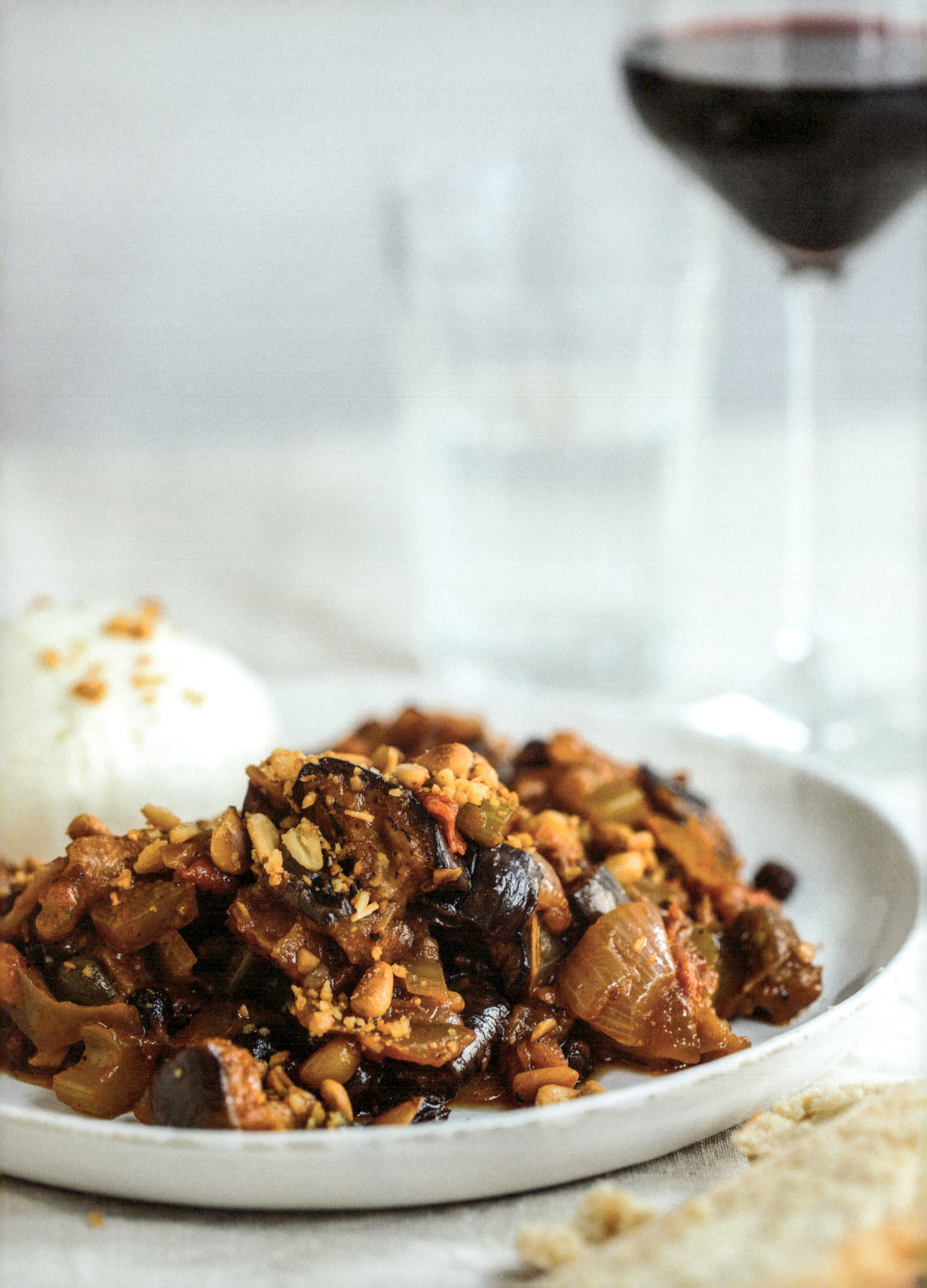

Caponata mit **Schwips**

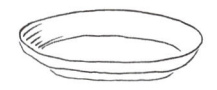

ZUTATEN FÜR 4 PERSONEN

- 3 EL Rosinen
- 100 g Pinienkerne
- 50 g ganze Mandeln, ungeschält
- 1 große Aubergine
- 8 EL Olivenöl
- 1 Gemüsezwiebel
- 4 reife Tomaten
- 2 Knoblauchzehen
- 2 Selleriestangen
- 1 EL Zucker
- 80 ml Rotwein
- 1 EL Abrieb einer Bio-Orange
- 2 EL Kapern
- Salz
- Pfeffer

Eines meiner liebsten italienischen Gerichte und in meinem Rezept mit Rotwein verfeinert – besser geht's nicht!

So wird's gemacht:

Rosinen für 30 Minuten in lauwarmem Wasser einweichen. Pinienkerne und Mandeln in einer Pfanne ohne Fett goldbraun rösten.

Aubergine in Würfel schneiden. In einer großen Pfanne 4 EL Olivenöl erhitzen und Auberginenwürfel rundum kräftig anbraten und zur Seite stellen.

Gemüsezwiebel und Tomaten in Würfel schneiden, Knoblauch in Scheiben schneiden. Selleriestangen in 1 cm große Stücke schneiden.

In einem Topf das übrige Olivenöl erhitzen. Zwiebel darin glasig dünsten. Knoblauch, Sellerie und Zucker hinzufügen und mitdünsten. Mit Rotwein ablöschen. Tomatenstücke und gebratene Auberginenwürfel hinzufügen und etwa 20 Minuten köcheln lassen. Dann Orangenabrieb, Rosinen, Kapern und Pinienkerne hinzufügen. Zum Schluss Mandeln unterheben.
Mit Salz und Pfeffer kräftig abschmecken und für weitere 20 Minuten köcheln lassen.

Caponata lauwarm oder kalt servieren. Dazu schmecken geröstetes Brot und Mozzarella hervorragend.

ZUBEREITUNGSZEIT

15 Minuten
(+ 40 Minuten Garzeit)

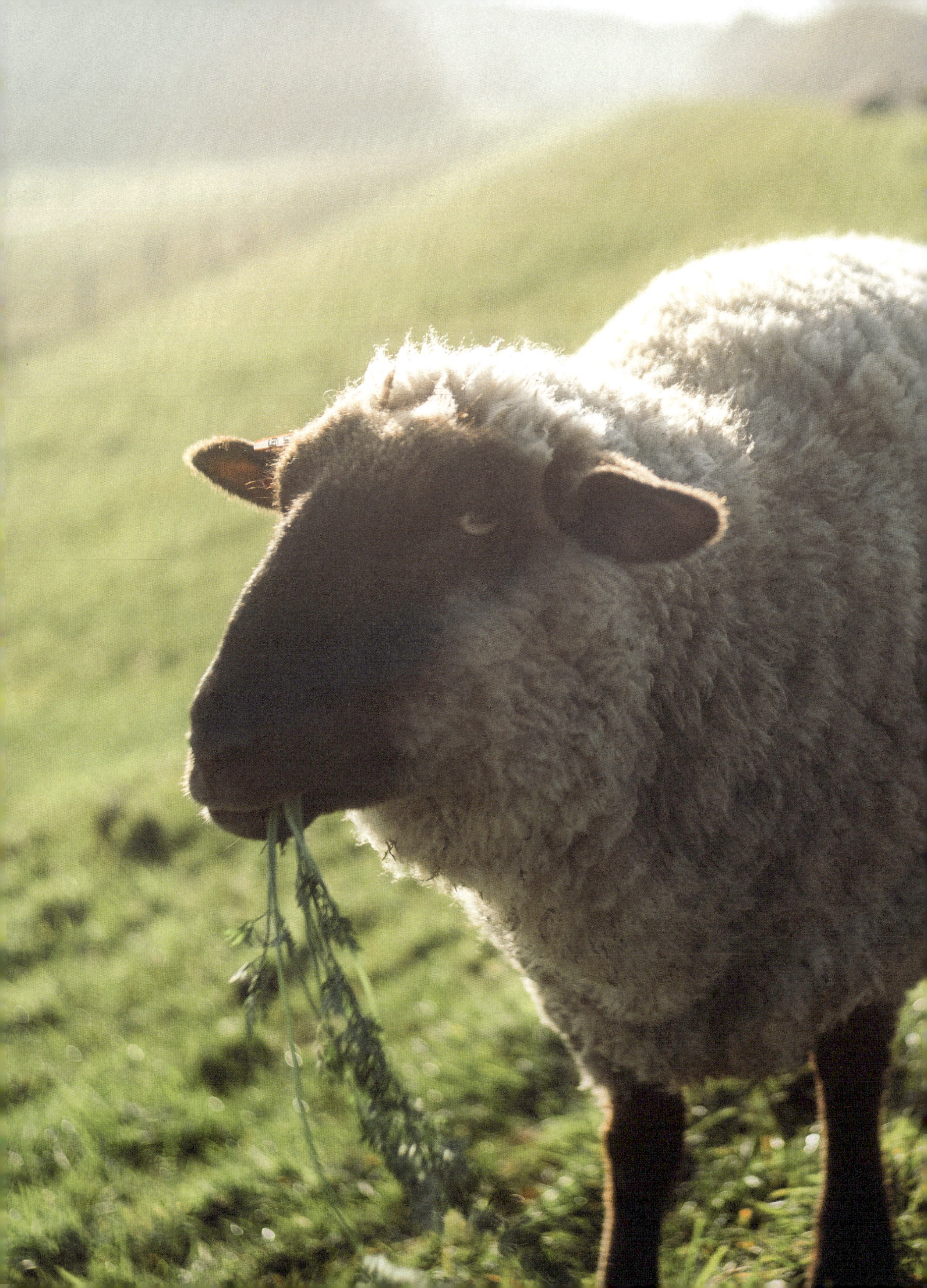

husum

In dem Küstenort wurde ich geboren. Zugegeben, eher zufällig, weil meine Eltern als Schausteller im Oktober 1989 gerade in Husum mit ihrem Autoscooter auf dem Jahrmarkt standen. Dennoch komme ich gerne nach Husum – hier serviert man den besten Dorsch mit Senfsoße und bekommt Krabben direkt vom Kutter – zum Selberpulen.

Vom nordfriesischen Husum aus brechen die Krabbenkutter
zu ihren mehrtägigen Reisen in die Fanggebiete vor der Küste
auf. Ein guter Grund anzuheuern ...

Ein Krustentier, das lob ich mir

NORDEN

52
↓
53

KRABBEN

Husum, die Hafenstadt im Norden, hat knapp 22 000 Einwohner und eine Menge Schalentiere vor der Küste

„Moin", ruft Sönke Hansen von der Reling rüber und macht die Ostpreußen am Pier fest. Der 42 Jahre alte Kutter ächzt, als er vom Restschwung gegen die Hafenpoller gedrückt wird. Der 300-PS-John-Deere-Motor verstummt, es ist still. Vereinzelt kreischt eine Möwe, irgendwo bellt ein Hund. Es ist sechs Uhr in der Früh, das erste Tageslicht vertreibt die Dunkelheit der Nacht.

Und schon jetzt ist klar: Krabbenkutterkapitän muss man aus Überzeugung werden, denn besonders attraktiv sind die Arbeitsbedingungen nicht. In der Saison – die im März beginnt und dann fast das ganze Jahr andauert, wenn das Schiff nicht reparaturbedingt in den Docks liegt – bricht Sönke Hansen sonntags zu seinen Fanggebieten bis nach Helgoland und Dänemark auf und kehrt erst am Freitag zurück in seinen Heimathafen Husum. Doch eine Garantie, dass der stählerne Bauch der Ostpreußen dann mit Nordseekrabben gefüllt ist, hat er nie. Die bis zu neun Zentimeter lange Nordseegarnele wird auch Granat, Porre, Krevette oder Sandgarnele genannt – bis zu dreimal pro Jahr legen die Weibchen Eier ab, 8 000 bis 26 000 Stück. Wohl etwa seit dem 17. Jahrhundert wird das Tier im Wattenmeer gefangen. „Jo, dieses Jahr haben wir sooo viele Krabben da draußen, ich könnte fünf Boote vollmachen", sagt Sönke in feinstem Friesisch.

Vor zwei Jahren sah die Sache noch völlig anders aus, da befürchtete man sogar, die alljährlichen Husumer Krab-

Krabbenkutterkapitän aus Leidenschaft. Sönke Hansen hat auf seiner Ostpreußen bereits gelernt, bevor er sie dann gekauft hat. Er ist einer von etwa 200 Krabbenfischern in Schleswig-Holstein. Schon sein Vater war Fischer

bentage absagen zu müssen – das touristische Highlight an der norddeutschen Küste. Nicht Überfischung war die Hauptursache – auch wenn die schleswig-holsteinische Flotte im Jahresdurchschnitt 6 000 Tonnen anlandet –, sondern ein kleiner Fisch, der Wittling. „Die Krabbe ist ein Zugtier und wandert im Herbst aus dem flachen Wattenmeer in tiefere Gewässer", sagt Sönke. Und da wartet dann der hungrige Fisch. Und die Fischer. Da sich aber einer von beiden an Fangquoten halten muss, bleiben die Krabbenbestände trotz Doppelbelastung weitgehend stabil.

Wenn dann aber die Netze mal prall gefüllt an Deck gezogen werden, läuft die Verarbeitung fast automatisch. Die Krabben werden direkt an Bord gewaschen, fünf Minuten in Salzwasser gekocht und dann in den Kühlraum verfrachtet. Die weißen Kisten fassen jeweils exakt 20 Kilo ungepulte Krabben. Von ihrer Schale werden sie übrigens nach wie vor von Hand befreit. Bis 1990 hat man diese Arbeit noch auf heimischem Boden verrichtet, doch EU-Hygienevorschriften und die Lohnkosten haben ein bizarres System geboren: Die frischen, abgekochten Krabben gehen auf eine lange Reise von Norddeutschland bis nach Marokko, um dort gepult zu werden. Das heißt: Wer im Husumer Supermarkt eingepackte Nordseekrabben kauft, bekommt welche auf den Tisch, die vor der Haustür gefangen und dann einmal durch Europa gefahren wurden. Derzeit findet ein Umdenken statt und es wird versucht, Betriebe im Norden anzusiedeln, die diese Arbeit übernehmen – die Umwelt wird es danken.

Schon als Kind hatte ich immer großen Spaß daran, Krabben zu pulen. Das einzig Frustrierende daran war (und daran hat sich bis heute kaum etwas geändert), dass nach einer scheinbar endlosen Session kaum Krabbenfleisch auf dem Teller lag, da ich bereits während des Pulens alles aufgefuttert hatte.

PUL MAL!

Von einer Krabbe bleibt nach dem Pulen nur etwa ein Drittel übrig. Und ihr Preis schwankt gewaltig – fast wie eine Aktie – je nach Fangerfolg, Quote und Bestand. „Derzeit bekomme ich 2,80 Euro je Kilo. Ungepult", sagt Sönke. An den Hamburger Landungsbrücken kostete ein Krabbenbrötchen mit 150 Gramm Krabbenfleisch zur selben Zeit 11,50 Euro, in einem Berliner Luxuskaufhaus im Westen sogar 18,95 Euro. Drei Orte, zwei Welten.

Bei jeder Fahrt verlässt Sönke sich auf seinen Instinkt, seine jahrelange Erfahrung und auf ein bisschen Glück – kein Echolot hilft ihm bei der Suche, denn Krabben lassen sich nicht orten. Wenn man bedenkt, wie lange der Mensch dem kleinen Krustentier bereits nachstellt, ist es verwunderlich, dass niemand so ganz genau sagen kann, wann wo wie viele Tiere zu finden sind. Bei allen Herausforderungen will Sönke dennoch keinen anderen Beruf ausüben. „Schon mein Vater war Fischer und ich wollte immer unabhängig sein. Mit einem eigenen Schiff und einer kleinen Mannschaft", sagt er.

Auf der Ostpreußen hat Sönke als junger Mann gelernt, später hat er das Schiff dann gekauft. Nun führt er seine eigene kleine Mannschaft, bestehend aus ihm und einem Matrosen, in die besten Fanggebiete vor der Küste. Ob eines seiner Kinder das Geschäft übernehmen möchte? Sönke weiß es nicht. Und wer weiß auch schon, was dann mit den Krabben ist.

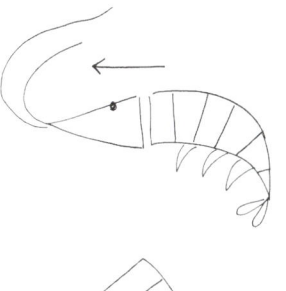

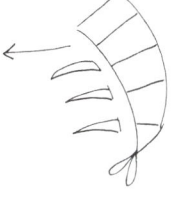

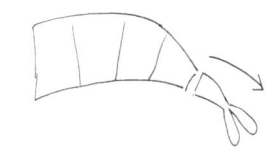

Mit ein wenig Übung ist Krabbenpulen ganz leicht. Den Kopf der Krabbe zwischen Daumen und Zeigefinger fixieren – nicht quetschen. Mit der anderen Hand das Hinterteil greifen und ohne Druck drehen, bis der Panzer in der Mitte aufbricht. Nun vorsichtig die hintere Hälfte der Schale am Schwanz festhalten und ziehen. Zum Schluss das Krabbenfleisch vorsichtig aus dem Kopf des Tieres lösen

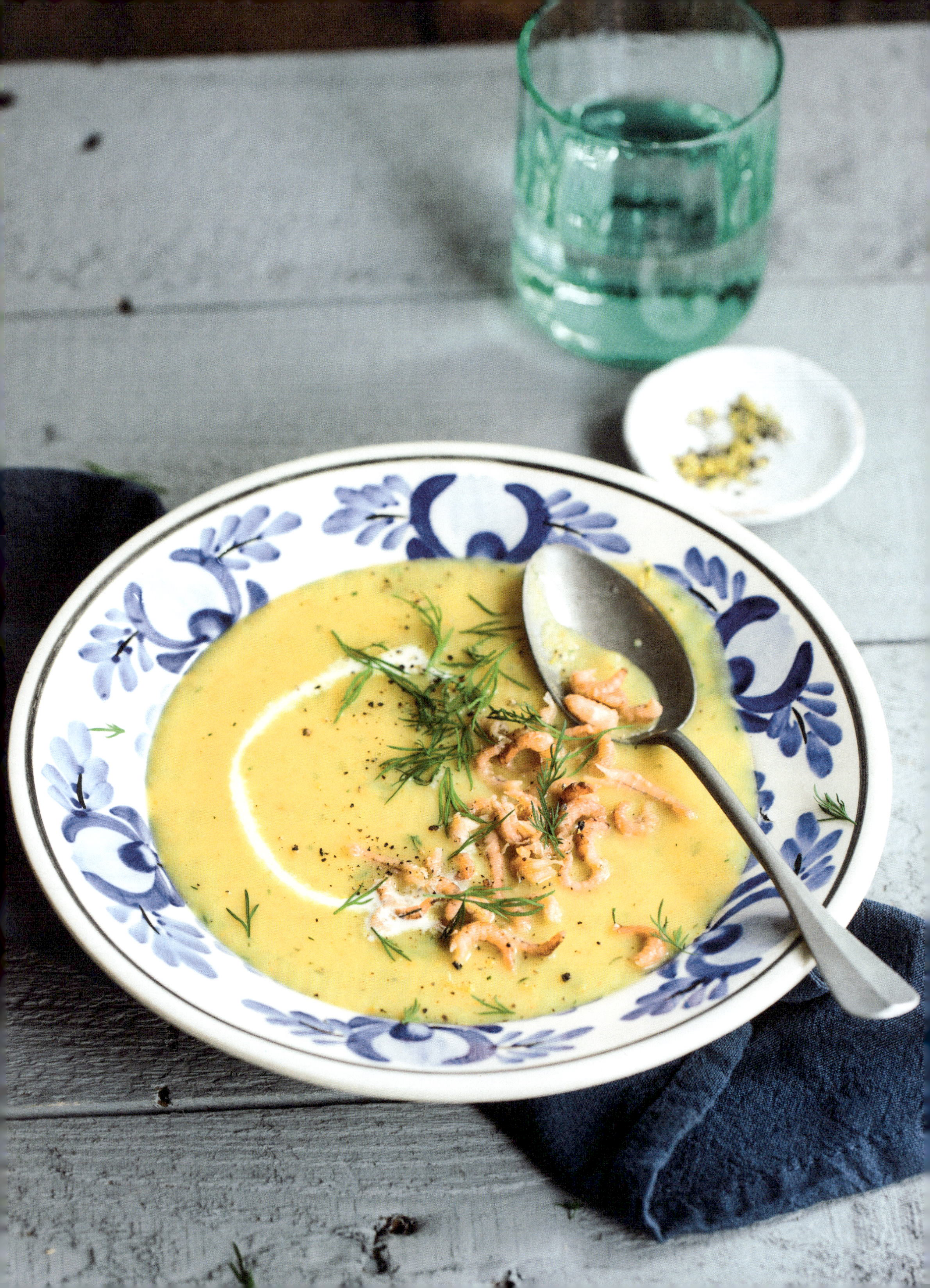

Feinste friesische
Krabbensuppe

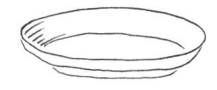

ZUTATEN FÜR 4 PERSONEN

1	Zwiebel
2	Möhren
400 g	Kartoffeln
1	Porreestange
2 EL	Butter
125 ml	Weißwein, trocken
400 ml	Fischfond
400 ml	Wasser
1 EL	Suppengewürz (findet ihr in jedem gut sortierten Supermarkt im Gewürzregal)
250 g	Nordseekrabben, gepult
1 TL	Bio-Zitronenabrieb
1 TL	Currypulver, gestrichen
1 EL	frischer Dill
1 TL	frischer Zitronensaft Salz und Pfeffer nach Belieben
4 EL	Schlagsahne, optional (macht das Ganze noch feiner, aber auch gehaltvoller)

Wir haben oft mit der Familie am langen Sandstrand von St. Peter-Ording Spaziergänge gemacht – bei Wind und Wetter. Danach gab's als Belohnung immer eine warme Suppe.

So wird's gemacht:

Zwiebel, Möhren, Kartoffeln schälen und würfeln. Die Porreestange waschen und in Ringe schneiden.

Butter in einem Topf zerlaufen lassen, das Gemüse dazugeben und anschwitzen, bis es glasig wird.

Mit Weißwein, Fischfond und Wasser ablöschen. Suppengewürz hinzufügen und 25 Minuten köcheln lassen.

Die Krabben waschen, mit einem Küchenpapier trocken tupfen und mit Zitronenabrieb vermischen. Die Suppe pürieren und mit Curry, Dill, Zitronensaft, Salz und Pfeffer abschmecken.

Die Krabben hinzufügen und die Suppe kurz erhitzen. Optional die Sahne leicht anschlagen und vorsichtig unter die Suppe heben.

ZUBEREITUNGSZEIT

10 Minuten
(+ 25 Minuten Kochzeit)

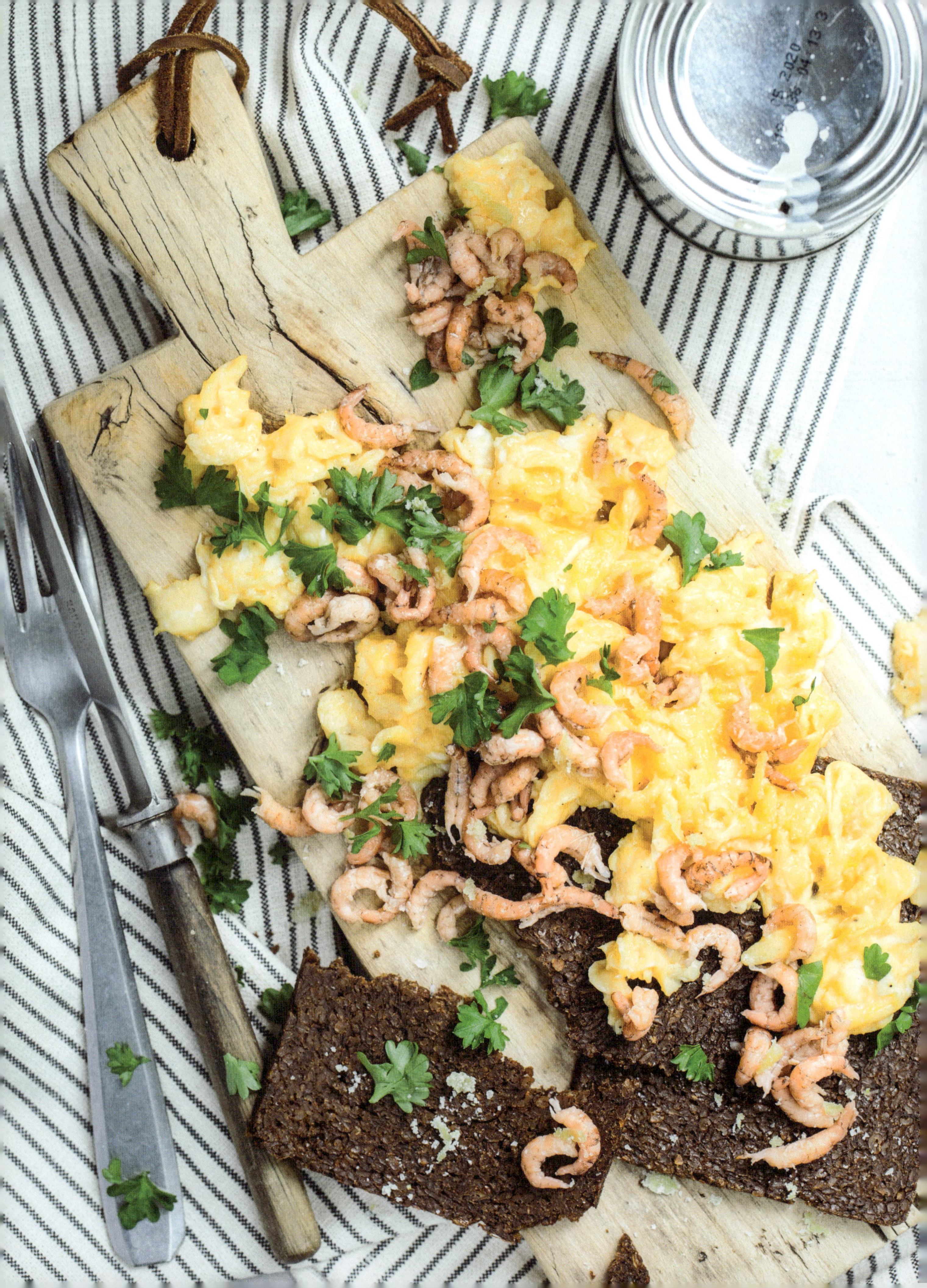

Krabbenrührei mit Zitronensalz – aber bitte mit Sahne

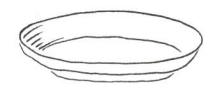

ZUTATEN FÜR 2 PERSONEN

1 TL	Bio-Zitronenabrieb
	Meersalzflocken oder grobes Salz, nach Belieben (optional könnt ihr auch herkömmliches Salz verwenden)
4	Eier, Größe L
1 EL	Kaffeesahne (so hat mein Opa es immer gemacht)
3 EL	Butter
4	Pumpernickelscheiben
300 g	Nordseekrabben, gepult
	Petersilie zum Garnieren
	Salz
	Pfeffer

Ich bin damit aufgewachsen, Krabben frisch vom Kutter zu kaufen. Die Krustentiere in ihrer reinsten Form: abgekocht und ungepult. Auch das ist für mich Heimat – Krabbenpulen.

So wird's gemacht:

Zitronenabrieb mit Meersalzflocken oder grobem Meersalz im Mörser zerstoßen.

Die Eier mit der Kaffeesahne, dem Zitronensalz und Pfeffer in einer Schüssel verquirlen.

Butter in der Pfanne zerlaufen lassen und die Eiermischung bei niedriger Temperatur hineingeben. Mit einem Kochlöffel unter ständigem Rühren das Ei stocken lassen.

Das Rührei auf die Pumpernickelscheiben geben und mit Nordseekrabben und Petersilie garnieren.

Klingt simpel, ist es auch. Aber auch sooo lecker …

ZUBEREITUNGSZEIT

10 Minuten

Hamburg

Hafenstadt im Norden, das Tor zur Welt oder einfach nur meine Perle. Die ersten Castings waren immer in Hamburg, hier sitzen die großen Agenturen. Da die Reise aus Heide für uns einen Tagesausflug bedeutete, nutzten meine Mutter und ich diese Zeit immer auch für Restaurantbesuche. In Hamburg gab es alles und als achtjähriges Mädchen entdeckte ich so mit großen Augen die kulinarischen Facetten dieser Welt. Danke, Hamburg.

Ich backe,

Hamburg ist kulinarisch auch für eine Süßigkeit berühmt
muss aber früh raus. Ein Bäcker steht um 4 Uhr am Morgen in de

bin ich!

also

…as Franzbrötchen. Wer dabei sein mag, wenn das Plunderstück entsteht, …ackstube, dann, wenn andere noch am Feiern sind

Um das Franzbrötchen ranken sich Mythen, Sagen und Geschichten. Man mag es kaum glauben, ist es am Ende doch nur ein Stück Gebäck. Denkste, denn im Franzbrötchen steckt noch etwas anderes: eine eigene Identität und die Seele einer Stadt.
Wenn man den Geschichten glauben mag, ist das Plunderstück ein Überbleibsel der Hamburger Franzosenzeit, als Napoleon Bonaparte die Hansestadt für acht Jahre besetzte. Denn die feindlichen Truppen brachten nicht nur Waffen mit, sondern auch Croissants und Baguettes. Ein Hamburger Bäcker soll laut der Geschichte eines der Baguettes in der Pfanne angebraten und es mit Zimt und Zucker gesüßt haben. Könnte sein. Es gibt zur Geburtsstunde aber noch einige andere Thesen. So lautet eine weitere: Das süße Teil soll die Erfindung einer Bäckerei sein, die sich vor 200 Jahren in

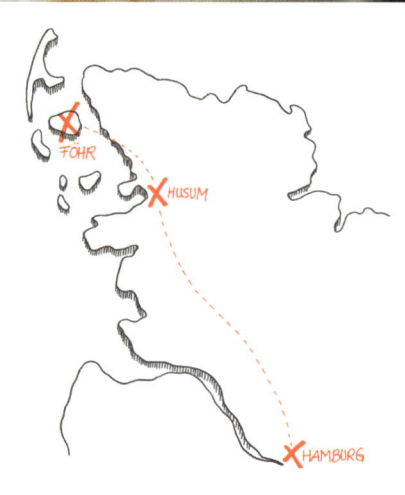

Hamburg, Perle des Nordens. Die Stadt an der Elbe lebt von ihrer weltoffenen Kultur – Hafenstadt eben

Tim Schnau ist seit 2015 Bäckermeister. Wie viele Franzbrötchen er schon gebacken hat, kann er nicht sagen. Ein Geheimnis des Geschmacks liegt in der Faltung des Teigs. Im Café Luise, dem wohl besten Franzbrötchenbäcker Hamburgs, wird der Teig so gefaltet, dass er von zwölf Schichten Butter durchzogen ist

Altona befand, das zu der Zeit noch dänisch war. Der Name der Bäckerei: „Franz'scher Bäcker". Die Wahrheit wird man nie erfahren. Wahr aber ist, dass die Franzbrötchen lange nur in Hamburg zu bekommen waren. In Bayern vor zehn Jahren? „Servus, i hätt gern a Franzsemmel." Undenkbar! Heute haben große Bäckereiketten das süße Gebäck auch in den letzten Winkel Deutschlands gebracht, doch für einen Hamburger ist es nicht dasselbe. Denn lange war das Plunderstück für Exil-Hanseaten ein Sehnsuchtsgebäck – ein guter Grund, nach Hause zu kommen, und ein Bekenntnis zur eigenen Herkunft. Kehrte man zurück, war der erste Gang der zum Bäcker – so schmeckte der Norden. Und bis heute muss man sagen, das Franzbrötchen aus Hamburg schmeckt irgendwie immer noch ein wenig besser als sonstwo – wie auch eine Brezn in Bayern. Dabei sind die signifikanten Zutaten des Plunderstücks kein Geheimnis: Hefeteig, Butter, Zimt und Zucker. Doch wie so oft im Leben entscheidet das Wie, nicht das Was. Kleine Randnotiz: Der Begriff Plunder hat nichts mit altem Zeug (Plunder) zu tun, sondern kommt von pludern (aufgehen, lockern).

Im Café Luise im Hamburger Stadtteil Fuhlsbüttel ist Bäckermeister Tim Schnau dafür verantwortlich, dass die Franzbrötchen

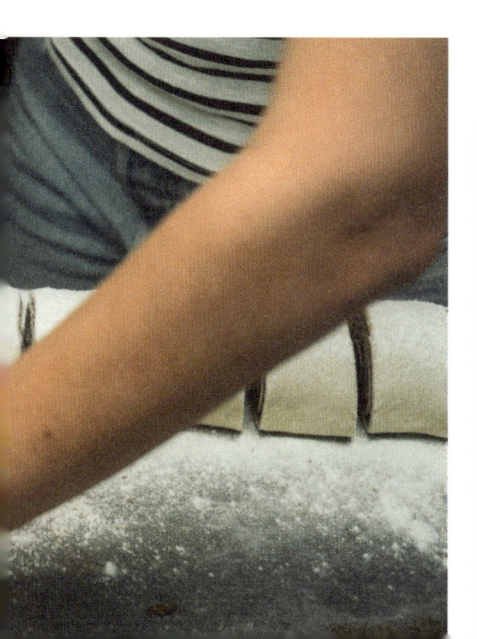

> UM 3 UHR IN DER FRÜH AUFSTEHEN BIN ICH WIRKLICH NICHT GEWOHNT, DEMENTSPRECHEND SCHWER FIEL ES MIR ZUNÄCHST. ALS ICH DANN ABER IN DER BÄCKEREI STAND, MIT EINEM GROSSEN POTT KAFFEE IN DER HAND, WAR DIE MÜDIGKEIT AUGENBLICKLICH VERGESSEN. DIESER HERRLICHE GERUCH VON ZIMT UND FRISCH GEBACKENEM BROT, GEKRÖNT MIT DEM VERZEHR EINES SELBSTGEMACHTEN FRANZBRÖTCHENS – DAS ENTSCHÄDIGT FÜR ALLES!

Für die Plunderstücke stehen die Kunden gerne schon in der Früh Schlange. Das Café Luise ist für seine Franzbrötchen bereits mehrfach ausgezeichnet worden

dort wie gewohnt aufgehen. Denn das Rezept seines Chefs Heiko Fehrs ist mehrfach ausgezeichnet und wurde sogar zum besten der Stadt gewählt. Dafür wird der Hefeteig, der über Nacht geruht hat, touriert. Eine Maschine – ähnlich einer Wäschemangel – walzt einen Butterblock in den Teig. Der Bäcker faltet ihn dann immer und immer wieder. Im Café Luise passiert das so lange, bis er mit zwölf Butterschichten durchzogen ist, bevor der ausgewalzte Teig mit einer Zimt- und-Zucker-Mischung bestreut wird und etwas Wasser zur Bindung hinzukommt. Gerollt und in Stücke geteilt, kommt der Kniff, der dem Franzbrötchen seine eigenständige Form gibt. „Mit dem Stiel eines Kochlöffels presst man die Teigstücke mittig zusammen", sagt Tim. So drückt sich die Füllung seitlich aus dem Teig und karamellisiert später im Ofen. „Ein Franzbrötchen darf in meiner Welt nicht durchgebacken werden, es sollte schön matschig sein." Wer auf seine Linie achtet, der sollte nicht zu oft zum Franzbrötchen greifen. Auf 30 zuckersüße Exemplare kommen 700 Gramm Butter. Im Café Luise stattet Tim den Klassiker noch mit Schokolade, Kirschen oder Apfelstücken aus. Der Hamburger liebt sein Franzbrötchen – egal, wie. „Wir backen 1500 Stück die Woche", sagt Tim, „und selten bleibt am Ende des Tages eines übrig."

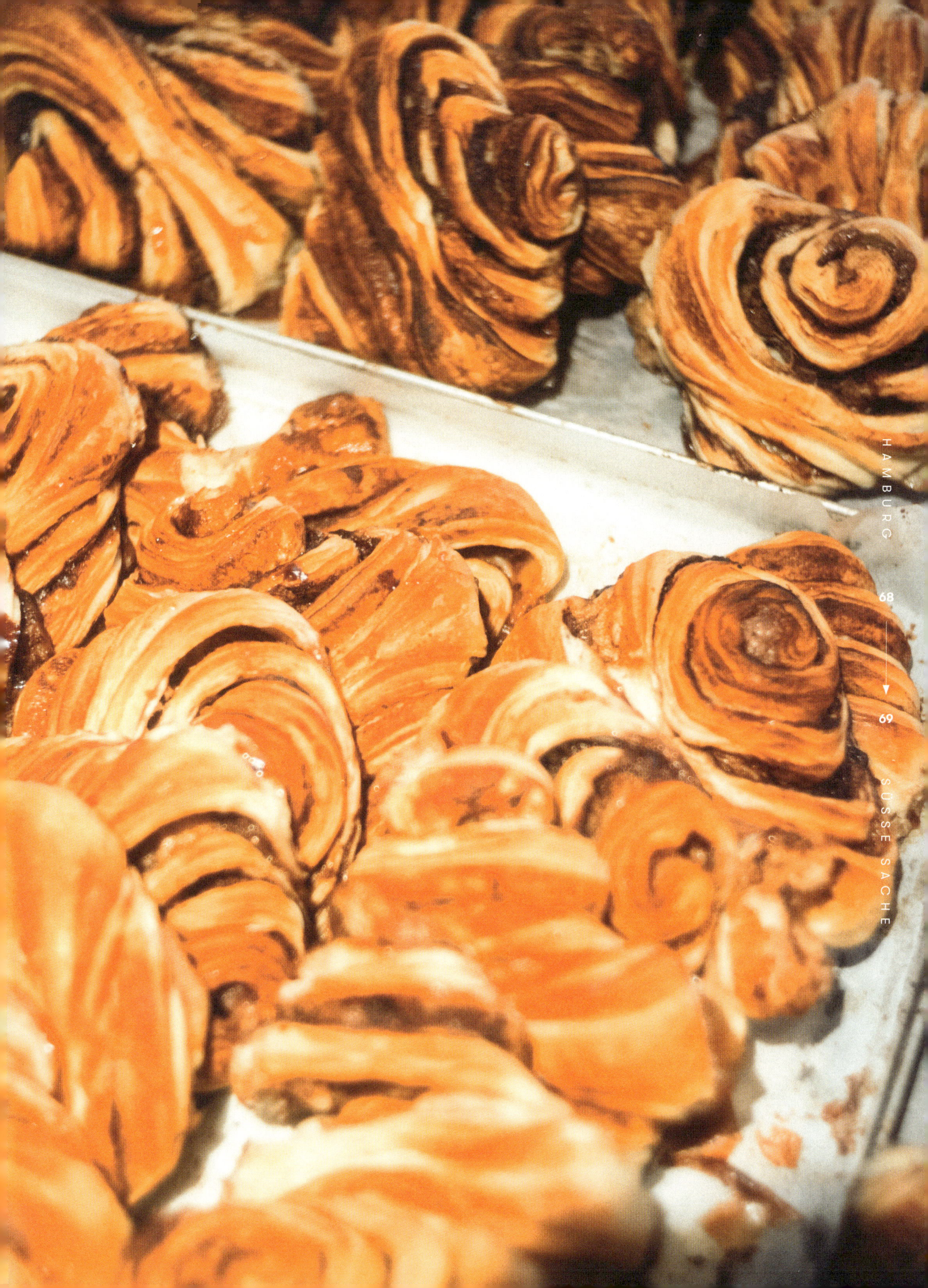

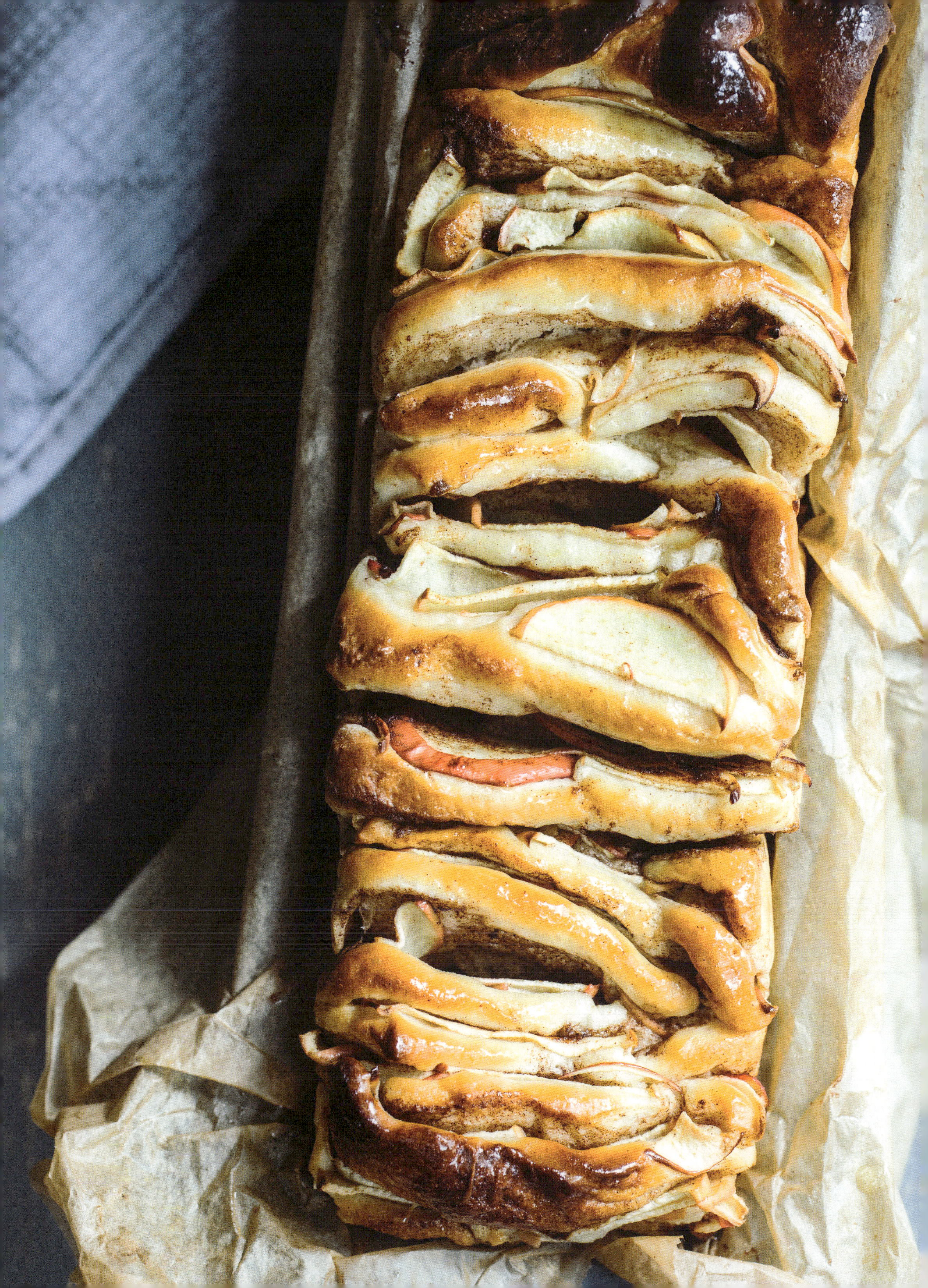

Apfel-**Franzbrötchen**-Brot

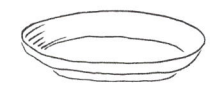

ZUTATEN FÜR 1 BROT, 25ER-KASTENFORM

2¼ TL	Trockenhefe
180 ml	warme Milch, gemischt mit
1 EL	weißem Essig (der Essig bewirkt, dass der Teig besser geht, er sorgt für eine Säuerung und unterstreicht den Geschmack)
50 g	Zucker
310 g	Weizenmehl, Type 405
¾ TL	Salz
60 ml	Pflanzenöl

FÜR DIE FÜLLUNG

2 EL	weiche Butter
1 EL	Zimt
50 g	brauner Zucker
2	Äpfel

ZUBEREITUNGSZEIT

ca. 10 Minuten
(+ 3 Stunden Gehzeit
und 40 Minuten Backzeit)

Im Endeffekt habe ich nach einem Dessert gesucht, das meinen geliebten Franzbrötchen ähnelt, also habe ich mich auf meinen Reisen inspirieren lassen und dabei das Pull Apart Bread für mich entdeckt. Ich sage euch – der Aufwand lohnt sich!

So wird's gemacht:

Die Hefe und eine Prise Zucker in die warme Milch-Essig-Mischung geben, mischen und beiseitestellen.

In einer großen Rührschüssel Mehl, restlichen Zucker, Salz und Pflanzenöl mischen. Die Milchmischung dazugeben und 10 Minuten mit dem Handrührgerät kneten. Der Teig scheint jetzt noch klebrig zu sein, wird aber nach dem Kneten etwas fester. Den Teig zugedeckt für zwei Stunden gehen lassen.

Den aufgegangenen Teig zwischen zwei Frischhaltefolien zu einem Rechteck von 50 x 30 cm ausrollen, so klebt er nicht am Nudelholz. Den ausgerollten Teig mit der weichen Butter bestreichen. Zimt und Zucker mischen und möglichst gleichmäßig über die Butter streuen.

Für die Füllung die Äpfel waschen und in feine Scheiben schneiden. Die Apfelscheiben auf den Teig mit der Zucker-Zimt-Mischung geben und alles leicht nach unten drücken, damit es am Teig haftet.

Den Teig in sechs gleich große Streifen (ca. 8 Zentimeter breit) schneiden. Die Streifen übereinanderstapeln (die Seite mit der Zucker-Zimt-Mischung und den Apfelscheiben sollte immer nach oben zeigen).

Die übereinandergestapelten Streifen in ca. 8 x 8 Zentimeter große Quadrate schneiden, sodass kleine Päckchen entstehen. Eine 25er-Kastenform mit Backpapier auslegen und die gestapelten Quadrate päckchenweise senkrecht in die Form stellen. Anschließend abdecken und eine weitere Stunde gehen lassen.

Den Ofen auf 190 °C Ober- und Unterhitze (170 °C Umluft) vorheizen. Den aufgegangenen Teig für 40 Minuten backen.

Das fertige Brot in der Form auskühlen lassen.
Nach ca. 10 Minuten kann das Brot aus der Form gehoben werden und auf einem Rost komplett auskühlen oder noch warm gezupft werden.

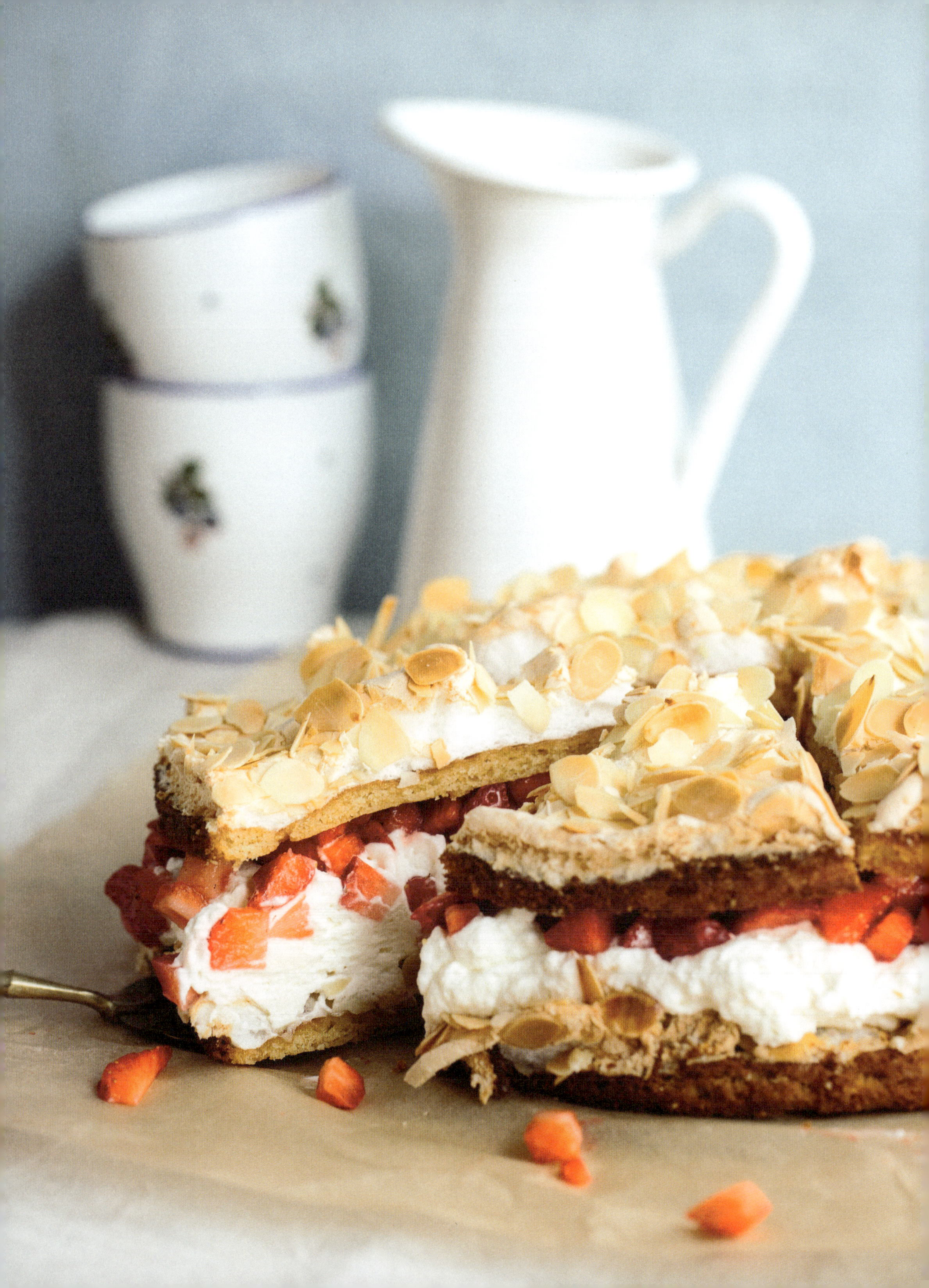

Frühaufsteher-Trümmertorte mit Erdbeeren

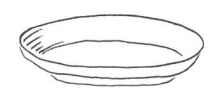

Typisch für Nordfriesland und die spektakulärste Torte, die es damals für mich beim Bäcker gab. Und weil ich sie immer so gerne gegessen habe, habe ich mich jetzt selbst drangewagt.

So wird's gemacht:

Zunächst die Eier trennen, das Eigelb zur Seite stellen und das Eiweiß für 15 Minuten im Tiefkühler erkalten lassen. Dann das Eiweiß zusammen mit 180 g Zucker sehr steif schlagen. Umfüllen und in den Kühlschrank stellen.

Nun den Backofen auf 180 °C Ober- und Unterhitze (160 °C Umluft) vorheizen.

Die weiche Butter mit 125 g Zucker ca. 10 Minuten weißcremig aufschlagen. Die Eigelbe nacheinander unter ständigem Rühren dazugeben.

Das Mehl mit dem Backpulver, dem Vanillezucker, etwas Zitronenabrieb und einer Prise Salz vermischen und zusammen mit der Milch zu der aufgeschlagenen Butter-Zucker-Ei-Mischung geben. Kurz und zügig untermischen und nicht zu lange rühren.

Jeweils die Hälfte des Rührteigs in eine der vorher eingefetteten und bemehlten Springformen füllen und glatt streichen. Beide Springformen für 15 Minuten backen. Kurz auskühlen lassen.

Die Eiweißmasse gleichmäßig auf den beiden Rührteigen verteilen und Mandelblättchen darüberstreuen.

Beide Backformen auf jeweils ein Backblech stellen und in unterschiedlichen Höhen gleichzeitig in den Ofen schieben. Die Böden für die Trümmertorte müssen nun etwa 25 Minuten backen. Danach abkühlen lassen, mit einem dünnen Messer am Rand ablösen und aus der Form nehmen.

In der Zwischenzeit die Erdbeeren waschen, abtropfen lassen und putzen. Dann die Früchte in kleine runde Scheiben, Viertel oder Würfel schneiden.

Anschließend die Sahne steif schlagen und die Erdbeerstücke unterheben.
Jetzt wird die Trümmertorte zusammengesetzt: Zuerst einen Boden auf eine Tortenplatte legen. Die Fruchtsahne daraufgeben und gleichmäßig verteilen. Zuletzt den zweiten Boden als Deckel aufsetzen.

ZUTATEN FÜR 1 KUCHEN, 2 SPRINGFORMEN À 26 CM

4	Eier, Größe M
180 g	Zucker (für das Baiser)
125 g	Butter
125 g	Zucker
180 g	Mehl
½ Pck.	Backpulver
1 TL	Vanillezucker
	Bio-Zitronenabrieb
50 ml	Milch
100 g	Mandelblättchen
500 g	Erdbeeren
400 g	Schlagsahne
	Salz

ZUBEREITUNGSZEIT

ca. 20 Minuten
(+ 40 Minuten Backzeit und 15 Minuten Kühlzeit)

Feuer

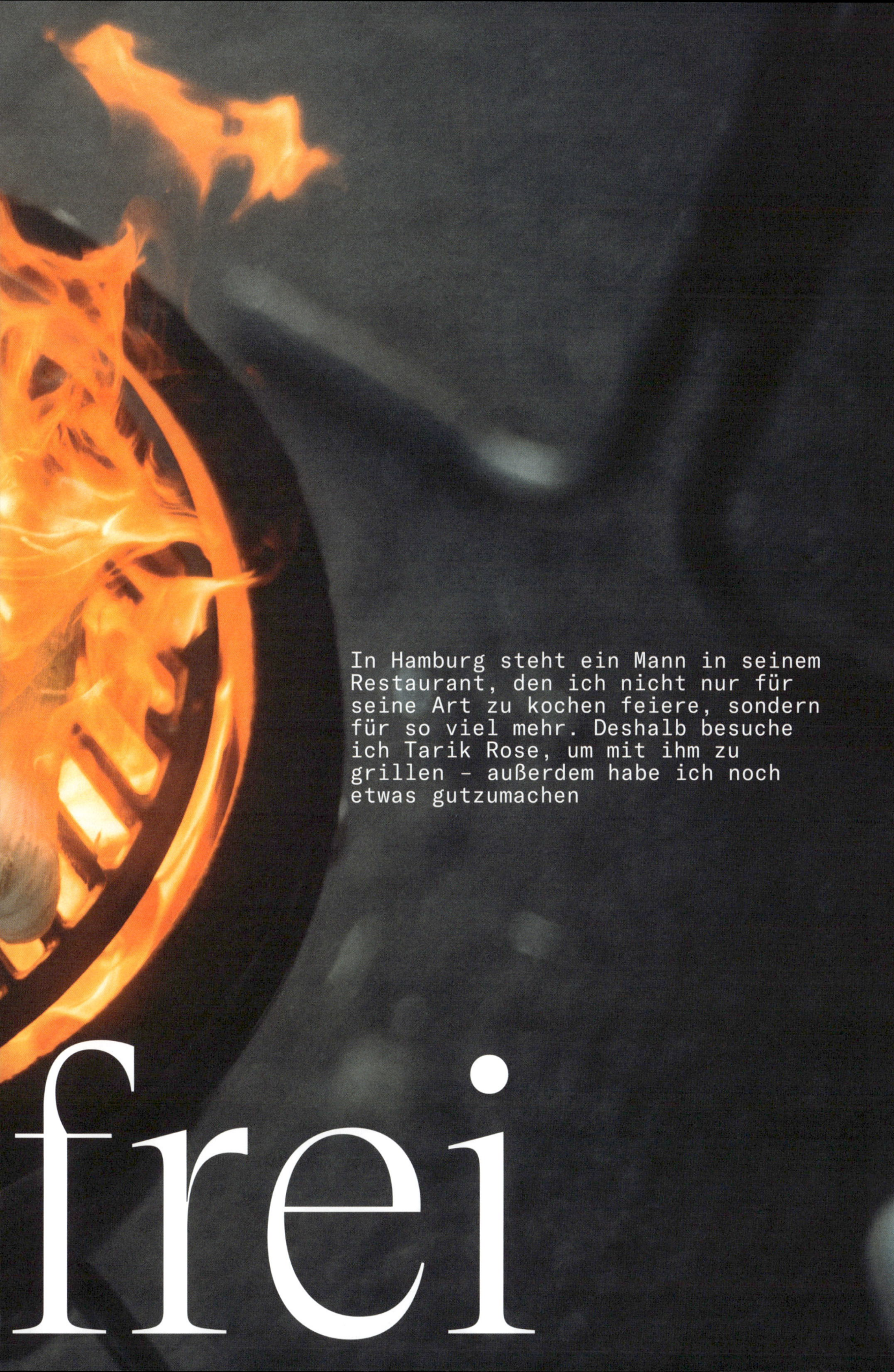

In Hamburg steht ein Mann in seinem Restaurant, den ich nicht nur für seine Art zu kochen feiere, sondern für so viel mehr. Deshalb besuche ich Tarik Rose, um mit ihm zu grillen – außerdem habe ich noch etwas gutzumachen

frei

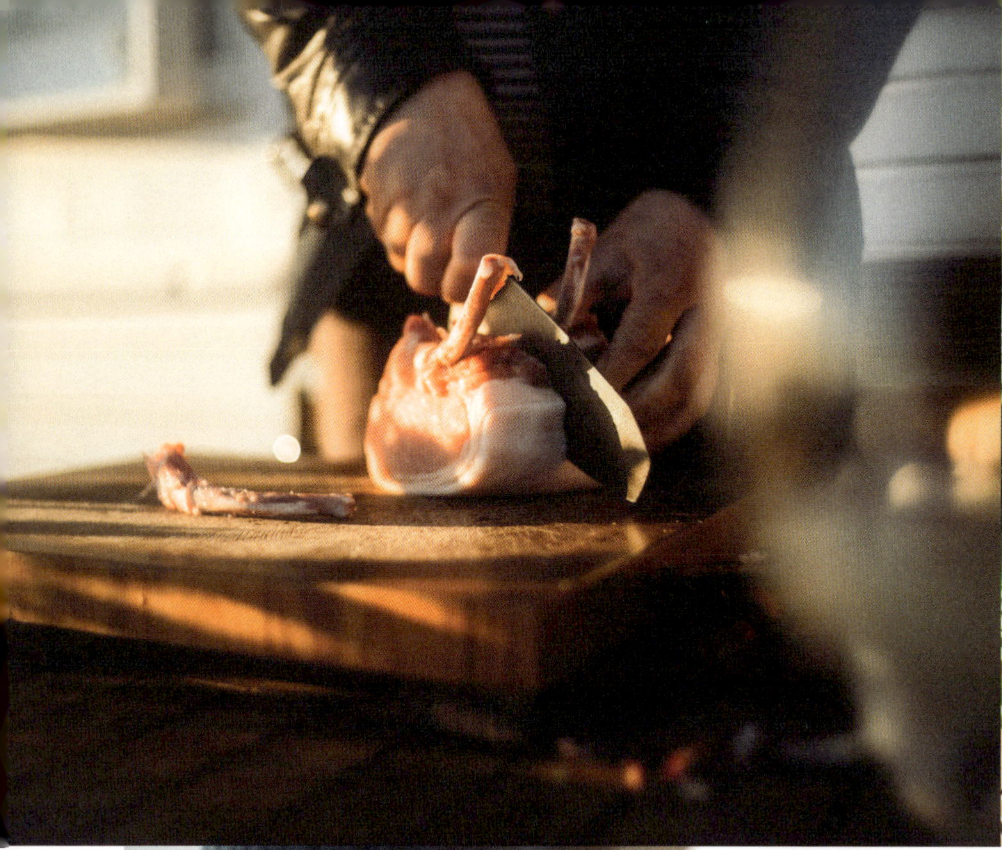
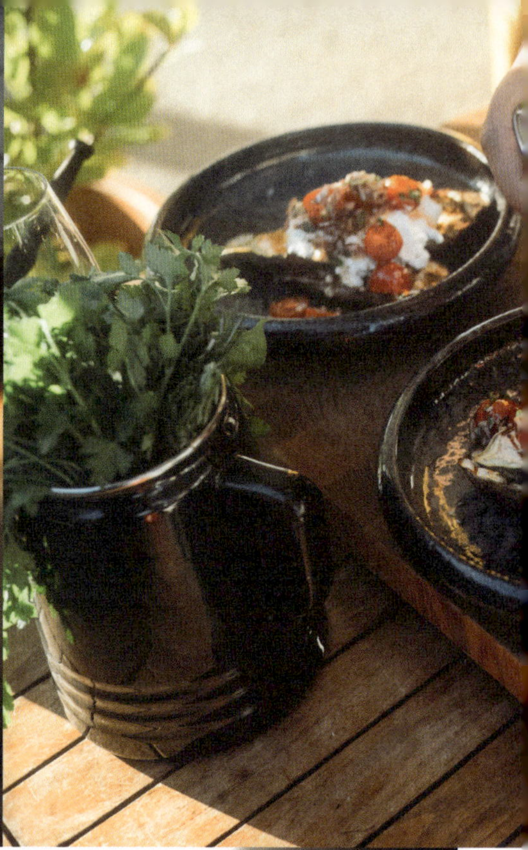
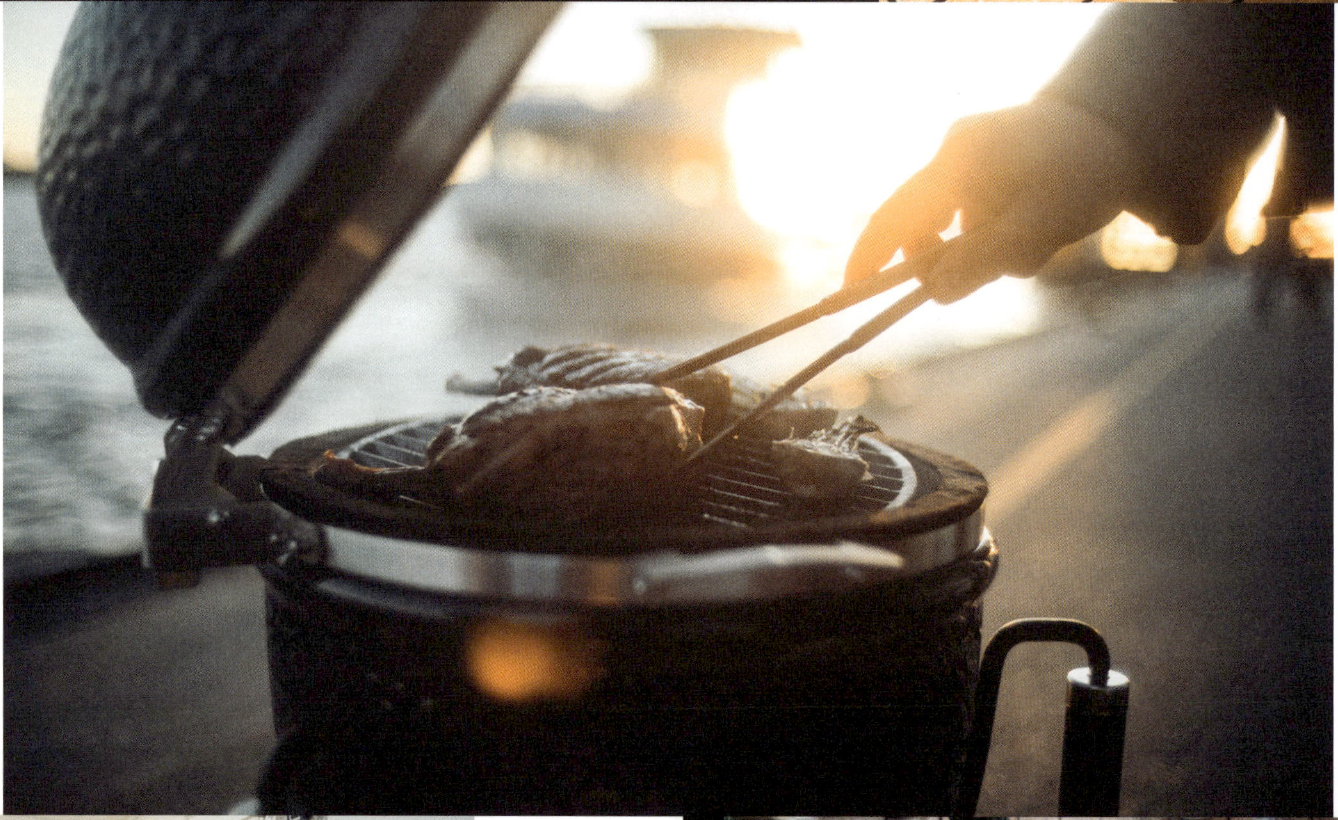
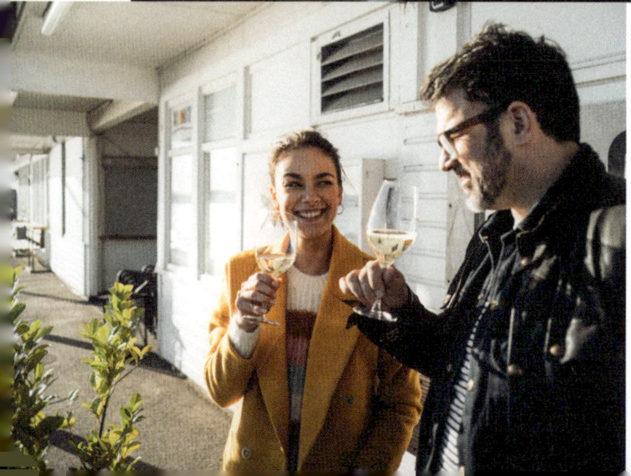
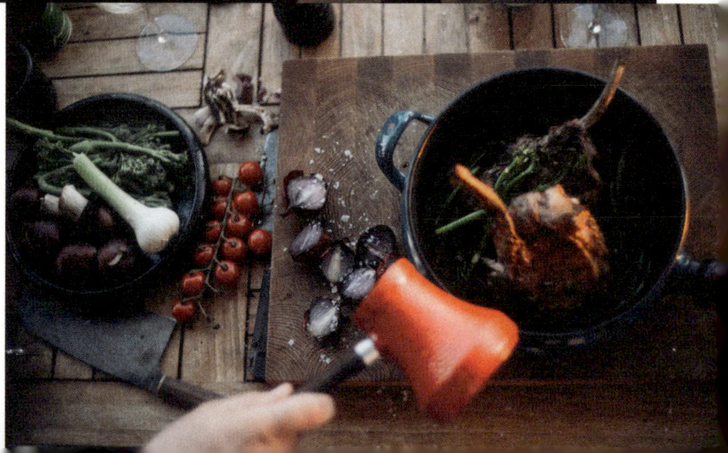

Als ich Tarik anrief, um ihn zu fragen, ob wir gemeinsam grillen wollen, kam als Antwort ein Schwall an Gerichten. Wir haben uns dann direkt am Fähranleger unter seinem Restaurant Engel verabredet – so grillt man hanseatisch

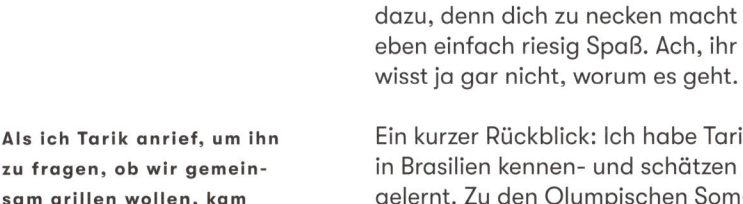

Tarik, es tut mir leid. Ja, ich habe dich ausgetrickst. Und ja, ich würde es immer wieder tun. Ich stehe dazu, denn dich zu necken macht eben einfach riesig Spaß. Ach, ihr wisst ja gar nicht, worum es geht.

Ein kurzer Rückblick: Ich habe Tarik in Brasilien kennen- und schätzen gelernt. Zu den Olympischen Sommerspielen 2016 waren wir beide dort und haben – er als berühmter Fernsehkoch, ich als bekennender Foodie – einige Koch-Challenges gegeneinander ausgetragen, die von einem Filmteam begleitet wurden. Vier intensive Tage haben Tarik und ich um die Wette gekocht, gebraten und geraten. Und ich muss zugeben: Ich hatte im Vorfeld ein wenig Muffensausen. Aber wie es manchmal so läuft im Leben, funktionierte eine Kamera gleich bei der ersten Prüfung nicht richtig und wir mussten den Teil noch einmal drehen. Das war meine Chance. Und: Ich ergriff sie. Während das Team das Equipment neu einrichtete, las ich schnell die Zutaten nach, die es zu erraten galt. Und so gewann ich das erste Spiel. Uhse 1, Tarik 0. Sieg. Schummelei. Schönes Ding. Am Ende holte Tarik die verlorenen Punkte vom Anfang nicht mehr ein.

Immer wenn wir seither aufeinandertreffen, ist der von mir geklaute Sieg kurz ein Thema. Und jedes Mal freue ich mich diebisch, wie Tarik sich da reinsteigern kann. Herrlich. Dabei hat er echte Siegerqualitäten. Am Herd beeindruckt er mich immer wieder. In seinen Gerichten – und sind sie noch so fein – liegt eine gewisse Roughness, die ich so mag. Es ist einfach ehrlich gekocht, mit wenigen, aber richtig guten Zutaten und viel Respekt. Wenn Tarik über Essen spricht, leuchten seine Augen. Kochen ist für ihn kein Job, es ist pure Leidenschaft – es ist wohl dieser Unter-

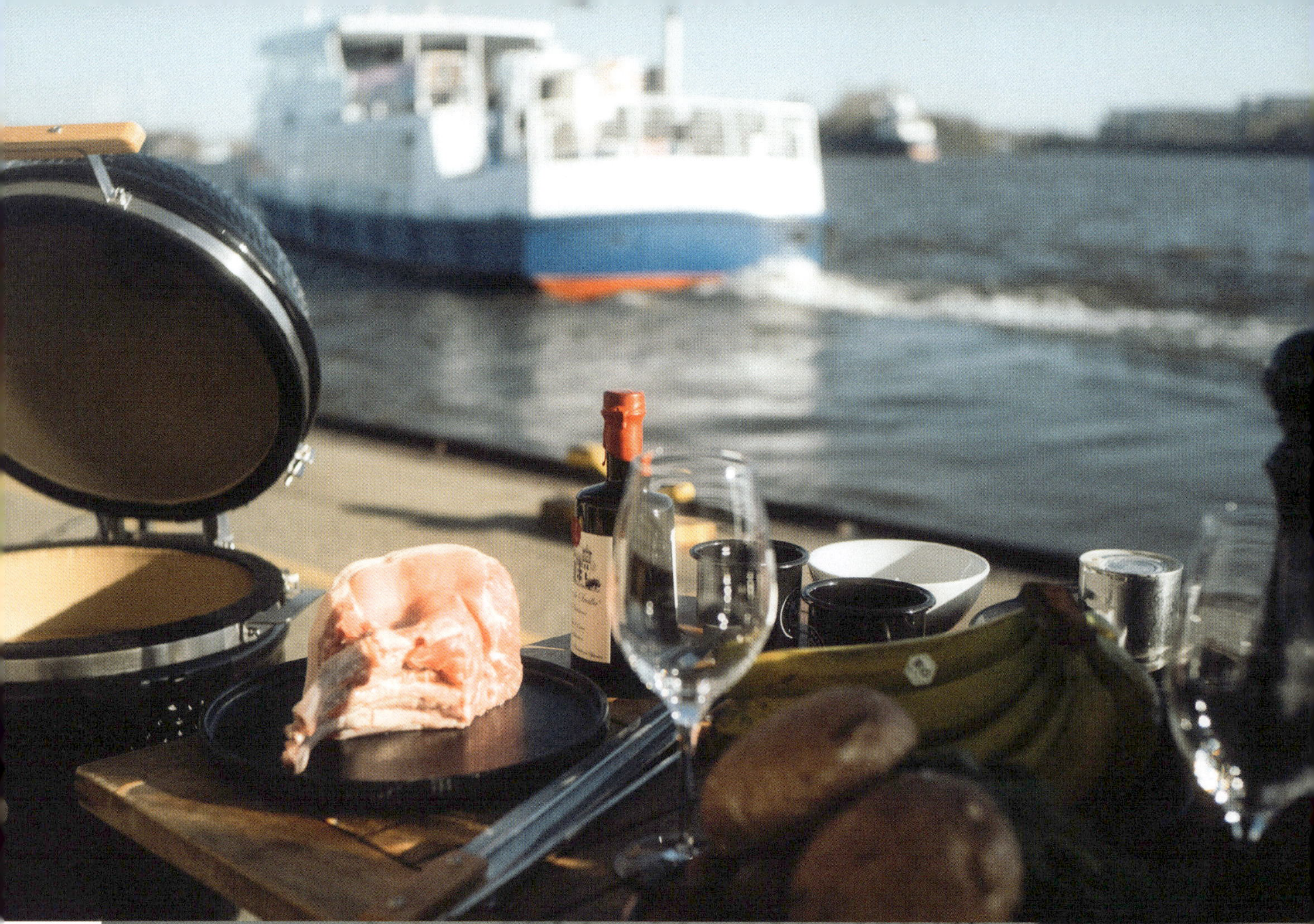

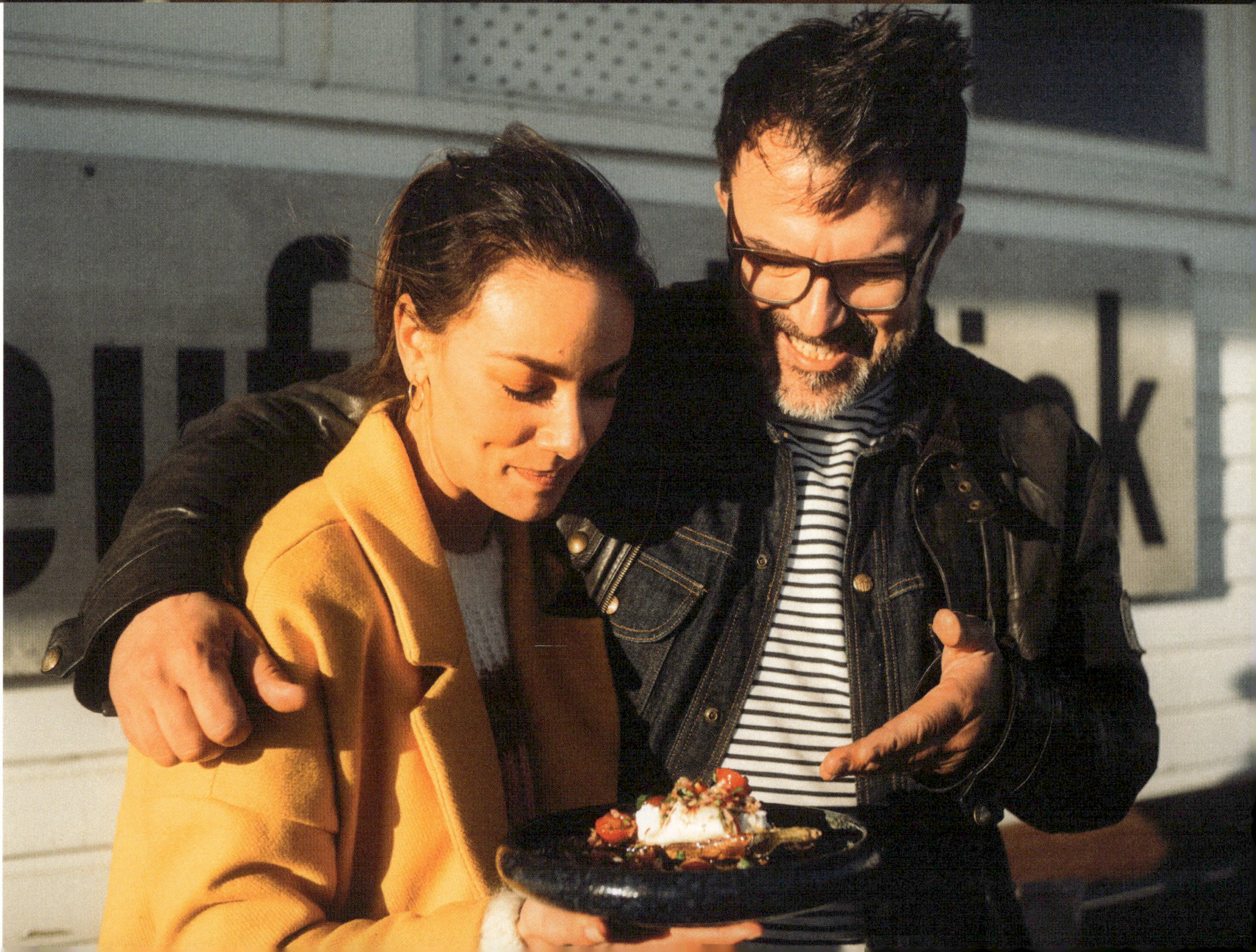

Der Grill als Werkzeug ist unglaublich vielseitig – ein 3-Gänge-Menü kein Problem. Und am Ende ist es auch nicht viel aufwendiger, als eine Wurst auf den Rost zu legen

schied, der einen guten zu einem außergewöhnlich guten Koch macht.

Auf meiner Reise durch den Norden wollte ich also auf jeden Fall Tarik treffen. Und grillen. Diese Art, Essen zuzubereiten, faszinierte mich schon immer. Das offene Feuer ist wahrscheinlich die ursprünglichste Form des Kochens und die Basis jeder Streetfood-Kultur von Mumbai über Manila bis nach Mexico-City. Es ist die kräftige Wurzel der Nahrungszubereitung.

Als ich Tarik fragte, ob wir zusammen grillen wollen, sprudelten die Ideen für Rezepte nur so aus ihm heraus. Es entspricht seiner Art zu kochen, auch wenn die Gerichte, die er seinen Gästen in seinem Restaurant Engel am Fähranleger Teufelsbrück auftischt, viel kultivierter daherkommen. In Tarik steckt trotz des Erfolgs immer noch ein unkonventioneller Teenager, der gerne Dinge aufs Feuer schmeißt. „Das wird geil. Komm rum", sagte er, „und wir stellen direkt unten den Grill auf." Gesagt, getan.

„Unten" bedeutet in diesem Fall unterhalb seines Restaurants auf dem schwimmenden Fähranleger, direkt auf der Elbe. An der Stelle, mit Blick auf Finkenwerder, direkt dort, wo haushohe Containerschiffe vorbeiziehen, hat Tarik nun also eine Behelfsküche aus einem Gartentisch aufgebaut. Drei Gänge sind geplant: gegrillte Aubergine mit Burrata und Tomatensalsa, Landschwein aus Duroc mit wildem Brokkoli und zum Dessert gegrillte Banane mit Passionsfrucht und Dulce de Leche. Die Stimmung an der Elbe, so kurz vor Sonnenuntergang, ist außergewöhnlich intensiv. Das Wasser in und um Hamburg

Grill-Aubergine mit Burrata und Tomatensalsa

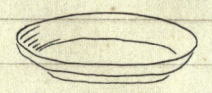

Tarik sagt: Wenn ich höre, dass die Leute nicht auf Aubergine stehen, frage ich mich, ob sie überhaupt schon mal eine leckere gegessen haben. Ich finde Aubergine – gerade vom Grill – megalecker! Deswegen hier mein Lieblingsrezept dazu.

ZUTATEN FÜR 4 PERSONEN

- 4 Auberginen
- Olivenöl
- 1 EL Baharat*
- Knoblauch nach Belieben (bei mir immer viel)
- 250 g Kirschtomaten
- 2 rote Zwiebeln
- 1 Bd. glatte Petersilie
- Apfel-Balsamico
- 2 Burrata
- Salz
- Pfeffer
- Chili

So wird's gemacht:

Die Auberginen der Länge nach halbieren. Die Schnittfläche rautenförmig einschneiden. Nun salzen, etwas einölen und mit Baharat und Knoblauch marinieren. Mit der Schnittfläche auf den heißen Grill legen und nach 2 Minuten um 90° Grad drehen. Nach weiteren 2 Minuten die Auberginen umdrehen und bei indirekter Grillhitze garen. Ich habe einen Keramikgrill verwendet. Wer keinen hat, kann die Kohle in einem normalen Grill auf nur einer Seite platzieren und zum Garen die Aubergine dann zur Seite ziehen.

Die Auberginen ca. 15–20 Minuten garen, bis sie weich geschmort sind.

Kirschtomaten halbieren, Zwiebeln würfeln, Petersilie fein schneiden. Aus den Kirschtomaten, den roten Zwiebeln und der Petersilie, dem Apfel-Balsamico, dem Olivenöl und den restlichen Gewürzen eine Art Salsa herstellen.

Die Auberginen vom Grill nehmen. Ebenfalls mit Apfel-Balsamico, Olivenöl und Knoblauch marinieren. Nach Belieben noch mal mit Salz und Pfeffer abschmecken.

Zum Anrichten den Burrata auf die Aubergine geben und großzügig Tomatensalsa dazugeben.

*Baharat ist eine Gewürzmischung aus dem arabischen Raum, deren Hauptbestandteile Pfeffer, Paprika, Koriander, Nelken, Kreuzkümmel, Kardamom, Muskatnuss und Zimt sind.

ZUBEREITUNGSZEIT

15 Minuten
(+ca. 4 Minuten Grillzeit
+ca. 15–20 Minuten Garzeit)

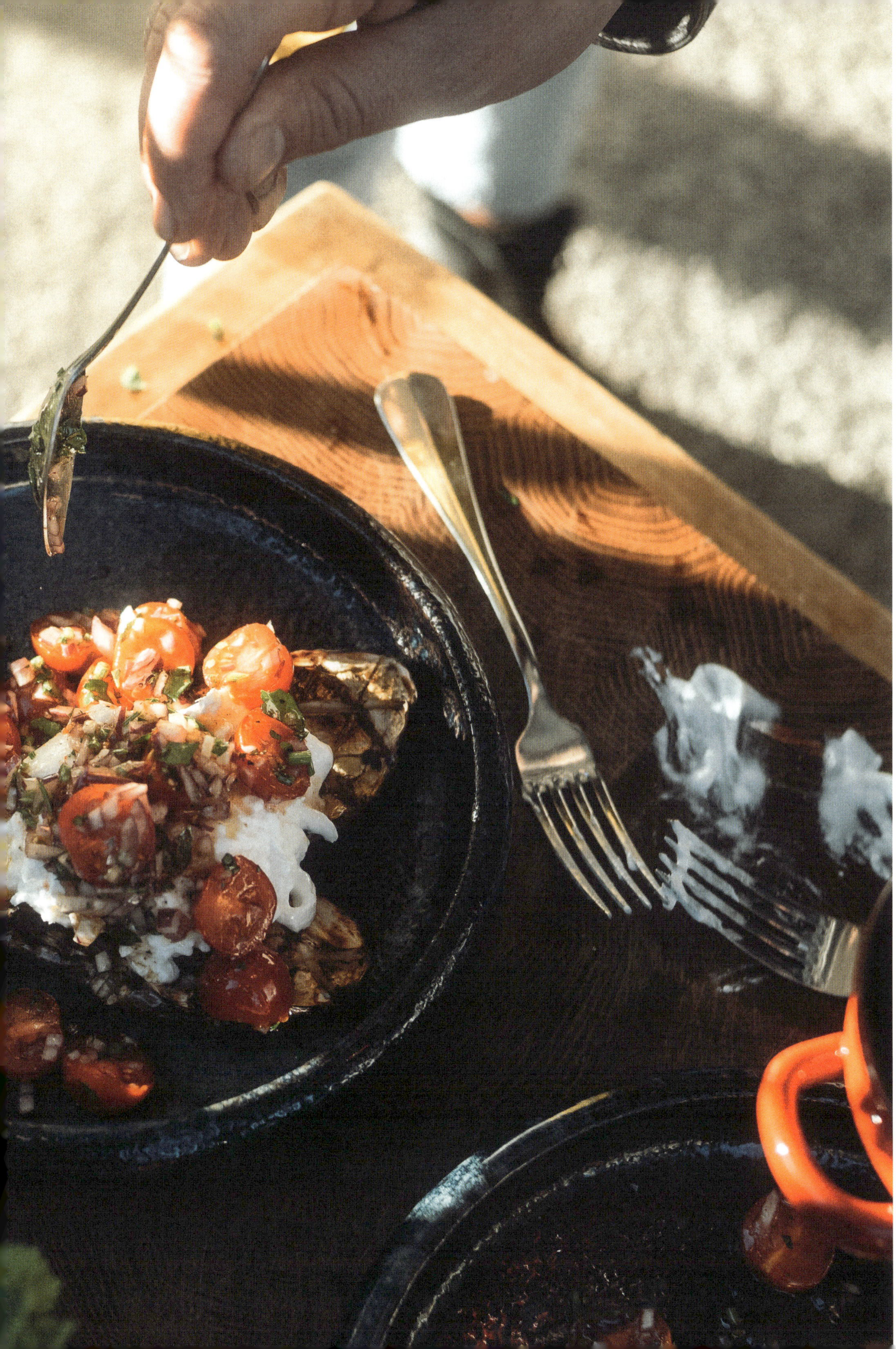

Kotelett vom Landschwein mit gegrilltem Brokkoli

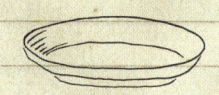

Tarik sagt: Krachende Schwarte, saftiges Fleisch – so ist mein perfektes Schwein! Man muss keine Angst vorm Schweinefleisch haben, wenn man weiß, woher es kommt. Auf meinem Grill immer ein Muss.

ZUTATEN FÜR 4 PERSONEN

FÜR DIE KOTELETTS UND DAS GRILLGEMÜSE

4	Schweinekoteletts mit Knochen
6 EL	Olivenöl
6	rote Zwiebeln
1	junger Knoblauch
500 g	wilder Brokkoli
1 EL	Apfel-Balsamico
	Honig
	Salz
	Pfeffer

FÜR DIE SOJAMARINADE

1 Stck.	Ingwer, daumengroß
3	Limetten
100 ml	Sojasoße
100 ml	Teriyaki-Soße
50 g	Honig
½ TL	geröstetes Sesamöl
	frischer Koriander

So wird's gemacht:

Die Koteletts salzen und leicht mit Olivenöl einstreichen. Danach auf den Grill geben und von allen Seiten ca. 4–5 Minuten kräftig angrillen. Dann das Fleisch zur Seite ziehen und langsam, ca. 2–3 Minuten, garen lassen. Ganz zum Schluss noch einmal die Schwarte nachgrillen.

Die roten Zwiebeln werden in der Schale auf dem Grill gegart. Eventuell etwas an der Seite, damit sie nicht zu dunkel werden. Danach den jungen Knoblauch auf dem Grill garen. Anschließend den wilden Brokkoli mit Salz und Pfeffer würzen und ebenfalls auf dem Grill garen. Die Zwiebeln, sobald sie weich sind, halbieren. Knoblauch und Brokkoli dazugeben und final mit etwas Honig, Salz, Pfeffer, Olivenöl und ein wenig von dem Apfel-Balsamico abschmecken.

Ingwer klein schneiden, Limetten auspressen. Für die Marinade alle Zutaten vermengen und zum Schluss etwas frischen Koriander hacken und dazugeben. Die fertigen Schweinekoteletts damit marinieren und etwas Marinade extra dazu servieren.

Das Fleisch und das Gemüse auf einem Teller anrichten. Nach Belieben mit der restlichen Sojamarinade übergießen.

ZUBEREITUNGSZEIT

ca. 10 Minuten
(+5 Minuten Grillzeit
+ca. 13 Minuten Garzeit)

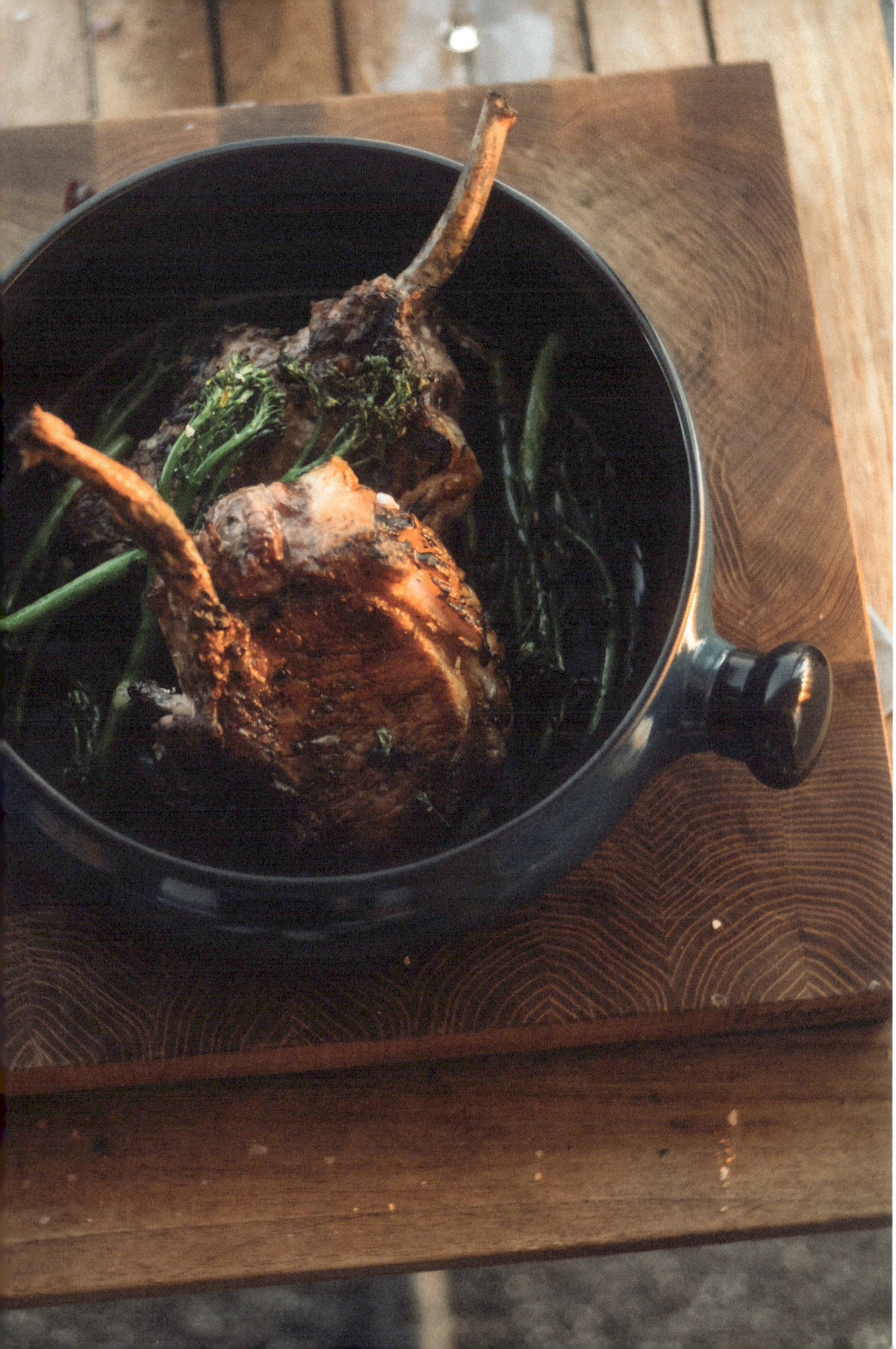

Grill-Banane mit Passionsfrucht und Dulce de Leche

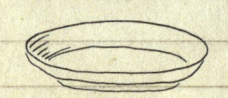

Tarik sagt: Dessert vom Grill??? Wenn ich daran denke, wie ich Janina kennengelernt habe, dann gibt's da nur eine Option: Dulce de Leche wie in Rio un en beten wat.

ZUTATEN FÜR 4 PERSONEN

1 Dose	gezuckerte Kondensmilch (z.B. Milchmädchen)
4	Bananen
8	Passionsfrüchte
	brauner Zucker
100 g	Cashewkerne
3 EL	Honig
	Butter
	Salz

So wird's gemacht:

Die Kondensmilch in der Dose, die oben zweimal angestochen wird, in einen mit Wasser gefüllten Topf geben und langsam, bei mittlerer Temperatur, 50 Minuten einkochen, bis sie leicht karamellisiert.

Die Bananen im Ganzen und ungeschält auf den Grill legen, bis die Schale schwarz ist und das Innere weich.

Die Passionsfrüchte halbieren, auskratzen und das Innere mit dem braunen Zucker mixen. Alternativ kann man alles auch kurz in einem kleinen Topf aufkochen lassen.

Die Cashewkerne rösten und mit dem Honig karamellisieren. Eine Prise Salz und etwas Butter dazugeben.

Zum Anrichten die Banane halbieren, mit Dulce de Leche und der Passionsfrucht-Zucker-Mischung übergießen und die Cashews darübergeben. Es passt natürlich auch perfekt ein Vanilleeis dazu.

ZUBEREITUNGSZEIT

ca. 10 Minuten
(+ca. 50 Minuten Kochzeit
+ca. 12 Minuten Garzeit)

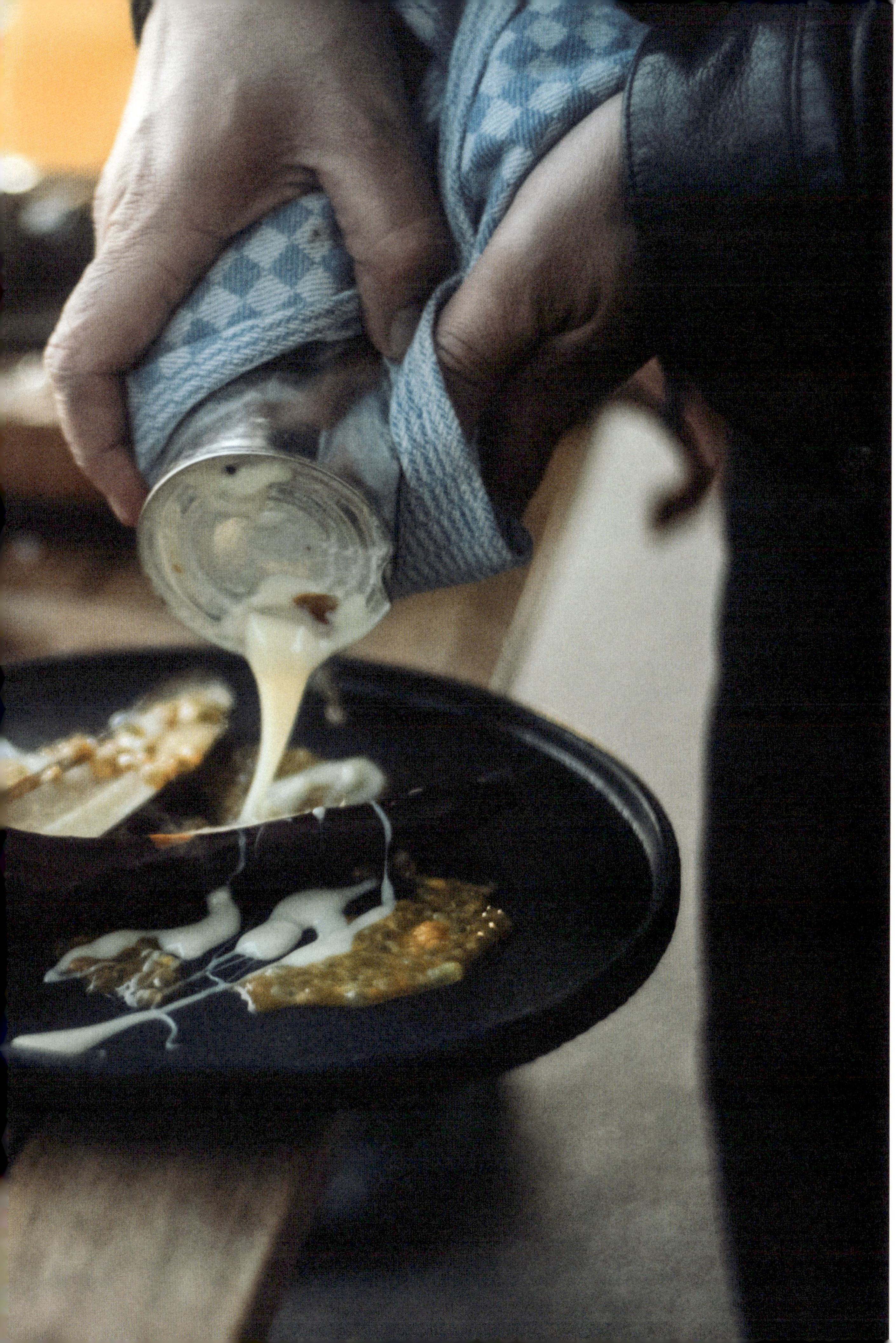

weckt ein großes Fernweh in mir. Man hat das Gefühl, in Hamburg scheint – bis auf das Wetter – alles ein wenig unkomplizierter zu sein. Man fühlt sich frei zu gehen, wohin man will. Aber trotzdem bleibt man, weil es unvorstellbar ist, dass es irgendwo gerade besser sein sollte als hier. In Hamburg hat das Wort noch einen Wert und ein Handschlag ist ein Geschäft – wie auch bei den Schaustellern.

Diese Haltung ist es, die ich an den Nordlichtern so mag. Tarik als geborener Kieler hat diese Art zu denken wahrscheinlich mit der Muttermilch aufgesogen. „Über Erfolg und Misserfolg beim Grillen entscheidet", sagt er und hackt frische Kräuter, „dass immer genug Wein im Glas ist." Mit einer geschickten Handbewegung öffnet Tarik den Grilldeckel. Er hat sich für die neue Saison einen Kamado-Grill zugelegt. Das eiförmige Gebilde besteht aus Keramik und wird mit Holzkohle befeuert. Er ist ein wenig anders als ein normaler Grill, da viele Gerichte mit geschlossenem Deckel zubereitet werden. Ein Kamado-Grill verfügt über eine Regulierung der Zu- und Abluft und ist also so etwas wie ein mit Holzkohle befeuerter Heißluftherd. „Aber diese Gerichte habe ich alle auch schon wunderbar auf einem normalen Kohlegrill gemacht", sagt Tarik.

Alle drei Gerichte sind ein kulinarischer Wahnsinn. Es ist für mich immer wieder eine Überraschung, wie vielseitig ein Grill als Werkzeug sein kann. Es reichen ein wenig Übung, genug Hitze und viel Liebe für Zutaten. Keiner muss nur eine schnöde Wurst auf den Grill legen. Wir sitzen noch lange am Fähranleger und schauen der Sonne beim Gehen, den Sternen beim Kommen und der Elbe beim Fließen zu. „Jetzt ehrlich", sagt Tarik, „wenn die Kamera nicht ausgefallen wäre, ich hätte den Sieg eingefahren." Ich lächle und schenke uns noch etwas Wein nach.

NORDEN 86 ▸ 87 PICKNICK

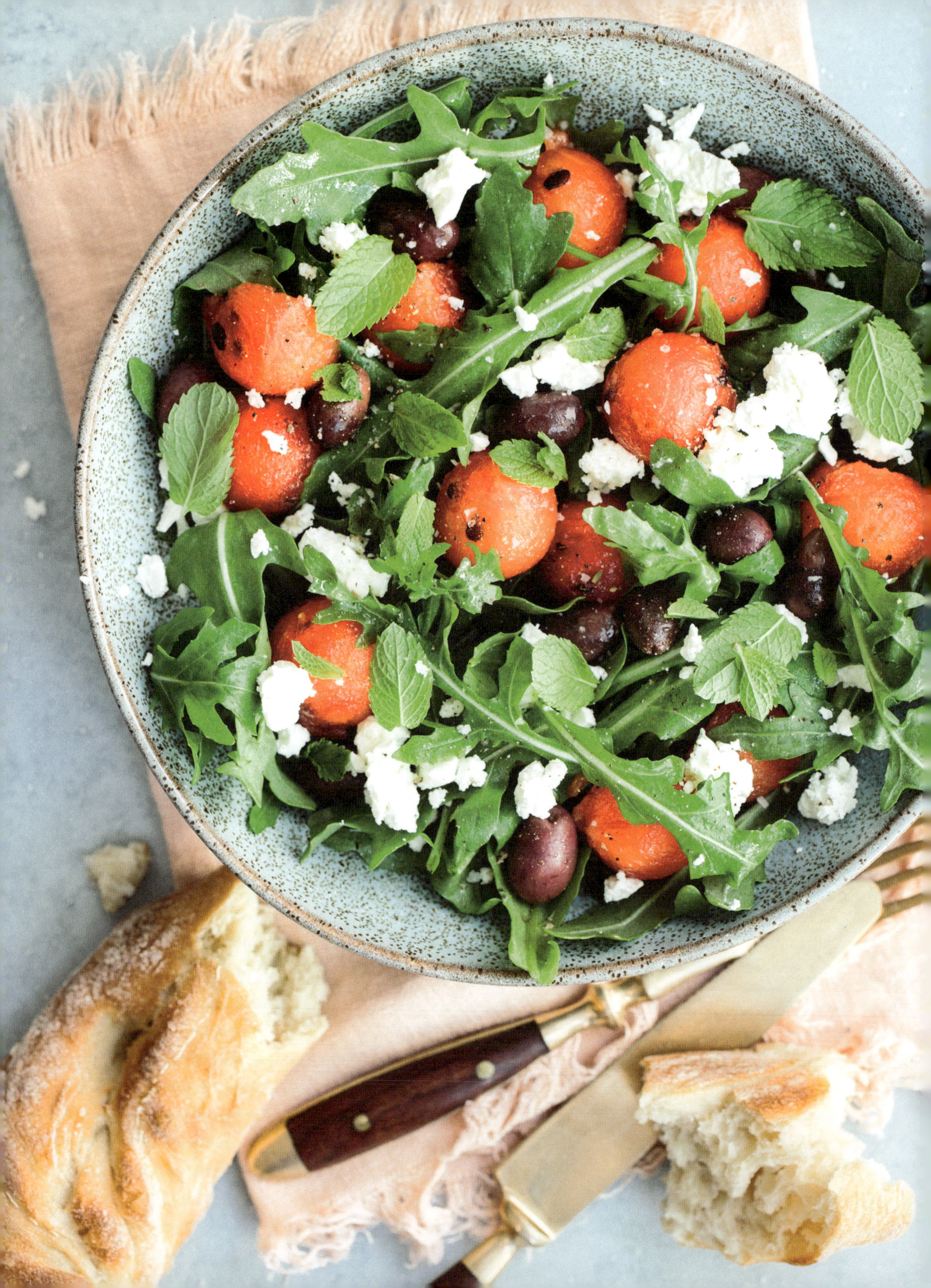

Wassermelonensalat mit Rucola und Schafskäse

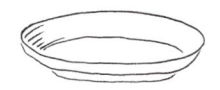

ZUTATEN FÜR 4 PERSONEN

100 g	Rucola
500 g	Wassermelone
2	Bio-Limetten
3 EL	Olivenöl
50 g	Kalamata-Oliven (entsteint)
150 g	Fetakäse
	Minze (zum Garnieren)
	Salz
	Pfeffer

Wer mich schon länger kennt, weiß: Ich liebe die Kombination aus süß und herzhaft. Das ist die frischeste Grillbeilage, die ihr zubereiten könnt.

So wird's gemacht:

Den Rucolasalat gut waschen und in eine Schale geben. Aus der Wassermelone Kerne entfernen, kleine Kugeln ausstechen (mit einem Kugelausstecher) und auf den Salat geben. Anschließend die Limetten auspressen und den Saft mit dem Olivenöl über die Melonen geben. Mit Salz und Pfeffer abschmecken.

Die Oliven dazugeben und den Feta darüberbröseln.

Den Salat mit Minze garnieren.

ZUBEREITUNGSZEIT

ca. 10 Minuten

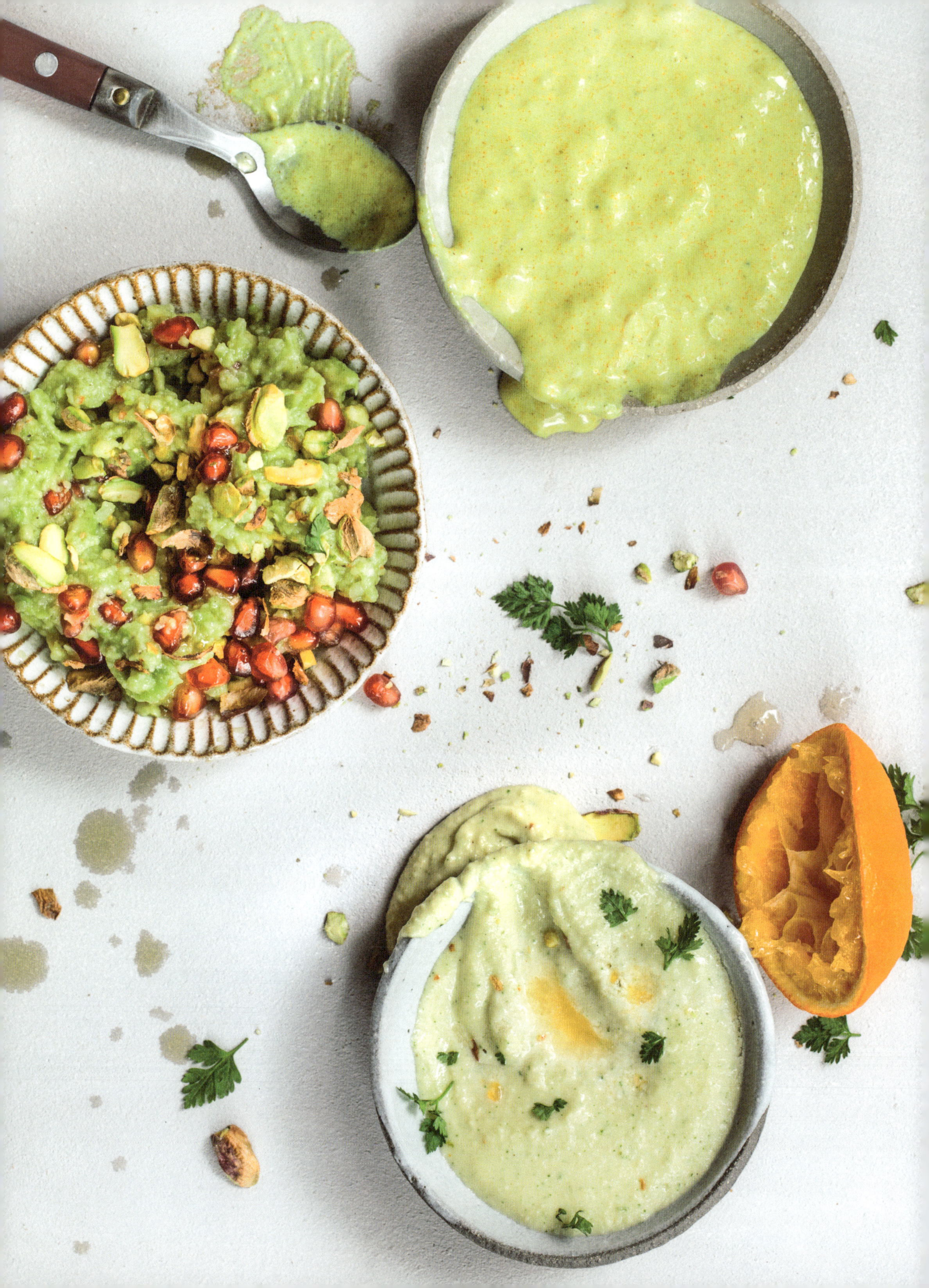

Dip, Dip, hurra!

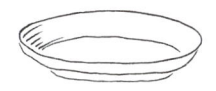

ZUTATEN

GUACAMOLE MIT
GRANATAPFELKERNEN

- 1–2 reife Avocados
- 1 Schalotte
- 1 kleine Knoblauchzehe
- 1 Bio-Limette
- 1 EL Olivenöl
- ½ TL Chiliflocken
- 1 TL Pistazien
- 1 EL Granatapfelkerne
- Salz
- Pfeffer

BANANEN-CURRY-DIP
À LA MAMA

- 1 sehr reife Banane
- 1 EL Currypulver
- 2 EL Naturjoghurt
- 1 EL Mayonnaise
  (Wer eine fettarme Variante möchte, ersetzt die Mayonnaise durch Naturjoghurt)
- Salz, Pfeffer

MANDARINEN-KERBEL-AIOLI

- 3 Mandarinen
- 60 g rohe Cashewnüsse
- 2 EL Olivenöl
- 2 EL kaltes Wasser
- 1 EL Kerbel, gerebelt
- 1 TL Apfelessig
- 1 Knoblauchzehe
- Salz

Überall, wo ich zum Picknick eingeladen werde, bringe ich die dynamischen Drei mit.

So wird's gemacht:

Guacamole mit Granatapfelkernen
Avocados halbieren, vom Kern befreien und das Fruchtfleisch herauslöffeln. Die Schalotten fein würfeln, Knoblauch pressen. Pistazien in einer Pfanne ohne Fett anrösten und im Anschluss grob hacken. Schale der Bio-Limette abreiben, Limette auspressen. In einer Schüssel die Avocado mit Olivenöl, fein gehackter Schalotte, gepresstem oder fein gewürfeltem Knoblauch, Limettenabrieb und -saft, Chiliflocken, Pistazien und Granatapfelkernen gut verrühren und mit Salz und Pfeffer kräftig würzen.
Am besten schmeckt die Guacamole, wenn sie sofort gegessen wird.

Bananen-Curry-Dip à la Mama
Die Banane in einer Schüssel mit einer Gabel zu einem Püree zerquetschen. Die restlichen Zutaten hinzugeben und alles miteinander vermengen. Fertig!

Mandarinen-Kerbel-Aioli (vegan)
Mandarinen auspressen. Alle Zutaten im Blitzhacker zu einer Aioli verarbeiten. Fertig!

ZUBEREITUNGSZEIT

Mandarinen-Kerbel-Aioli – 5 Minuten
Bananen-Curry-Dip – 5 Minuten
Guacamole – 10 Minuten

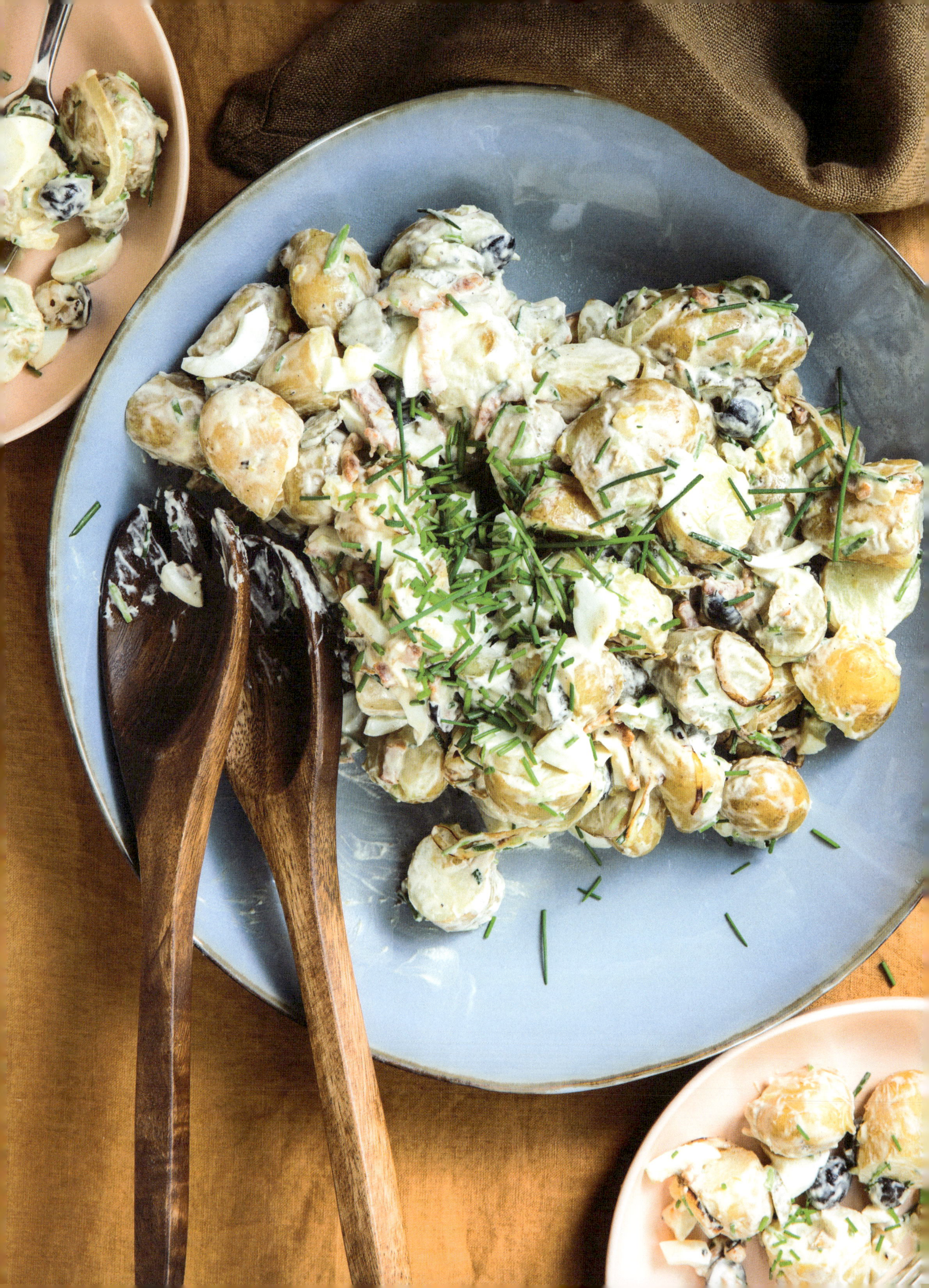

Grillantischer **Erdäpfelsalat**

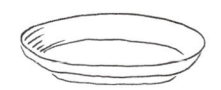

ZUTATEN

1 kg	kleine neue Kartoffeln
4	Eier
1	Zwiebel
200 g	Speckwürfel
2 EL	Sonnenblumenöl
100 g	schwarze Oliven (entsteint)
5	Gewürzgurken
1 EL	Dijon-Senf
2 EL	Weißweinessig
1 EL	Mayonnaise
5 EL	Naturjoghurt
3 EL	Gurkenwasser
½ Bund	Schnittlauch
	Salz
	Pfeffer

Mein Klassiker zur Grillsaison. Der Kartoffelsalat ist immer das Erste, was aufgegessen ist. Das kann man als gutes Zeichen werten, oder? Probiert's aus.

So wird's gemacht:

Die Kartoffeln waschen und mit der Schale in gesalzenem Wasser in ca. 20 Minuten bissfest garen, dann abkühlen lassen und halbieren.

Die Eier 8 Minuten kochen und anschließend mit kaltem Wasser abschrecken, pellen und vierteln.

Die Zwiebel schälen und in dünne Ringe schneiden. Sonnenblumenöl in einer Pfanne erhitzen, den Speck und die Zwiebeln nacheinander anbraten.

Die Oliven und Gurken klein schneiden.

Senf, Essig, Mayonnaise, Joghurt, Gurkenwasser, Salz und Pfeffer in einer Schüssel zu einem Dressing verrühren. Den Schnittlauch klein schneiden und ebenfalls dazugeben.

In einer großen Schüssel alle Zutaten vorsichtig vermischen und mit Salz und Pfeffer abschmecken.

Vor dem Servieren den Salat idealerweise 30 Minuten im Kühlschrank ziehen lassen. Dann entfaltet sich der volle Geschmack.

ZUBEREITUNGSZEIT

15 Minuten
(+ca. 20 Minuten Kochzeit)

POCARI SWEAT

19 UHR
UMEDA SKY BUILDING
→ HALTESTELLE YOTSUBASHI

Stops of the journey

Day 1: Flight from ~~Janina~~ BERLIN to Tokyo (05.12.2018)

2nd - 3rd day: Tokyo with city focus (2 days)

Day	Activity
	Visit to the Digital Art Museum (with the first digital teahouse)
06.12	Spa-Treatment at Onsen
06.12	Rickshaw tour through old Tokyo
07.12	Visit Shibuya Crossing
07.12	End of the day on Roppongi Hills viewing platform

Day 4: Day of travel (08.12.2018)

5th - 6th day: Kyoto with tradition focus (2 days)

	Visit the Arashiyama Bamboo Forest Kyoto with hike viewpoint in Arashiyama Park
09.12	Visit to the Kiyomizu-dera Temple
09.12	Visit of the Gion quarter
10.12	Visit of a traditional tea producer

7th - 9th day: Osaka with food focus (3 days)

	Okonomiyaki Workshop (with additional shoot for Janina's Foodblog)
11.12	

EUROPÄISCHE UNION
BUNDESREPUBLIK DEUTSCHLAND

REISEPASS
PASSPORT
PASSEPORT

RAUS UND DAVON – JAPAN MY LOVE

Ein kulinarischer Roadtrip zu meinen Wurzeln in einem fernen Land

Die Reise in Tokio beginnt für mich – wie so viele in Japan – mit den öffentlichen Verkehrsmitteln

JAPAN

96
↓
97

Unterschiedliche Anbieter stellen unterschiedlichste Zugverbindungen bereit – für Touristen ist das System nicht immer direkt nachvollziehbar, aber pünktlich sind sie alle und mit einem Lächeln habe ich mich immer durchwuseln können. Die Einheimischen haben sich auf Minutenschlaf zwischen den Haltestellen konditioniert – einige können das sogar im Stehen ganz wunderbar

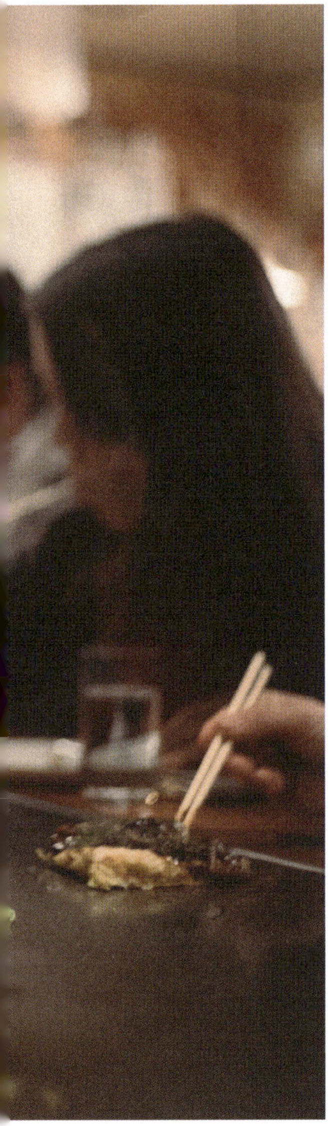

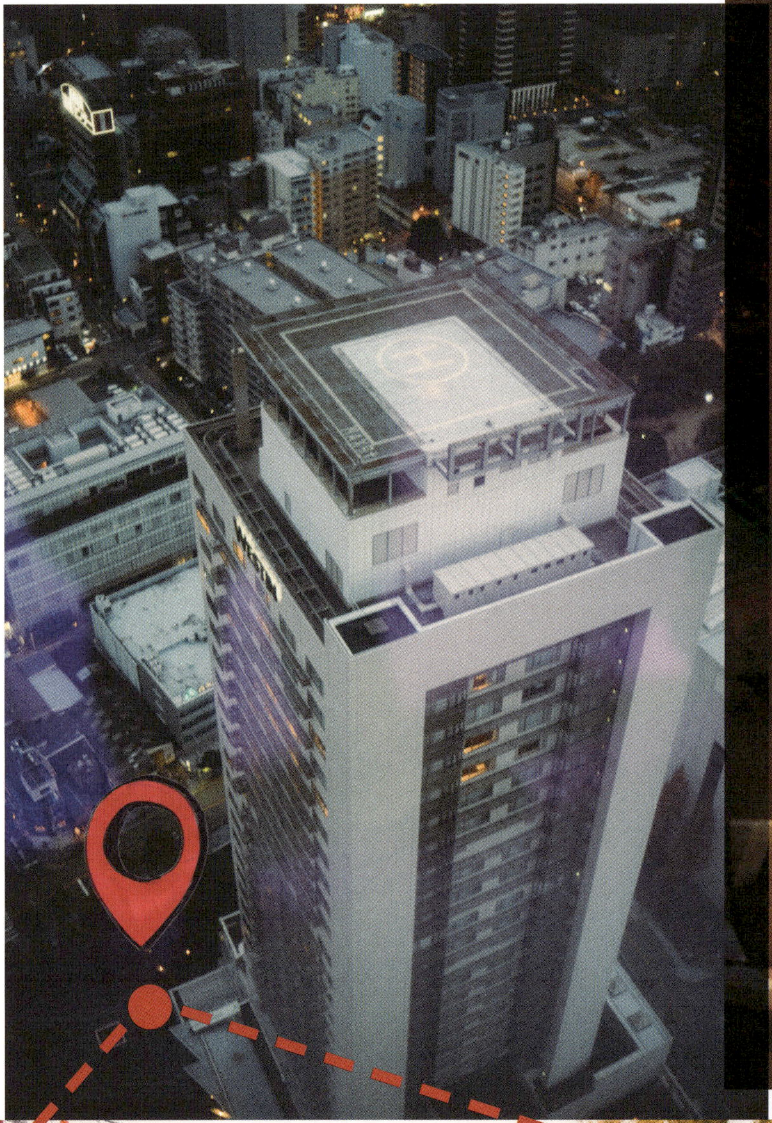

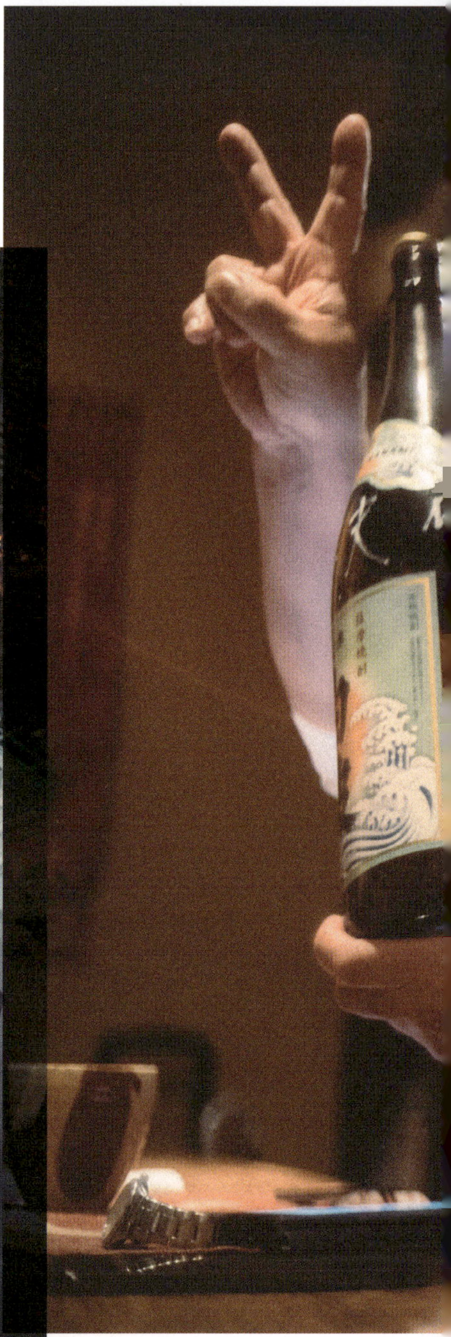

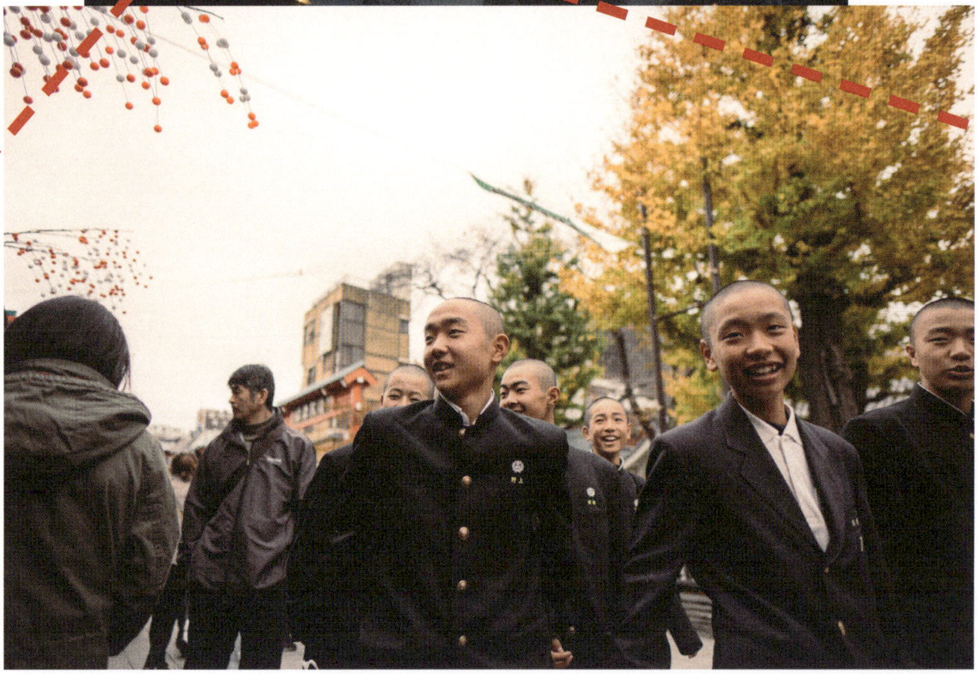

JAPAN

98 → 99

In Japan sind selbst bei den öffentlichen Toiletten die Sitze beheizt. Ich habe mich irgendwann damit abgefunden, dass das Land mich immer wieder überrascht

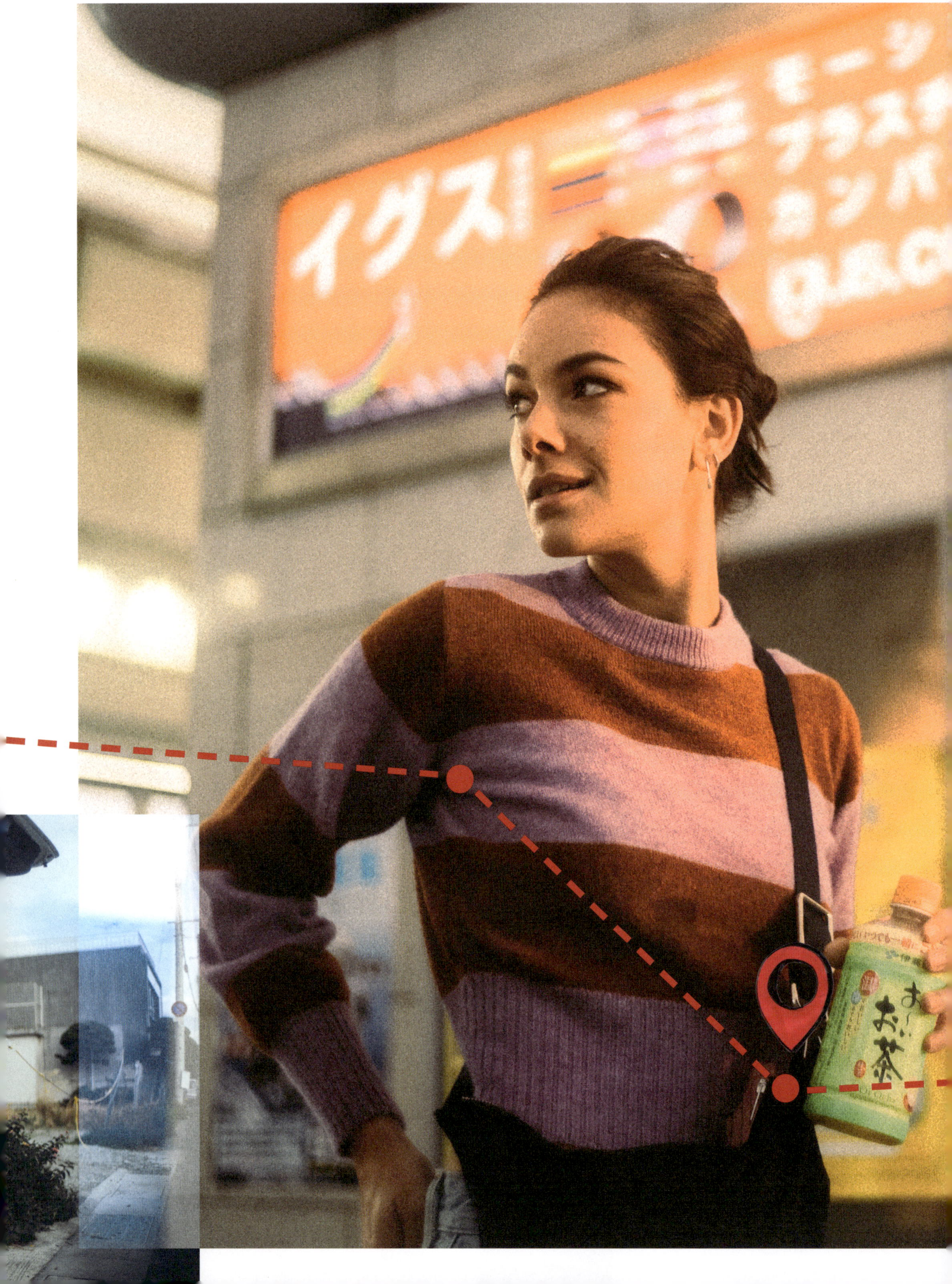
お〜い
お茶

1900 km auf Schienen zurückgelegt

53 Streetfood-Gerichte probiert

14000 Schritte am Tag gegangen

1000 000 Mal inspiriert worden

126 Stück Sushi gemacht

JAPAN

In Japan knallen das Gestern und das Heute unentwegt aufeinander. Hier die übervolle Shibuya-Kreuzung in Tokio, dort ein friedlicher Bachlauf in Kyoto

In kaum einem Land fühle ich mich so sicher wie in Japan. Nachts alleine durch enge Gassen? Kein Problem. Im Gegenteil

TO

Die japanische Hauptstadt haut mich immer wieder um. Über 9,5 Millionen Menschen tummeln sich hier. Tokio ist atemberaubend quirlig, aufregend, dynamisch, bunt und typisch japanisch – sauber und im Chaos doch organisiert. Ich habe schon bei meiner ersten Reise vor über zehn Jahren gespürt: Für Tokio reicht ein Leben nicht aus, um alles sehen, schmecken und fühlen zu kön-

JAPAN

nen. Als Foodie werde ich hier dauerinspiriert. Mit 304 Sternen ist Tokio die vom Michelin-Führer am besten bewertete Stadt der Welt. Über 80000 Restaurants buhlen um hungrige Gäste. Absurd ist dennoch, dass man sich bei vielen für einen Tisch geduldig in eine lange Schlangen einreihen muss. Es gibt dort aber so viele kreative Gerichte, auf die ich gerne eine Stunde warte.

R A

Was den Spaniern ihre Tapas und den Franzosen ihr Baguette ist, ist den Japanern die Ramen-Suppe – ein essbares Kulturgut. Mehr als 5000 Läden haben sich allein in Tokio auf die Nudelsuppe spezialisiert. Zwei von ihnen sind sogar mit einem Michelin-Stern ausgezeichnet. Es lohnt sich, sich anzustellen

Das Ziel habe ich immer im Blick, egal, an welcher Stelle der etwa 40 Meter langen Warteschlange ich mich befinde: Es ist die schmale Glastür des Eckhauses – nichts anderes ist in der kommenden Stunde wichtig. Soll der Magen doch knurren, das stehe ich durch – im wahrsten Wortsinn. Hinter dieser Tür beginnt ein kulinarisch völlig eigener Kosmos. Denn das Nakiryu im Stadtteil Minami-Otsuka ist auf Ramen spezialisiert. Das ist in Japan nichts Ungewöhnliches, ungewöhnlich ist hingegen, dass das Nakiryu einer von zwei Ramen-Läden in Tokio ist, die mit einem Michelin-Stern ausgezeichnet wurden. Durch die Fensterscheibe kann man gut sehen, wofür man hier ansteht – für nicht viel mehr als eine Abstellkammer mit einer offenen Küche. Zehn Sitzplätze direkt am Tresen, mehr sind es nicht. Ramen-Suppe ist in Japan die erste Wahl, wenn es schnell gehen soll. Das perfekte Gericht für eine Gesellschaft, die wie eine Maschine getaktet ist. Als Ramen werden die Nudeln in der Suppe wie auch die Suppe an sich bezeichnet, oft werden sogar Instant-Nudeln verwendet. Die klassischen Ramen-Nudeln bestehen aus Weizenmehl, Salz und Wasser. Im Nakiryu werden sie frisch zubereitet. Im Grunde ist aber die Brühe das Geheimnis einer Ramen-Suppe – hier kommt der Geschmack, das Umami, her. Ramen ist wahrlich kein Tokio-Phä-

Tokio ist der ultimative Japan-Kick: Kunst, Kultur, Kulinarik in einer Megacity

JAPAN

106
→
107

RAMEN

nomen, in den meisten größeren japanischen Städten findet man neben den klassischen Ramen-ya, die mit Restaurants vergleichbar sind, auch Yatai genannte mobile Verkaufsstände sowie die Tachi-gui, die Stehimbisse. Spannend dabei ist: Viele dieser Ramen-Läden besitzen ein eigenes, oft über Generationen geheim gehaltenes Rezept. So hat sich das Nationalgericht in den letzten 200 Jahren regional stark verändert. Ein für seine Ramen-Suppe bekannter Ort ist beispielsweise Sapporo. Hier ist die Spezialität Miso-Ramen. In Ogikubo in Tokio schwört man auf Shoyu-Ramen, also mit Schweinebauch. Und in Fukuoka ist die Spezialität Tonkotsu-Ramen, wohl die intensivste Variante. Das Restaurant Nakiryu ist berühmt für seine Tantanmen. Die soll es auch sein, wenn ich einen Platz habe.

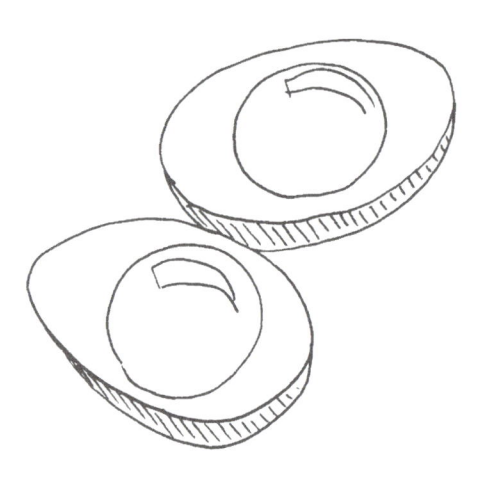

DAS DUNKEL-EI

Klassisch gehört ein Soja-Ei in eine Ramen-Suppe. Es sind auch keine tausendjährigen Eier, wie manch einer vielleicht vermutet. Soja-Eier sind supereinfach zu machen: Ihr kocht sie wie gewohnt. Ich mag sie am liebsten wachsweich bis flüssig. Danach werden die Eier abgeschreckt, gepellt und im lauwarmen Zustand für mindestens 30 Minuten in Sojasoße gelegt. Fertig sind die Soja-Eier

Neben der Tür ist mit Klebeband ein Blatt fixiert, das dem Besucher schnell klarmacht, wie es abläuft, wenn man erst drin ist: „One bowl per one person" steht da geschrieben. Und plötzlich geht nach einer Stunde die Tür für mich auf, bitte eintreten.
Es duftet nach warmem Holz, die Luft ist feucht – nicht unangenehm, eher überraschend. Der Raum ist so eng, dass sechs neue Gäste in einem Schwung sich nicht gleichzeitig ihrer Jacken entledigen können. Hinter dem Tresen kocht permanent das Nudelwasser, es ist so still, man könnte Stäbchen fallen hören. Ein andächtiges Schlürfen eint die Besucher, die es durch Beharrlichkeit in den Tempel of Tantanmen geschafft haben. Die Bestellung nimmt ein Automat entgegen. Für umgerechnet acht Euro spuckt die Maschine einen streichholzschachtelgroßen Zettel aus, den ich dem Koch in die Hand drücke. So günstig kommt man wahrscheinlich nie wieder an ein Sterne-Essen. Hinter dem Tresen wuseln sechs Mitarbeiter umeinander herum. Es wird gekocht, gerührt und geschnippelt. Mit welcher Hingabe und Akribie die Köche arbeiten, ist beeindruckend. Die Enge bedingt, dass man das Gefühl hat, in der Suppe zu sitzen, die einem sechs Minuten später serviert wird. Die Brühe ist fast zähflüssig, so tief im Geschmack – eine Essenz. In der dampfenden Schüssel tanzen unglaublich raffinierte Geschmacksnuancen in Eintracht, um dann wenig später in meinem Mund um Aufmerksamkeit zu buhlen. Klingt zu pathetisch? Der Michelin-Restauranttester schrieb zur Begründung der Auszeichnung im Jahr 2017 über das Nakiryu: „Die Suppen werden mit ganzem Hühnchen und Zutaten wie Rinderknochen, frischem Gemüse, getrocknetem Fisch und sogar einer großzügigen Portion roher Austern zubereitet. Die ultradünnen Tantan-Nudeln haben einen ausgeprägten Sesamgeschmack und werden mit wenig Wasser und ohne Eier hergestellt. Die reichhaltigen und duftenden Sojasoßen-Ramen zeichnen sich durch flache Nudeln mittlerer Dicke mit guter Textur aus."
Joa, kann man so bewerten. Oder einfacher: Hier zu essen, ist eine unglaubliche Erfahrung und eine Geschmacksexplosion, für die ich auch ohne Murren drei Stunden anstehen würde – dann aber mit Proviant in der Tasche.

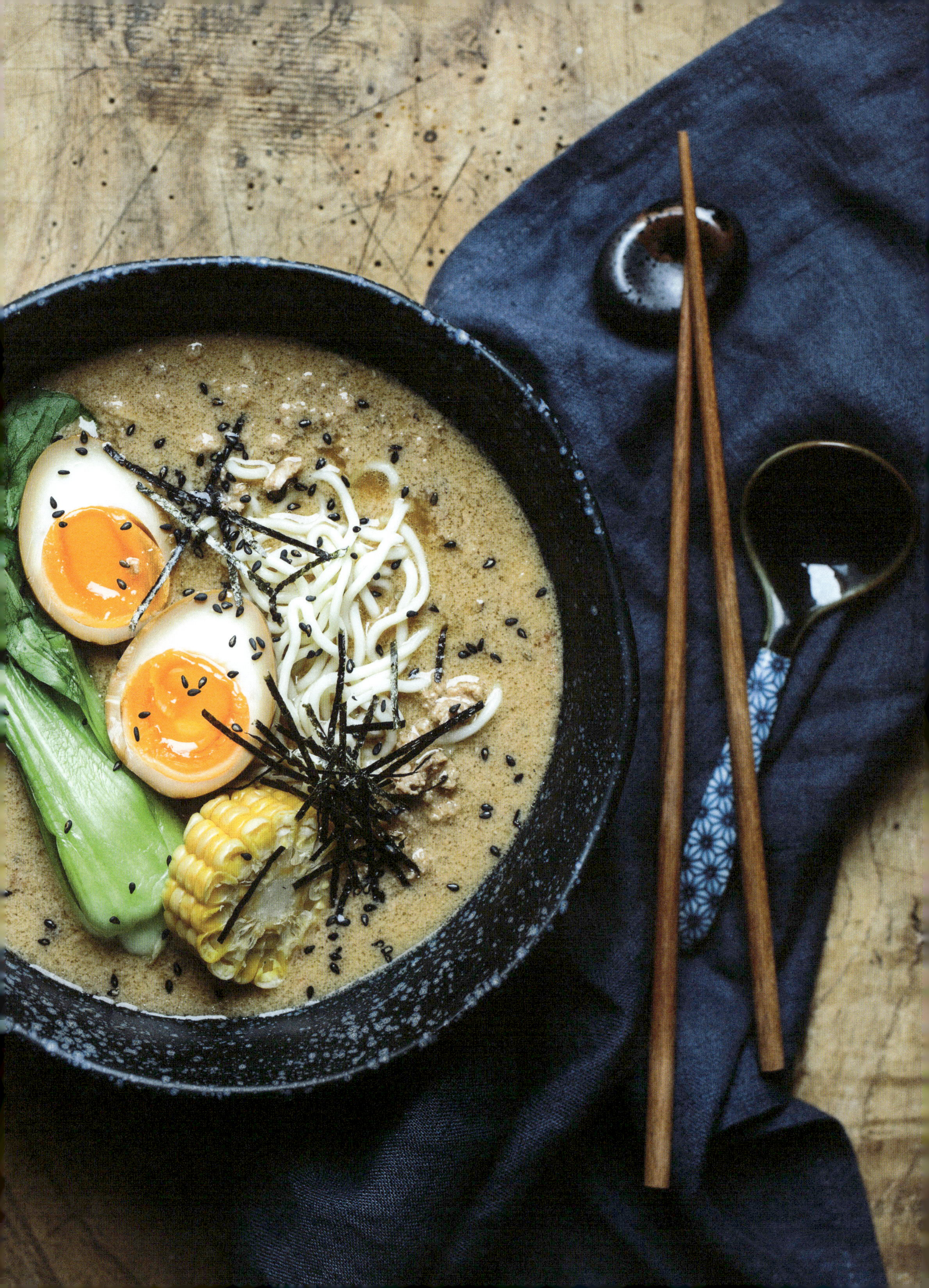

Happy Spicy Tan Tan **Ramen**

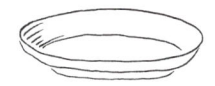

ZUTATEN FÜR 2 PERSONEN

FÜR DIE PASTE

100 g	weiße Misopaste (Fertigprodukt)
100 g	rote Misopaste, (Fertigprodukt)
50 g	Chilipaste
1	kleine Zwiebel
5	Knoblauchzehen
1 Stck.	Ingwer, daumengroß
3 EL	Mirin*
2 EL	Pflanzenöl
1 EL	Sesamöl, geröstet
1 EL	Dashi-Granulat**
2 TL	Sesampaste

FÜR DIE BRÜHE

1 EL	Sesamöl, geröstet
200 g	Schweinehack
	Misopaste (siehe oben)
1 EL	Shiitake-Pilze, getrocknet
475 ml	Gemüsebrühe
220 ml	Sojamilch
2 Por.	Ramen-Nudeln
1	Frühlingszwiebel
1	Noriblatt***
1	Maiskolben, vorgekocht gerösteter Sesam, Pfeffer, Salz

SOJA-EIER (SIEHE SEITE 108)

ZUBEREITUNGSZEIT

ca. 1 Stunde

Ramen zählt zu meinen Lieblingssuppen. Immer wenn ich in Japan bin, denke ich, ich bin ramensüchtig. Es gibt unzählige Variationen. Die Basis ist fast immer eine mit Liebe zubereitete Brühe.

So wird's gemacht:

Für die Paste die Chilipaste, die Zwiebel, den Knoblauch und den Ingwer grob schneiden und zusammen mit den anderen Zutaten im Blitzhacker zu einer Paste verarbeiten. Diese in einem Topf bei mittlerer Hitze unter ständigem Rühren für 7 Minuten anrösten. Darauf achten, dass sie nicht anbrennt.

Für die Brühe das Sesamöl in einem Topf erhitzen. Das Schweinefleisch hinzugeben und anbraten. Die Hälfte der Misopaste hinzufügen und weitere 3 Minuten auf mittlerer Hitze braten. Im Anschluss die klein gehackten Shiitake-Pilze hinzugeben, mit Gemüsebrühe und Sojamilch aufgießen und einmal aufkochen lassen. Die restliche Misopaste hinzufügen und bei mittlerer Hitze 20 Minuten köcheln lassen.

In der Zwischenzeit die Ramen-Nudeln laut der Packungsanleitung kochen. Die Nudeln auf zwei große Schalen verteilen und mit Brühe aufgießen. Für jede Portion mit einem in zwei Hälften geschnittenen Soja-Ei, Frühlingszwiebeln, Noriblatt, Mais und geröstetem Sesam garnieren.

---

*Mirin: süßer japanischer Reiswein
**Dashi-Granulat: japanische Fischbrühe
***Noriblatt: japanische Sushi-Alge

KYOTO

Die Stadt in der gleichnamigen Präfektur ist so, wie ich mir das alte Japan vorstelle. Die Fahrt mit dem Schnellzug dauert von Tokio aus lediglich etwas mehr als zwei Stunden. Die 500 Kilometer fliegen nur so am Fenster vorbei – 320 km/h schafft der Shinkansen auf dieser Strecke. Kyoto ist die Stadt der Tempel und shintoistischen Schreine. Mit etwas Glück trifft man hier auch auf eine echte Geisha. Nicht zu verwechseln mit den Mädchen in ihren farbenprächtigen Yukatas. Das sind Geisha-Groupies.

JAPAN

112
↓
113

GRÜNE HOFFNUNG

Südlich von Kyoto befindet sich das berühmte Teeanbaugebiet Wazuka

Über jedem Hügel, der sich mit dem bloßen Auge erfassen lässt, liegt ein grüner Teppich. Die Teepflanze wächst so dicht, dass man sich am liebsten rücklings reinfallen lassen möchte, so weich und satt sieht das alles aus. Es ist Anfang April und die Blätter des First Flush, der ersten Ernte, sprießen. Mitte des Monats beginnt hier die arbeitsreiche Zeit – die beste Qualität des Sencha wird dann aus dem Teppich gepflückt.
Japan ist das Land des grünen Tees. Seit über 900 Jahren wird er hier angebaut und es gibt kaum eine Lebenssituation, in der nicht Zeit für einen Tee wäre. Als Matcha, für eine Zeremonie, zum Aufguss am frühen Morgen oder trinkfertig in der Flasche aus einem Automaten an der Straße. Tee ist überall und Teil der Kultur des Landes. Über seinen Tee lässt der Japaner nichts kommen.
Die Region Wazuka ist bekannt für ihren „Kirika", es ist der Nebel, den die Teebauern damit meinen. Er entsteht durch das Temperaturgefälle zwischen Tag und Nacht und den Fluss, der dieser Region ihren Namen gab. Der Nebel hält sich oft bis weit in den Vormittag zwischen den Hügeln und schützt so die empfindlichen Blätter vor der Sonne. Fünf Ernten sind im Jahr möglich. Der First Flush, also die erste und qualitativ hochwertigste Ernte, Karinaoshi Bancha, eine Zwischenernte, der Second Flush, der Herbst-Bancha, er enthält viele Antioxidantien, und der Frühlings-Bancha.
Der Ablauf der Verarbeitung ist dabei identisch. Nachdem die Knospen – in Japan meist maschinell – und die ersten zwei jungen Blätter vom Feld geholt wurden, wird die Ernte mit Wasserdampf bearbeitet, um die natürliche Fermentation der Blätter zu stoppen. Denn würde man dies nicht tun, entstünde aus der Ernte Schwarztee – die Fermentation unterscheidet die beiden Sorten voneinander.
In der Manufaktur von Kyoto Obubu wird die anschließende Trocknung der Blätter noch per Hand vorgenommen, in Teefabriken maschinell – das Prinzip ist aber identisch. Auf einer Platte, die mit warmer Luft durchströmt wird, werden die Blätter immer wieder gerollt und dabei getrocknet. Dieser Prozess wird viermal in unterschiedlicher Intensität wiederholt. Dabei bricht die Struktur der Blätter auf und sie entwickeln so ihren vollen Geschmack. Direkt nach der Ernte enthalten die Blätter noch etwa 80 Prozent Wasser, nach der Verarbeitung nur noch fünf Prozent.

In der Region Wazuka, nahe Kyoto, wächst der beste Tee des Landes. Zeit für eine Teepause und das beliebteste Getränk der Japaner – zu Gast auf der Farm bei Teemeister Yasuharu Matsumoto

Aus dem Großteil der in dieser Region angepflanzten Teesträucher wird später Matcha. Dafür werden die getrockneten Blätter in einem Mörser fein gemahlen. Das grüne Pulver hat es zu Berühmtheit weit über die Landesgrenzen gebracht. Mittlerweile gibt es nicht nur in den Großstadt-Eisdielen Matcha-Eis, auch im Supermarkt-Joghurt steckt das grüne Pulver und sogar ein KitKat-Matcha hat es an die Tankstellentheke geschafft. Matcha wurde im 6. Jahrhundert in China entdeckt – die Medizin sollte die Mönche beim Meditieren wach halten. Aus dieser Tradition entwickelten sich die Teerituale der Chan-Buddhisten. Durch Mönche, die Teesamen mitbrachten, wurde ab dem 12. Jahrhundert auch Matcha in Japan hergestellt. Matcha gilt als das Hochwertigste, das man aus Tee machen kann, und wird oft für die klassische Teezeremonie genutzt. Die Zeremonie folgt einer Vielzahl von Regeln und soll dem Gast die Möglichkeit zur inneren Einkehr bieten. Daher sind die vier Prinzipien der japanischen Teezeremonie auch Wa, Kei, Sei und Jaku, nämlich Harmonie, Hochachtung, Sauberkeit und Stille – so kann die Zeremonie bis zu vier Stunden dauern. Eine kleine Teezeremonie kann jeder auch zu Hause ausprobieren. Dafür zwei Esslöffel Teeblätter in eine kleine Kanne geben. Im Anschluss kochendes Wasser in eine Tasse gießen und dann in eine zweite Tasse umschütten. Durch das Hin und Her verliert das heiße Wasser von Tasse zu Tasse etwa zehn Grad Celsius. Bei einer Wassertemperatur von 70 Grad das Wasser aus der Tasse in die Teekanne gießen und 45 Sekunden ziehen lassen. Den Inhalt dann auf die Menge der Gäste verteilen. Dieser Ablauf lässt sich mit denselben Teeblättern und frischem Wasser dreimal wiederholen. So ändert der Tee bei jeder Runde seinen Geschmack. Im Anschluss kann man die Teeblätter mit etwas Sojasoße würzen und sogar essen – Tee, die Wunderpflanze.

Bei jeder Ernte werden nur die Knospe und die ersten zwei jungen Blätter genommen. Auf Japanisch heißt dieses Vorgehen „isshin-niyo"

Je nach Jahreszeit erzielen unterschiedliche Ernten verschiedene Qualitäten. Der First Flush gilt als die hochwertigste. Fünf Ernten sind im Jahr möglich

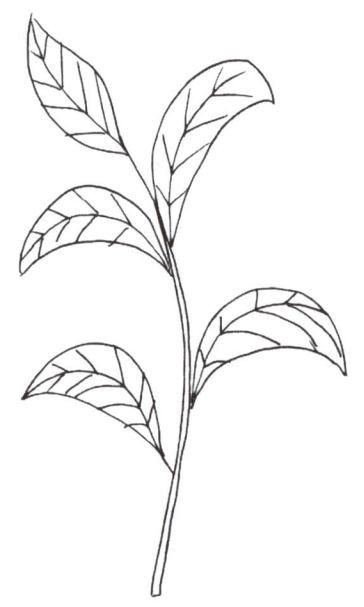

Nach einem langen Sommer enthalten die Blätter bei der Herbsternte viel Catechin, es ist für die antioxidative Wirkung verantwortlich

Sencha ist die vorrangig angebaute Teepflanze in Japan. Durch heißen Wasserdampf wird der natürliche Fermentationsprozess gestoppt – so entsteht grüner Tee

Yasuharu Matsumoto ist Teemeister. Eine Zeremonie mit ihm ist eine Reise in die Geschichte Japans und ein unvergessliches Erlebnis im Jetzt. Und es gibt genug Zeit für ein paar Fragen:

„BESINNE DICH AUF DICH"

F Matsu san, würden Sie behaupten, alles über Tee zu wissen?

A Oh, nein. Diese Pflanze überrascht mich immer wieder aufs Neue. Außerdem: Schon kulturell bedingt hören wir Japaner ja nie auf zu lernen. Daher weiß ich nie alles.

F Warum ist die Teezeremonie ein so wichtiger Bestandteil der japanischen Kultur?

A Nun, in diesem Land ordnet sich vieles um die Mitte. In dem Schrein in unserem Hauptgebäude steht beispielsweise im Zentrum ein Spiegel, keine Statue. Besinne dich auf dich, ist die Botschaft. So sind viele kulturelle Dinge in Japan sehr statisch. Und daher hat die Teezeremonie auch so viele Regeln, an die man sich halten kann, man braucht nicht nachzudenken. Sie ist wie eine Pflanze, die Früchte trägt. Sie denkt nicht an das Tragen, sie macht es einfach.

F Warum ist die Teepflanze einzigartig?

A Sie enthält Koffein, Catechin und Theanin. Diese drei Komponenten in einer Pflanze machen sie ausgewogen und das Getränk Tee zu etwas Besonderem.

F In dieser Region wird aus dem Sencha hauptsächlich Matcha gemacht. Wie viele Blätter braucht man für das Pulver?

A Wir brauchen etwa sechs Kilo erntefrische Blätter, um ein Kilo Matcha zu gewinnen. Durch den Trockenprozess geht viel Gewicht verloren.

F Wie alt können Teesträucher werden?

A Der Großteil auf unserer Farm ist zwischen 40 und 50 Jahre alt. Die ältesten etwa 70 Jahre. Sie können aber leicht doppelt so alt werden. Diese Pflanzen werden mich ganz sicher überleben – und noch immer guten Tee geben.

F Wie kann ich einen guten von einem schlechten Tee unterscheiden?

A Das ist nun vielleicht auch eine sehr japanische Sichtweise, aber wenn der Tee schmeckt, ist er gut.

Eigentlich bin ich ein absoluter Kaffee-Mensch. Allerdings liebe ich es, mir am Nachmittag einen grünen Tee aufzubrühen, ihn abkühlen zu lassen und dann mit Eiswürfeln kalt zu genießen.

Sooo erfrischend!!

(Und durch das Teein gibt es mir am Nachmittag nochmal einen Energieschub.)

JAPAN

118
▼
119

TEE

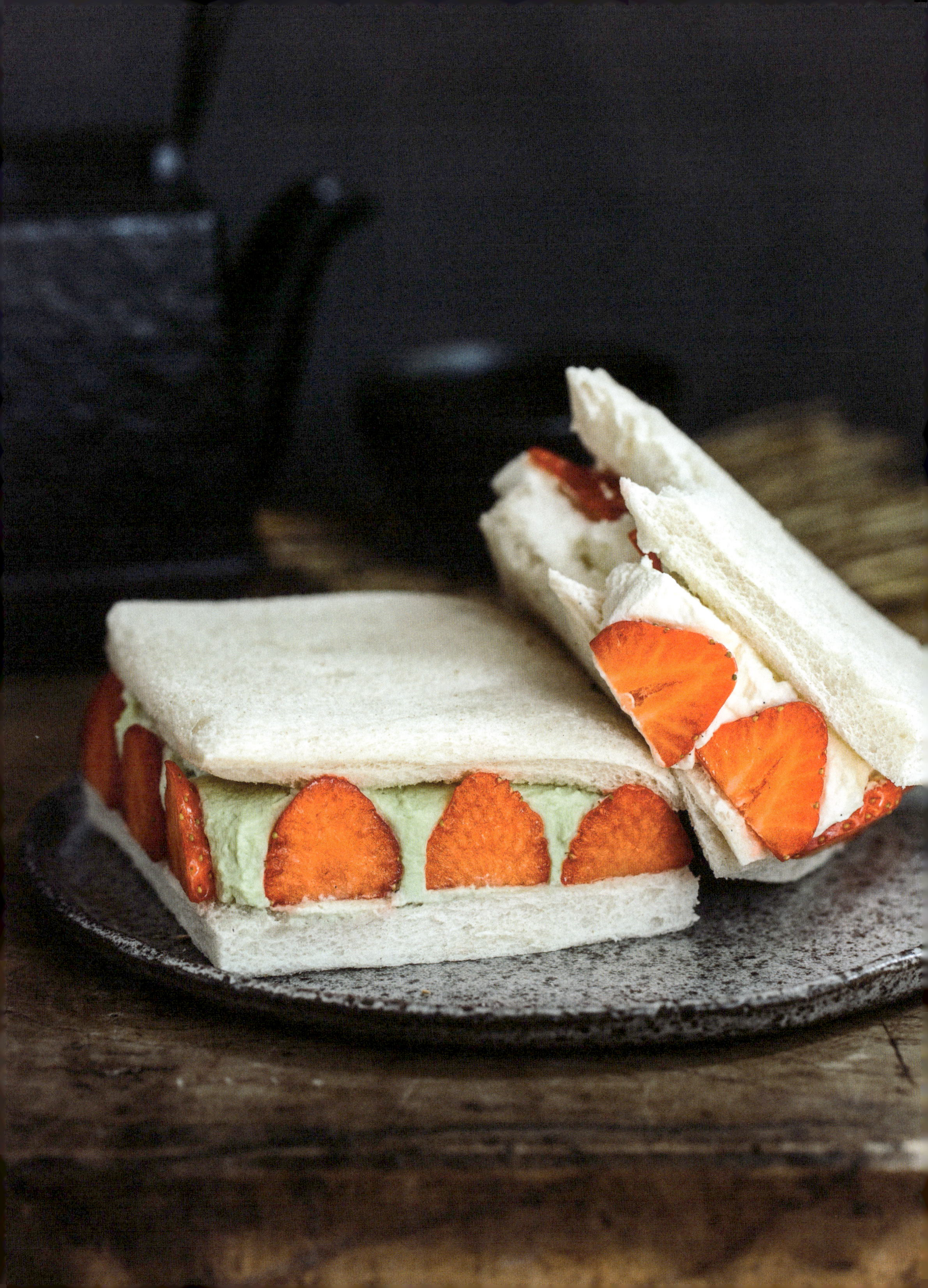

Erdbeer-**Matcha**-Sando

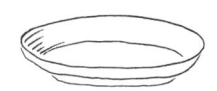

ZUTATEN FÜR 2 PERSONEN

4	Toastbrotscheiben, super soft
300 g	Erdbeeren
250 ml	Schlagsahne, kalt
1 Pck.	Sahnesteif
1 TL	Vanillezucker
1 TL	Matcha-Pulver

Sandos, die japanische Art des Sandwiches, werden dort in den verschiedensten Ausführungen in jedem 7Eleven verkauft. Hier werden bei mir Kindheitserinnerungen wach. Das Rezept lässt mich an die Schaumkussbrötchen von unserem Bäcker aus der Heimat denken, die innen genauso cremig und süß waren wie meine Sandos. Lecker!

So wird's gemacht:

Den Rand vom Toastbrot abschneiden, die Erdbeeren waschen, putzen und in Scheiben schneiden.

Schlagsahne mit Sahnesteif und Vanillezucker in einer Rührschüssel vermengen und mit einem Handrührgerät erst auf niedriger, dann auf hoher Stufe steif schlagen.

Das Matcha-Pulver unterrühren und noch einmal kurz aufschlagen, damit sich das Pulver gut mit der Sahne vermengt.

Die aufgeschlagene Sahne auf eine Scheibe Toastbrot schmieren und die Erdbeerscheiben auf der Sahne verteilen. Die zweite Scheibe Toastbrot als Deckel daraufsetzen und leicht andrücken.

ZUBEREITUNGSZEIT

10 Minuten

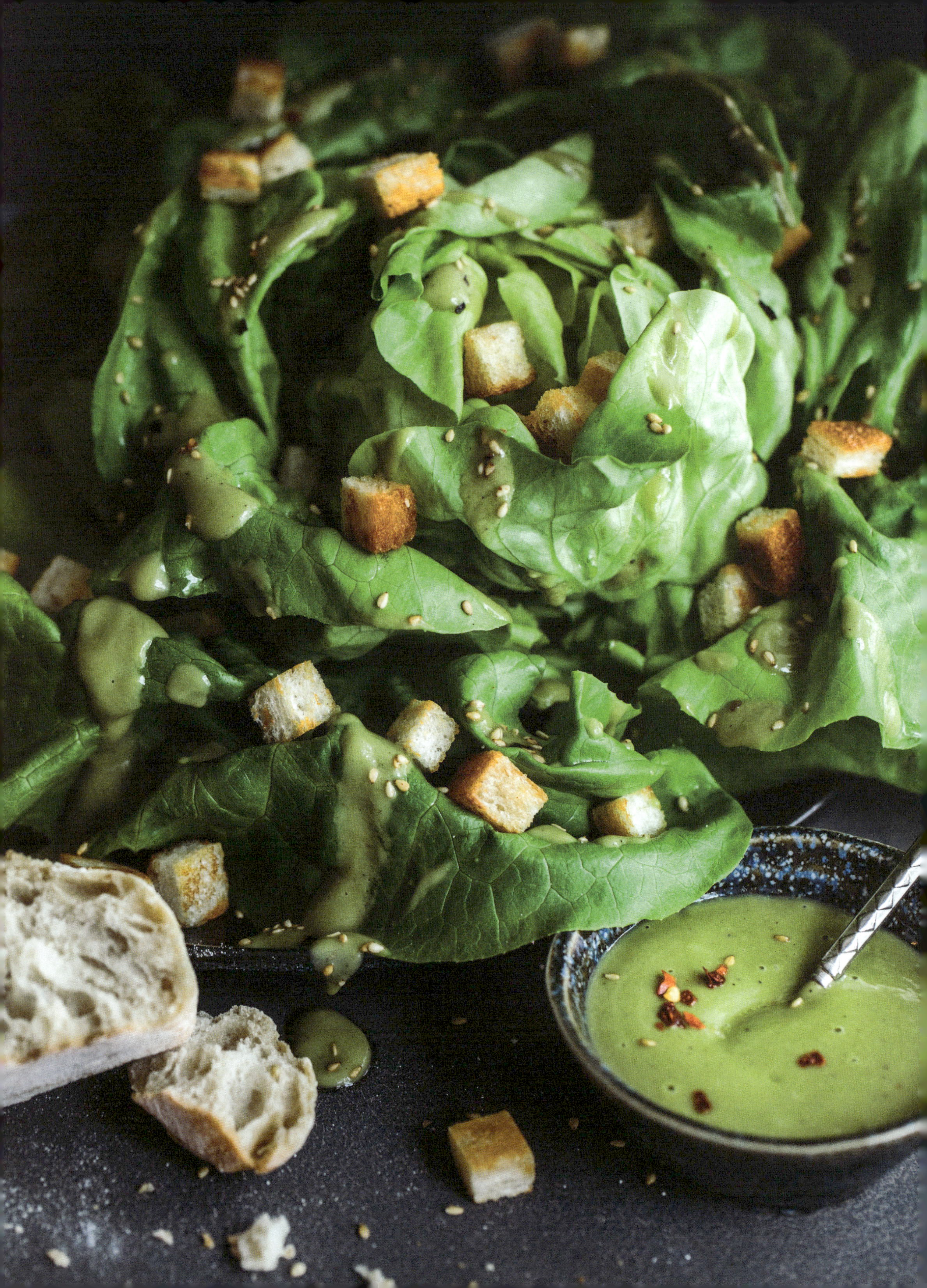

Die Kopfsalat-**Tee-Affäre**

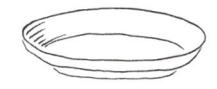

ZUTATEN FÜR 2 PERSONEN

2	Kopfsalate, klein oder 1 großer
½	Baguette

FÜR DIE MATCHA-VINAIGRETTE

1	TL	Matcha-Pulver
2	EL	Pflanzenöl
2	TL	Agavendicksaft
2	EL	Orangensaft, frisch gepresst
1	TL	Limettensaft, frisch gepresst
150	ml	lauwarmes Wasser
½		Avocado
		Chiliflocken, Salz und Pfeffer nach Belieben

FÜR DIE CHILICROÛTONS

3	EL	Pflanzenöl
2		Toastbrotscheiben
3	TL	weißer Sesam
		Salz nach Belieben
		Baguette als Beilage

ZUBEREITUNGSZEIT

15 Minuten

Da haben wir den Salat: Matcha als Tee kennt heutzutage fast jeder. Ich wollte mal was Neues ausprobieren – Matcha als Vinaigrette.

So wird's gemacht:

Die Kopfsalate waschen, putzen und trocken tupfen.

Alle Zutaten für die Vinaigrette mit einem Stabmixer pürieren und nach Belieben mit Chiliflocken, Salz und Pfeffer abschmecken.

Für die Chili-Croûtons Pflanzenöl und Chiliflocken in eine Pfanne geben und heiß werden lassen. Das Toastbrot würfeln, in die heiße Pfanne geben und anbraten, bis die Würfel braun und knusprig sind, die Hitze reduzieren.

Kurz bevor die Croûtons fertig sind, den Sesam für 30 Sekunden bei geringer Hitze in die Pfanne geben und kurz mit anrösten. Mit Salz abschmecken.

Den Kopfsalat mit den Chili-Croûtons und der Matcha-Vinaigrette garnieren. Als Beilage das Baguette in Scheiben schneiden und zum Salat servieren.

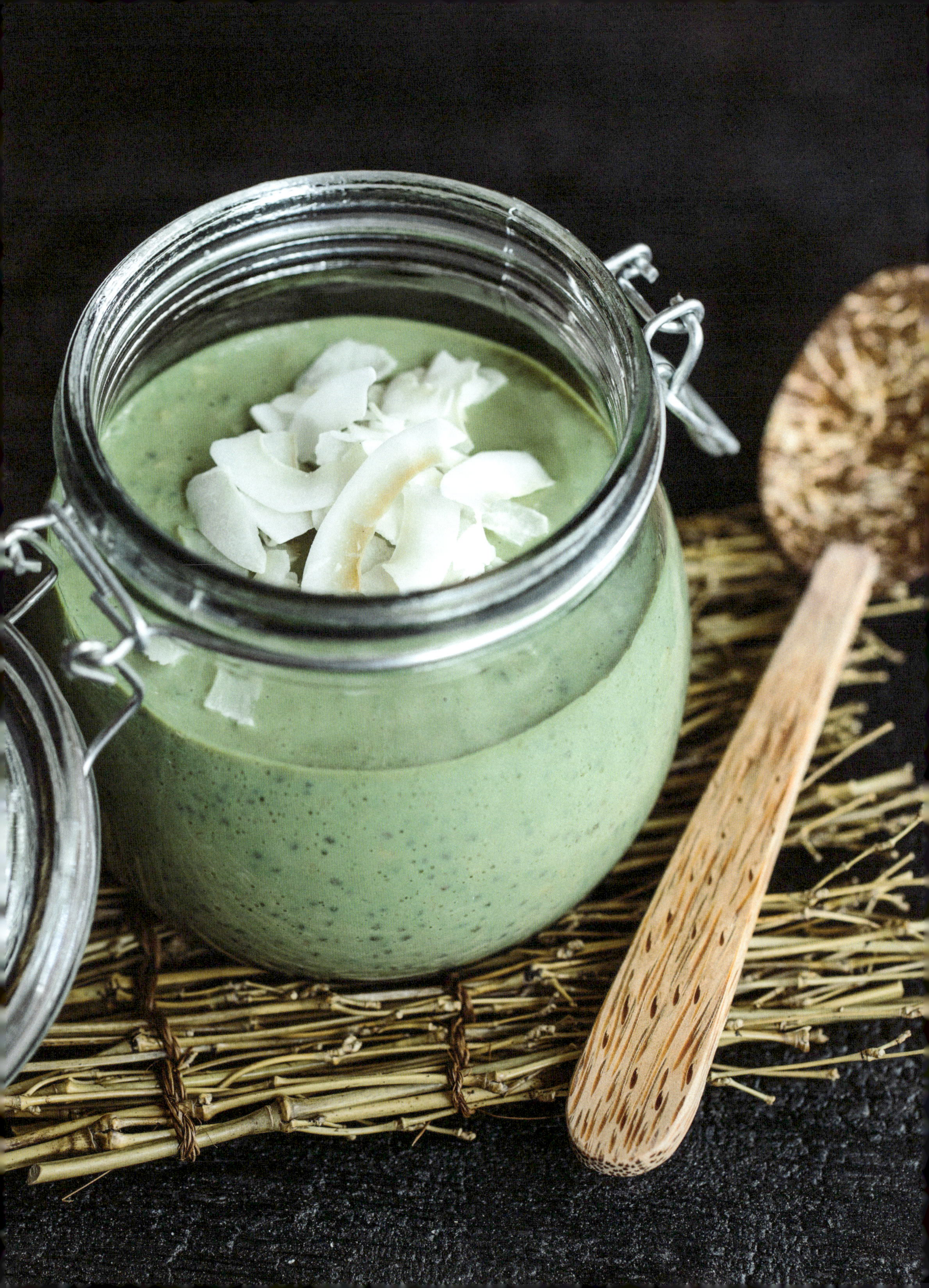

Fast Tokio Overnight-**Matcha**-Oats

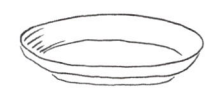

ZUTATEN FÜR 1 PERSON

20	g	Haferflocken
2	EL	Chiasamen
2	EL	Agavendicksaft
1	TL	Vanillepaste
2	TL	Matcha-Pulver
80	ml	Soja-Kokosjoghurt
150	ml	Sojamilch

Als Meal-Prep-Fan mag ich es besonders, am Morgen Zeit einzusparen, und muss so trotzdem nicht auf mein Frühstück verzichten. Die Overnight-Oats mit Matcha sind mal ein anderes, gesundes To-go-Frühstück.

So wird's gemacht:

Alle Zutaten in ein Gefäß geben und miteinander vermengen.

Alternativ kann man auch ein verschließbares Glas nehmen und alles kräftig schütteln.

Die Overnight-Matcha-Oats am besten über Nacht in den Kühlschrank stellen, jedoch für mindestens vier Stunden eindicken lassen.

Am Morgen Toppings nach Wahl hinzufügen und direkt aus dem Glas genießen. Hierzu eignen sich hervorragend frisches oder getrocknetes Obst, Nüsse oder Kokosflocken.

ZUBEREITUNGSZEIT

7 Minuten
(mindestens 4 Stunden Kühlzeit)

OSAKA

Für einen Foodie ist die drittgrößte Stadt des Landes ein Muss. Wenn ich in Osaka bin, ist das für meine Geschmacksnerven ein kulinarischer Extremtest. Osaka ist das wildere Tokio. Die Architektur ist gewagter, die Stimmung verwegener und alles ist etwas ruppiger als beim großen Bruder im Osten. Durch diese unangepasste Art scheint sich eine andere Lebensfreude entwickelt zu haben. In keiner anderen Stadt in Japan geben die Bewohner so viel Geld für Essen aus wie hier. Sie haben sogar ein Wort dafür: *Kuidaore.* Es bedeutet so viel wie „Essen bis zum Umfallen". Ich liebe es, mich durch das neonbeleuchtete Viertel Dotonbori treiben zu lassen. Restaurants und Straßenverkäufer reihen sich in einer scheinbar endlosen Kette durch die Stadt. Manche Gerichte habe ich bisher nur hier gesehen und gegessen. Okonomiyaki, eine Art Pfannkuchen, der am Tischgrill zubereitet wird. Oder Takoyaki, Oktopus am Spieß in einer Eihülle mit Ingwer und getrocknetem Thunfisch. Klingt abenteuerlich? Auf jeden Fall.

STRASSE

JAPAN

128
—
129

STREETFOOD

Osaka gilt über die Landesgrenzen hinaus als die Küche Japans. Wer einmal das Ausgehviertel Dotonbori durchquert – Verzeihung, durchfuttert – hat, wird das vollmundig bestätigen können. Auch hier werden die Stände und Restaurants, die Takoyaki, Ramen, Gyoza, Okonomiyaki, Sushi und noch viele andere Gerichte anbieten, seit Generationen an den ältesten Sohn der Familie vererbt. Ebenso die Familienrezepte. Und da sich insbesondere Traditionen in Japan ausgesprochen lange halten, kann es also durchaus passieren, dass man heute an einem unscheinbaren Stand eine Miso in die Schale bekommt, die exakt so schon vor einigen hundert Jahren geschmeckt hat – so etwas findet man sonst möglicherweise nur noch in der arabischen Welt.

Berühmt ist Osaka hingegen weniger für seine Miso, sondern für ein

```
Streetfood war
einst ein Essen
für die Bauarbei-
ter - schnell und
günstig musste es
sein. Heute ist
Streetfood ein
Megatrend. Nicht
nur in Japan wird
auf der Stra-
ße gebrutzelt,
frittiert und
gebraten - hier
aber überaus
außergewöhnlich.
Besonders Osaka
steht für ein paar
ganz eigenständige
Food-Kreationen
```

anderes Gericht: Okonomiyaki. Das Wort, das für ein europäisches Mundwerk schwer zu formen ist, hat die Hafenstadt im Westen kulinarisch berühmt gemacht. Der herzhafte Pfannkuchen besteht aus einem Teig aus geschreddertem Weißkohl, Mehl, Ei und Dashi. Er wird auf einer heißen Eisenplatte, der Teppan, zubereitet und dann unter den Gästen aufgeteilt. Dashi ist im Übrigen ein Fond, den es in den Varianten Fisch, Fleisch und vegetarisch gibt.

Kleine Randnotiz zum Dashi: 1909 entdeckte der japanische Forscher Ikeda Kikunae erstmals den Umami-Geschmack, der heute als eine der fünf Grundgeschmacksrichtungen – neben süß, sauer, salzig und bitter – anerkannt ist. Umami, als grundlegende Sinnesqualität, wird als fleischig, würzig oder wohlschmeckend beschrieben. Dem Forscher war es gelungen,

In Osaka ist essen eine Lebensaufgabe. Die Stadt am Meer gilt als die kreative Küche Japans

Das kulinarische Highlight jeder Osaka-Reise ist wohl der japanische Pfannkuchen Okonomiyaki. Den besten gibt es unter dem Umeda Sky Building. Ich bin seit meiner ersten Japan-Reise Stammgast im Okonomiyaki Kiji. Die GZSZ-Autogrammkarte hängt dort seit über zehn Jahren

JAPAN

130

131

STREETFOOD

aus dem Seetang, der die Hauptzutat des Dashi ist, Glutaminsäure zu isolieren. Diese Säure definierte er als den geschmacklich ausschlaggebenden Bestandteil des Fonds. Ein Umami-Geschmack wird vornehmlich durch die Salze der Glutaminsäure erzeugt – etwas vereinfacht, von natürlichem Glutamat. Im Übrigen ein Bestandteil in fast allen eiweißhaltigen Lebensmitteln. Und so enthalten auch Parmesan, getrocknete Tomaten oder Soja diesen Umami-Geschmack.

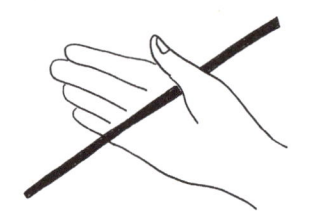

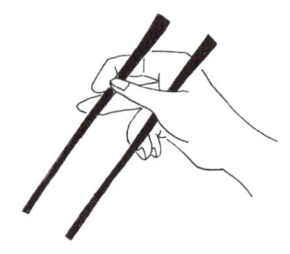

Wer einen Snack zu sich nehmen mag, benutzt die Finger oder Stäbchen. Letztere hält man so: ein Stäbchen fix zwischen Daumen und Ringfinger einklemmen. Das zweite zwischen Zeige- und Mittelfinger und mit dem Daumen gegenhalten. Nun lassen sich die Stäbchen mit etwas Übung öffnen und schließen. Es funktioniert auch, wenn man alles einen Finger nach oben ordnet

Streetfood wird in Japan nicht zwangsläufig nur auf der Straße angeboten oder zubereitet. Im ganzen Land findet man unzählige kleine Restaurants, die Izakayas. Man könnte sie wohl am ehesten mit den deutschen Kneipen vergleichen. Izakaya bedeutet übersetzt „Sake-Laden zum Sitzen". Diese Izakayas haben immer einen Koch, da man in Japan zum Alkohol gerne auch eine Kleinigkeit isst. Der Koch ist oft auch Kellner, Besitzer und Mädchen – Verzeihung, Junge – für alles, da diese Restaurants meist nicht größer als ein deutsches Wohnzimmer sind und nur wenige oder gar keine Tische bieten.
Wer sich also mal zu einem Sake-Abend hinreißen lässt, wird feststellen, dass dazu keine Nüsse oder Chips gereicht werden, sondern sauer eingelegtes Gemüse. Das Tsukemono besteht aus Rettich, Chinakohl oder Gurken.

Wer mit offenen Augen durch die Millionenmetropolen schlendert, wird feststellen: Die Japaner lieben ihr Streetfood sogar so sehr, dass sich eine Reihe von Läden und Künstlern etabliert hat, die Ohrringe, Ketten oder Ringe verkaufen, die aus Streetfood-Gerichten in Miniaturform bestehen. Wer also ein täuschend echt aussehendes Stück Sashimi am Ohr oder einen Okonomiyaki-Pfannkuchen um den Hals trägt, weist sich als echter Fashion-Foodie aus.

STREETFOOD IST EINE GROSSARTIGE MÖGLICHKEIT, EIN LAND AUF KULINARISCHEM WEG SCHNELL KENNENZULERNEN – DENN AUF DER STRASSE TRIFFT SICH IRGENDWANN _JEDER_! AUCH WENN DIE GERICHTE IN JEDEM LAND ANDERS SIND, IST EINES GLEICH: SIE SIND FRISCH ZUBEREITET UND SOMIT DIE VISITENKARTE DER HEIMISCHEN KÜCHE!

TAKOYAK

JAPAN

132

133

STREETFOOD

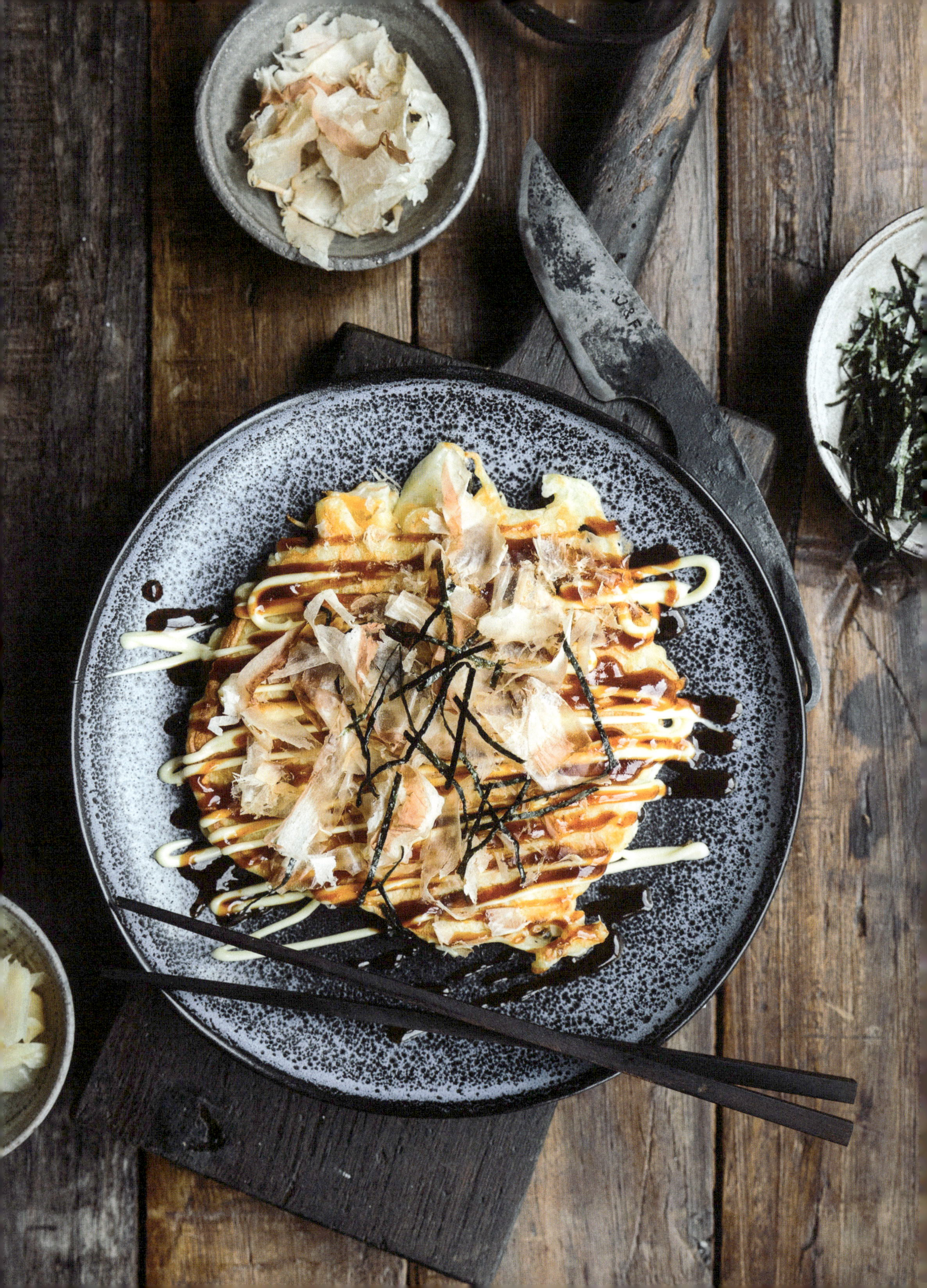

Janinas **Quick** Okonomiyaki

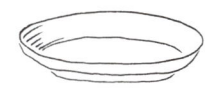

ZUTATEN FÜR 4 PERSONEN

FÜR DEN TEIG

- 120 g Mehl
- 70 ml Sprudelwasser
- 3 Eier, Größe M
- 15 ml Rapsöl
- 500 g Weißkohl
- 1 Möhre
- 4 Lauchzwiebeln
- Salz und Pfefferq

FÜR DAS TOPPING

- Okonomi-Soße (findet ihr im Asialaden)
- 120 ml japanische Mayonnaise (findet ihr im Asialaden oder ihr nehmt einfach eure Lieblingsmayonnaise)
- 4 EL Bonito-Flocken*
- 4 Noriblätter

ZUBEREITUNGSZEIT

15 Minuten
(+ 10 Minuten Ausbackzeit)

Das erste Gericht, das ich in Japan gegessen habe, so unfassbar gut, und es ist so einfach zu Hause nachzumachen!

So wird's gemacht:

Mehl und Sprudelwasser in einer Schale vermischen. Die Eier und das Rapsöl dazugeben und gut durchmischen. Den Weißkohl waschen und in feine Streifen schneiden. Die Möhre schälen und reiben. Die Lauchzwiebeln waschen und in kleine Ringe schneiden und alles in den Teig geben. Gründlich mischen und kräftig mit Salz und Pfeffer würzen.

In einer Pfanne etwas Rapsöl erhitzen und darin die vier Pfannkuchen einzeln ausbacken. Dabei einmal wenden.

Die Okonomiyaki mit der Okonomi-Soße und Mayonnaise großzügig beträufeln und mit den Bonito-Flocken bestreuen. Die Noriblätter in kleine Stücke zupfen und auch darüber verteilen.

Natürlich könnt ihr euer Okonomiyaki auch mit Fleisch, Meeresfrüchten oder anderem Gemüse pimpen.

* Bonito-Flocken, auch Katsuobushi genannt, bestehen aus getrockneten und geräuchertem Fisch, der fein gehobelt wird. Der Bonito ist eine Art aus der Familie der Thunfische und Makrelen

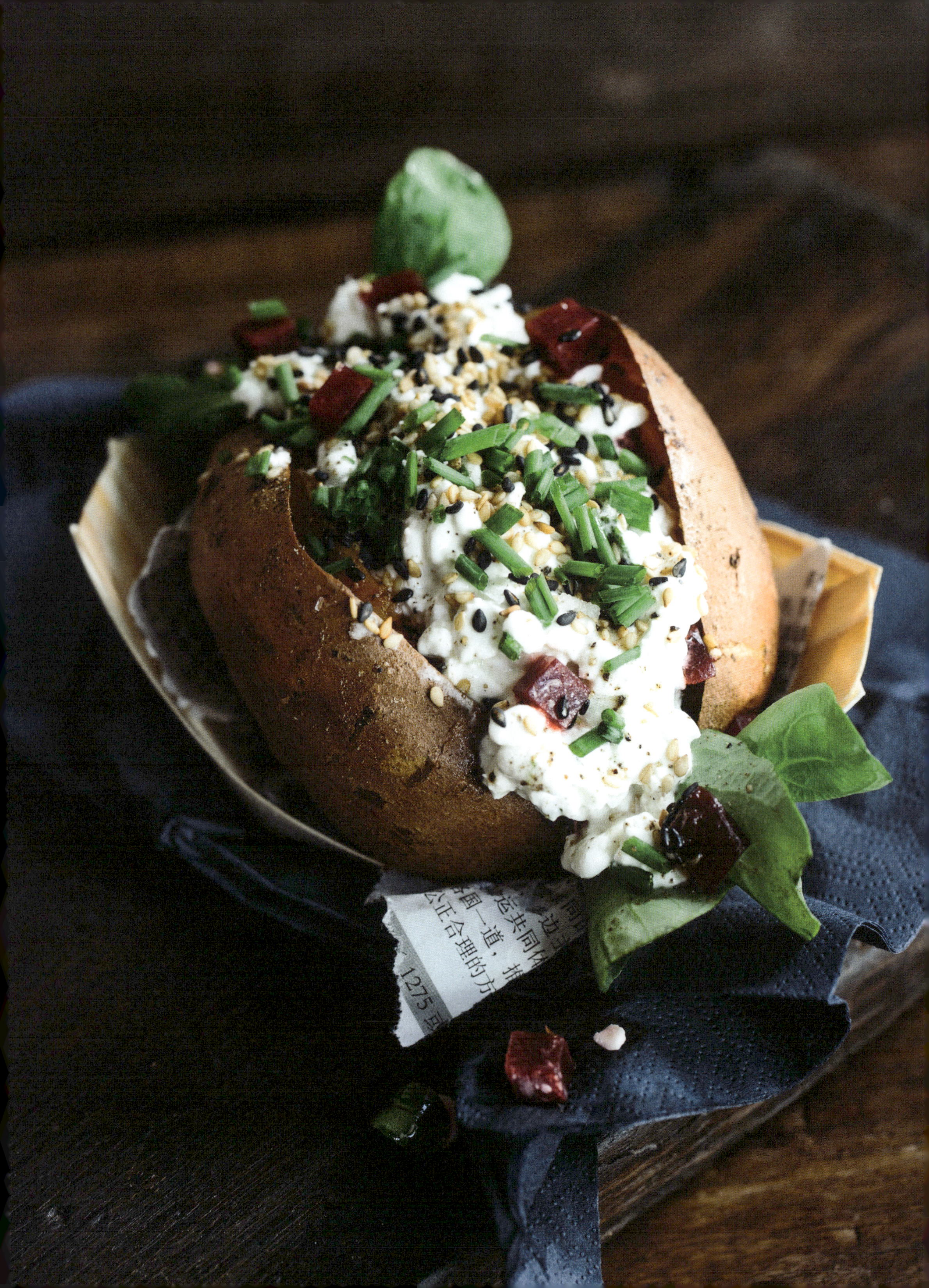

Handwarme Süßkartoffel

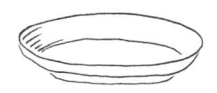

ZUTATEN FÜR 4 PERSONEN

- 4 Süßkartoffeln
- 4 EL Olivenöl
- ½ Bund Minze
- 1 Bio-Limette
- 200 g körniger Frischkäse
- 1 EL weißer gerösteter Sesam
- 1 EL schwarzer Sesam
- 1 EL Pinienkerne
- 100 g Feldsalat
- 2 Knollen gekochte Rote Bete
- 2 EL Sesamöl
- ½ TL Chiliflocken
- ½ Bund Schnittlauch
- Salz
- Pfeffer

ZUBEREITUNGSZEIT

ca. 10 Minuten
(+ 45 Minuten Backzeit)

In Japan gibt es an fast jeder Straßenecke gegarte Süßkartoffeln als Snack zu kaufen. Eine vollständige Mahlzeit wird es, sobald man sie mit tollen Dingen füllt. Gebt einfach die Zutaten hinein, die ihr gerne mögt.

So wird's gemacht:

Den Backofen auf 180 °C Ober- und Unterhitze (160 °C Umluft) vorheizen.

Die Süßkartoffeln gut waschen, in eine Auflaufform legen, mit Olivenöl gleichmäßig bepinseln und für ca. 45 Minuten backen, bis sie vollständig gegart und weich sind.

Die Minze klein hacken und die Limette auspressen. Den Limettensaft und die Minze mit dem körnigen Frischkäse verrühren, mit Salz und Pfeffer würzen und zur Seite stellen.

Den Sesam und die Pinienkerne in einer Pfanne ohne Öl etwas anrösten. Den Feldsalat gut waschen.

Die Rote Bete in kleine Würfel schneiden und in Sesamöl, Chiliflocken und einer Prise Salz marinieren.

Die Süßkartoffeln aus dem Ofen holen, in die Mitte einen großen Schlitz hineinschneiden und mit Salz und Pfeffer würzen.

Etwas Feldsalat reinlegen, die Rote-Bete-Würfel darüber verteilen, danach etwas Frischkäse und zum Schluss den Sesam und die Pinienkerne darüberstreuen.

Die handwarmen Süßkartoffeln mit geschnittenem Schnittlauch garnieren.

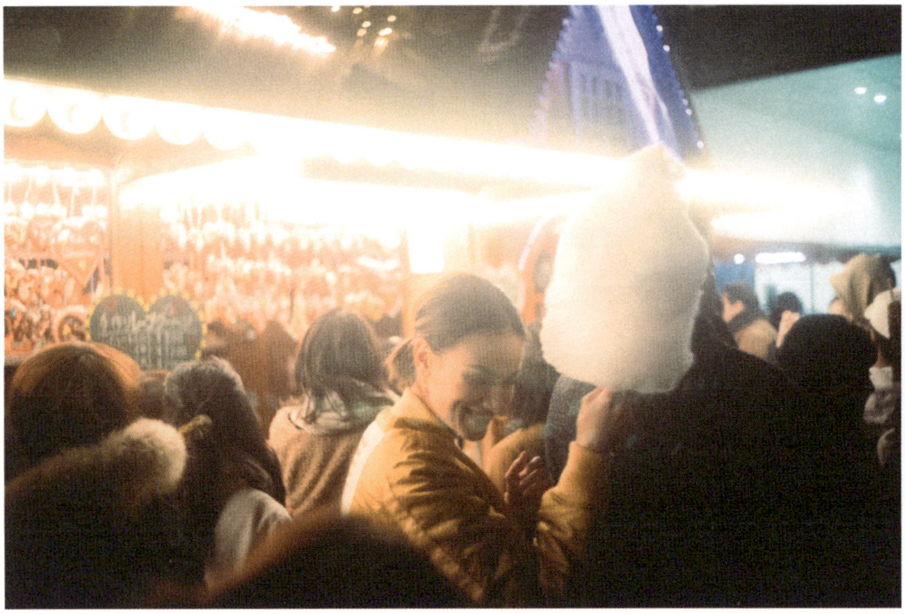

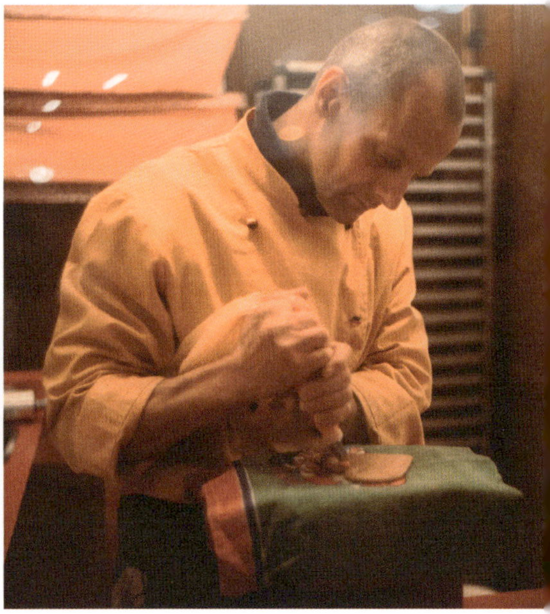

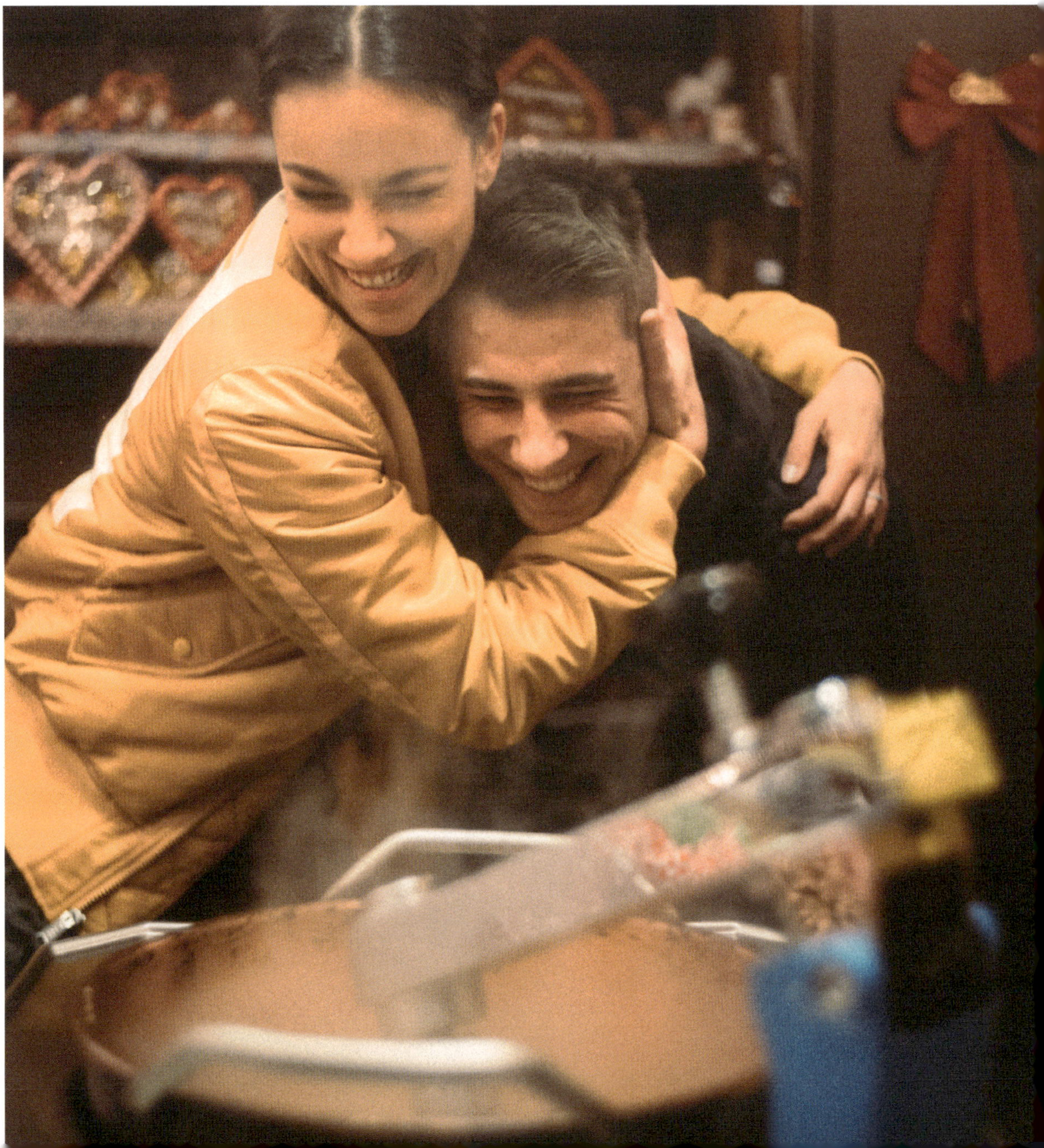

ALLE JAHRE WIEDER ...

Wenn ich erzähle, dass meine Eltern ihr Geld auf dem deutschen Weihnachtsmarkt in Osaka verdienen, blicke ich in fragende Gesichter. Also, wie wäre es mit einem kleinen Weihnachtsbummel zu meinen japanischen Wurzeln?

Immer im September verlässt ein Überseecontainer, der auf den Familiennamen Uhse gemeldet ist, den Hafen in Hamburg, um auf eine sechswöchige Schiffsreise nach Osaka zu gehen. Der Inhalt: Weihnachtshütten aus Holz, ein Haufen notwendige Dinge, die es in Japan nicht zu kaufen gibt, und ein antikes Karussell, mit dem schon mein Opa in Deutschland Kinderaugen zum Leuchten brachte. Seit 18 Jahren geht das nun schon so, denn meine Eltern sind Schausteller – im Auslandseinsatz. Wir sind Schausteller.

Das ist keine Berufswahl, man wird in dieses Geschäft hineingeboren. Eine Familienangelegenheit, die vom Vater an den Sohn weitergegeben wird. Mein Bruder David hat bereits seine eigene Zuckerhütte, fast so groß wie ein Wohnmobil,

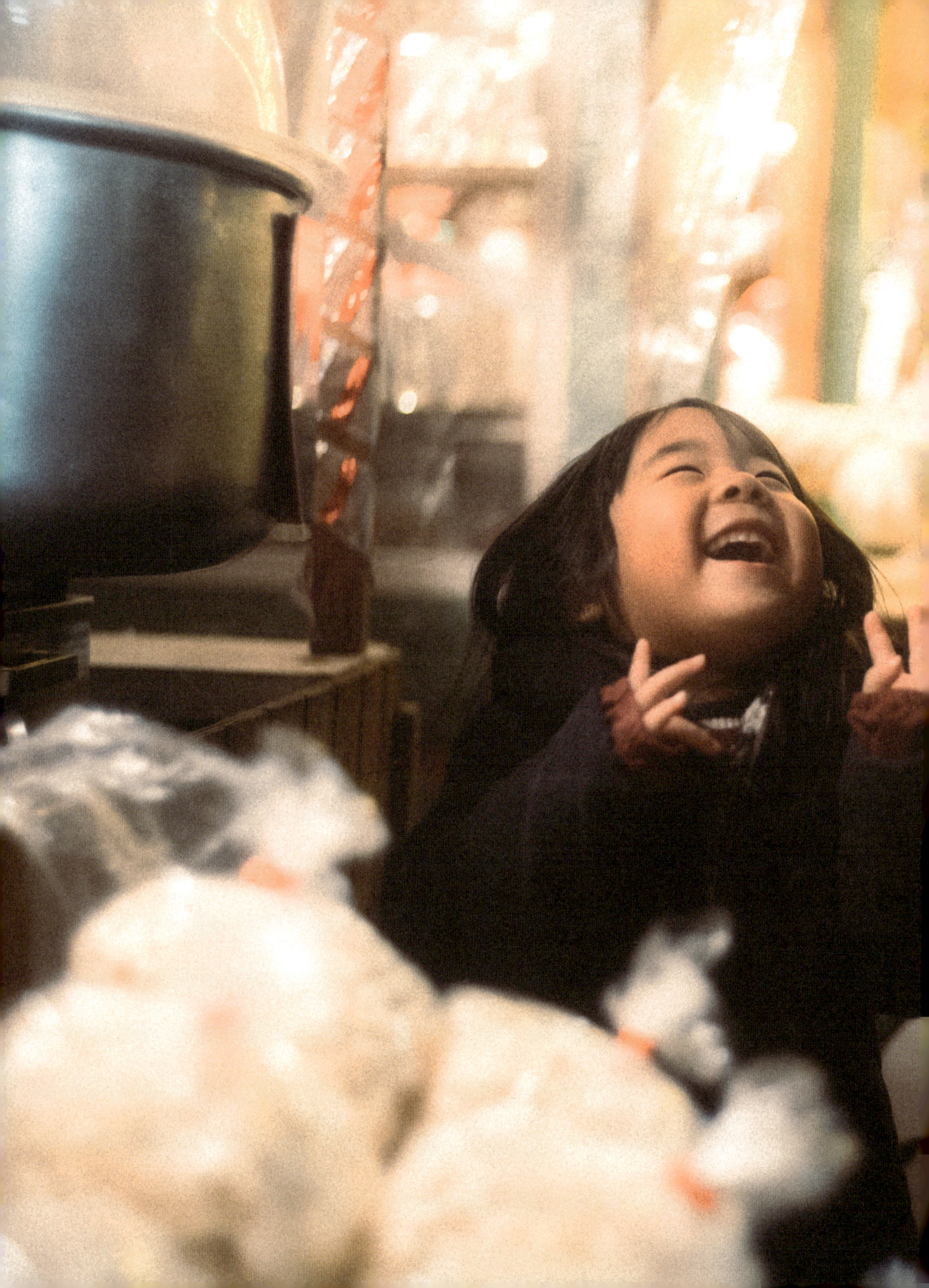

Weltbestes **Popcorn**

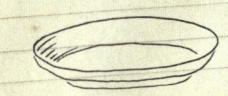

ZUTATEN FÜR 2 PERSONEN

50 g Popcornmais
3 EL Kokosfett
4 EL Zucker
1 EL Butter, nach Belieben
      Salz

Jahrelang stand ich in Japan auf dem Weihnachtsmarkt hinter der großen Popcornmaschine und habe zuckersüßen gepoppten Mais unter die Leute gebracht. Nun mein Rezept für euch, ganz einfach zu Hause zuzubereiten.

So wird's gemacht:

Das Kokosfett in einen Topf geben, gerade so viel, dass der Boden bedeckt ist.

Wenn das Fett richtig heiß ist, den Zucker hinzufügen und etwa 10 Sekunden schmelzen lassen.

Popcornmais hinzufügen und den Topf schnell mit einem Deckel verschließen. Herd sofort abschalten. Den Topf zwischendurch rütteln, damit sich der Zucker überall verteilt und nicht zu stark karamellisiert. Wer mag, fügt das Butterstückchen und eine Miniprise Salz hinzu; dann gut vermischen, damit sich die Butter auflöst. Das leckere Popcorn kann sofort genascht werden.

und er brennt – ohne Übertreibung – die knackigsten Mandeln und macht nach einem Familienrezept das leckerste Popcorn, das ich je aß. Und irgendwann wird auch er das Kinderkarussell und die Hütten meiner Eltern übernehmen. Ach so, wie es nun zu Japan kam? Nun, Schausteller sind gut vernetzt und als man auf die Idee kam, das Kulturgut deutscher Weihnachtsmarkt nach Japan zu exportieren, konnten meine Eltern das antike Kinderkarussell meines Opas beisteuern. Denn es gilt: kein Weihnachtsmarkt ohne Fahrgeschäft.

Und so baut sich – angefangen vor Jahren mit ein paar Hütten und dem Karussell – jedes Jahr mittlerweile fast ein Weihnachtsdorf unter dem Umeda Sky Building mitten in der Innenstadt von Osaka auf. Der Duft dieser einzigartigen Melange aus Zuckerwatte, deutschen Weihnachtsliedern, Lebkuchen, Popcorn, Grillwurst, Schinken und Glühwein zieht dann ab Mitte November durch die Häuserschluchten und lockt Tausende Besucher an.

Ich bin mit 15 Jahren das erste Mal mit meinen Eltern nach Osaka gereist und habe Zuckerwatte gedreht, bis mir die Finger brannten. Es ist nämlich gar nicht so leicht, wie es aussieht, Zuckerwatte luftig an einen zahnstocherdünnen Holzstab zu drehen. Zum einen muss der Stab aus dem Handgelenk in der Schüssel rotieren, während man zwischen den Fingern den dünnen Stock zusätzlich in die Gegenrichtung dreht.

Die japanischen Besucher des Weihnachtsmarkts haben im Übrigen eine charmante Eigenart. Wir nennen es das Horten. Sie stellen sich zunächst überall in die Warteschlange und essen und trinken erst, wenn sie alles beisammen haben. Bockwurst mit gebrannten Mandeln, dazu Lebkuchen mit Kaffee, Burgunderschinken und Bier – egal, ob alles dann kalt oder warm geworden ist.
Es ist eine zauberhafte Zeit. Sechs Wochen gastiert das deutsche Winterwunderland in Osaka. Jeden Tag, wenn die Sonne sich verabschiedet und dem Mond die Nacht schenkt, erstrahlt der große Weihnachtsbaum in der Mitte des Marktes. Um 17 Uhr wird er angeschaltet und die tausend Lämpchen erhellen den Platz. Es ist ein Moment, wo der ganze Trubel für wenige Sekunden stillzustehen scheint.

Ich bin unheimlich gerne in dieser Zeit bei meiner Familie – alles fühlt sich dort ein Stück heimisch an. Das kleine Apartment, das wir dort immer beziehen, der Pizzawagen meiner Mutter oder der herzliche Okonomiyaki-Mann im Erdgeschoss. Es ist immer nur ein kleines Zeitfenster, in dem die ganze Familie so zusammenkommen kann – und genau deshalb ist es so besonders. Auch die ganz große Familie der Schausteller trifft sich hier. Oft sitzen wir abends, dann, wenn alle Besucher des Weihnachtsmarkts gegangen sind, in einer der Hütten, die Läden sind geschlossen und wir genießen die ruhige Zeit bei alten Geschichten und Berichten von neuen Erlebnissen.

Ich werde hin und wieder gefragt, ob ich in den Jahren etwas Japanisch gelernt habe. Einige Brocken habe ich aufgeschnappt. Als Foodie natürlich das wichtigste Wort: oishii. Lecker.

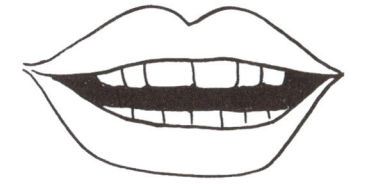

RÜSTZEUG
Ein paar Vokabeln,
die jeder Foodie in Japan
brauchen wird:

konnichiwa → Guten Tag
sayounara → Auf Wiedersehen
arigatou gozaimasu → Danke
itadakimasu → Guten Appetit!
hara hetta → **hungrig**
oishii → **lecker**
nomimono → **Getränk**
tabemono → **Essen**
mazui → **nicht lecker**
(Empfehlung: nicht direkt dem Koch sagen, in Japan ist Respekt das höchste Gut – auch wenn man dafür flunkern muss)
suupaa → **Supermarkt**

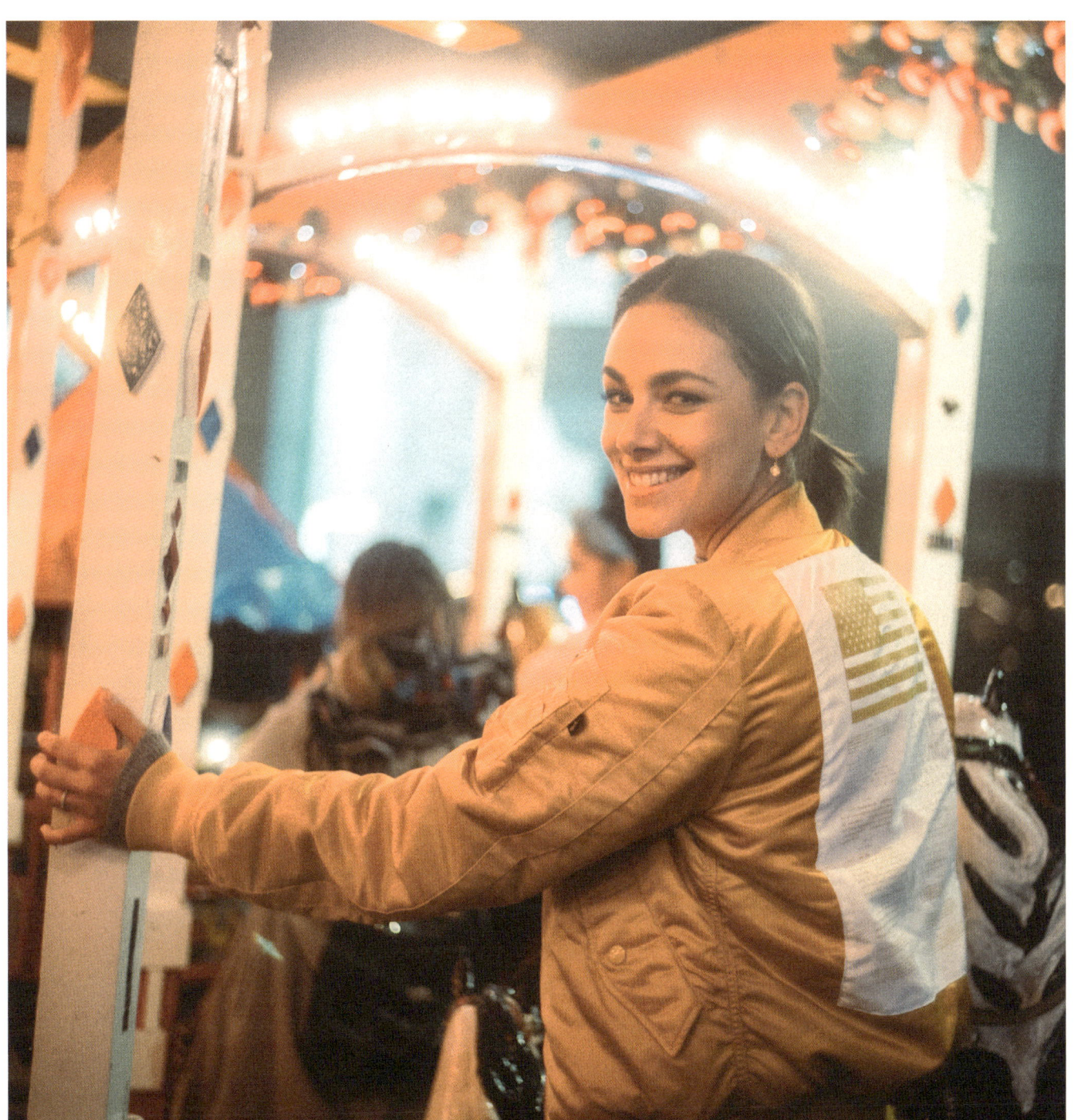

JAPAN

142
↓
143

WEIHNACHTSMARKT

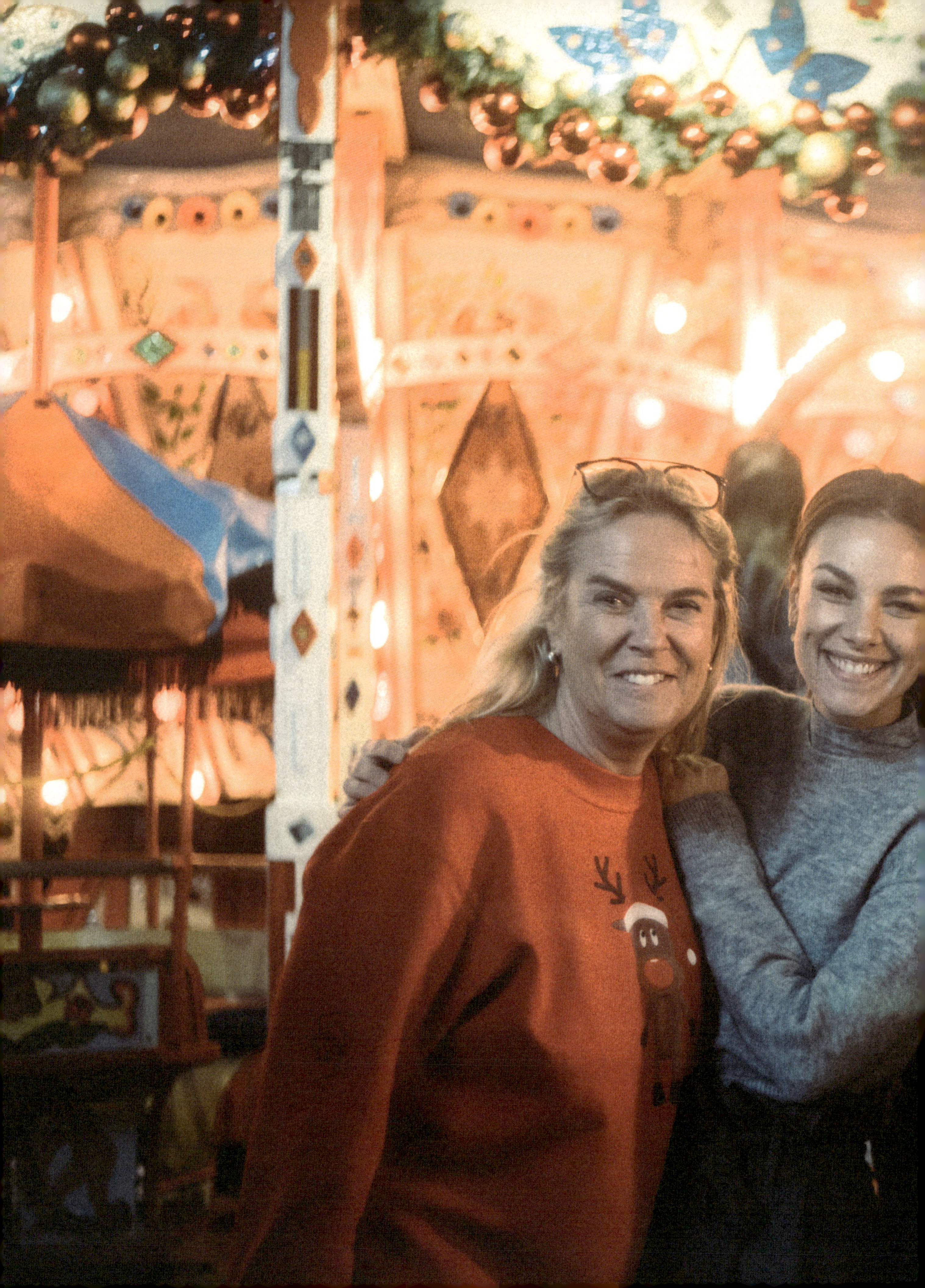

Der Uhse-Clan auf einem Bild: meine Mutter Andrea, ich, mein Bruder David und mein Vater Bernd

WEIHNACHTSMARKT

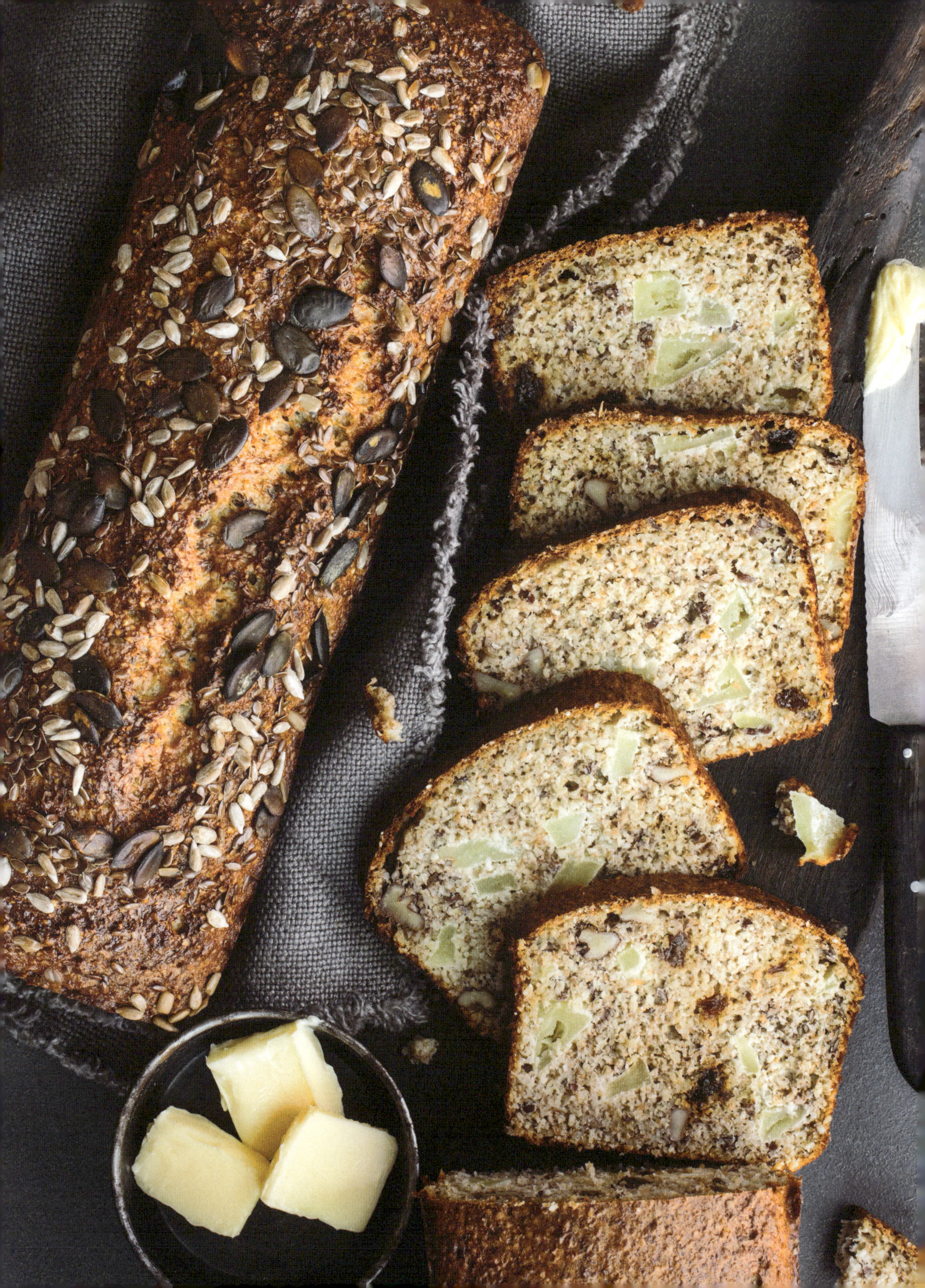

Ruckzuck-**Reise**-Eiweißbrot

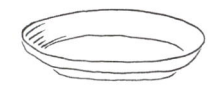

ZUTATEN FÜR 1 BROT

250 g	Haferkleie (funkioniert nicht mit Weizenkleie!)
50 g	Dinkelkleie
500 g	Magerquark
3 EL	Leinsamen
100 g	Sonnenblumen- und Kürbiskerne (ihr könnt aber auch andere Kerne oder Nüsse verwenden, die ihr gerne mögt)
6	Eier, Größe M
2–3 TL	Salz
1 Pck.	Backpulver
	Etwas Fett für die Backform

FÜR EIN WEIHNACHTLICHES ROSINEN-BROT

1	Apfel
1 TL	Zimt
3 EL	Rosinen (eingeweicht in Wasser oder in Amaretto eingelegt)

Das Rezept hat mir meine Mama gegeben und seitdem gibt es kaum ein anderes Brot bei mir zu Hause.

So wird's gemacht:

Backofen auf 200 °C Ober- und Unterhitze (180 °C Umluft) vorheizen.

Alle Zutaten mit einer Gabel in einer großen Schüssel vermengen. Den Brotteig in eine gefettete 25er-Kastenform geben und bei 200 °C Ober- und Unterhitze (180 °C Umluft) 50 Minuten backen.

Für ein weihnachtliches Rosinen-Brot
Die Kürbis- und Sonnenblumenkerne durch gehackte Walnüsse ersetzen. Den Apfel in kleine Stücke schneiden und mit dem Zimt und den Rosinen in den Teig geben.

ZUBEREITUNGSZEIT

5 Minuten
(+50 Minuten Backzeit)

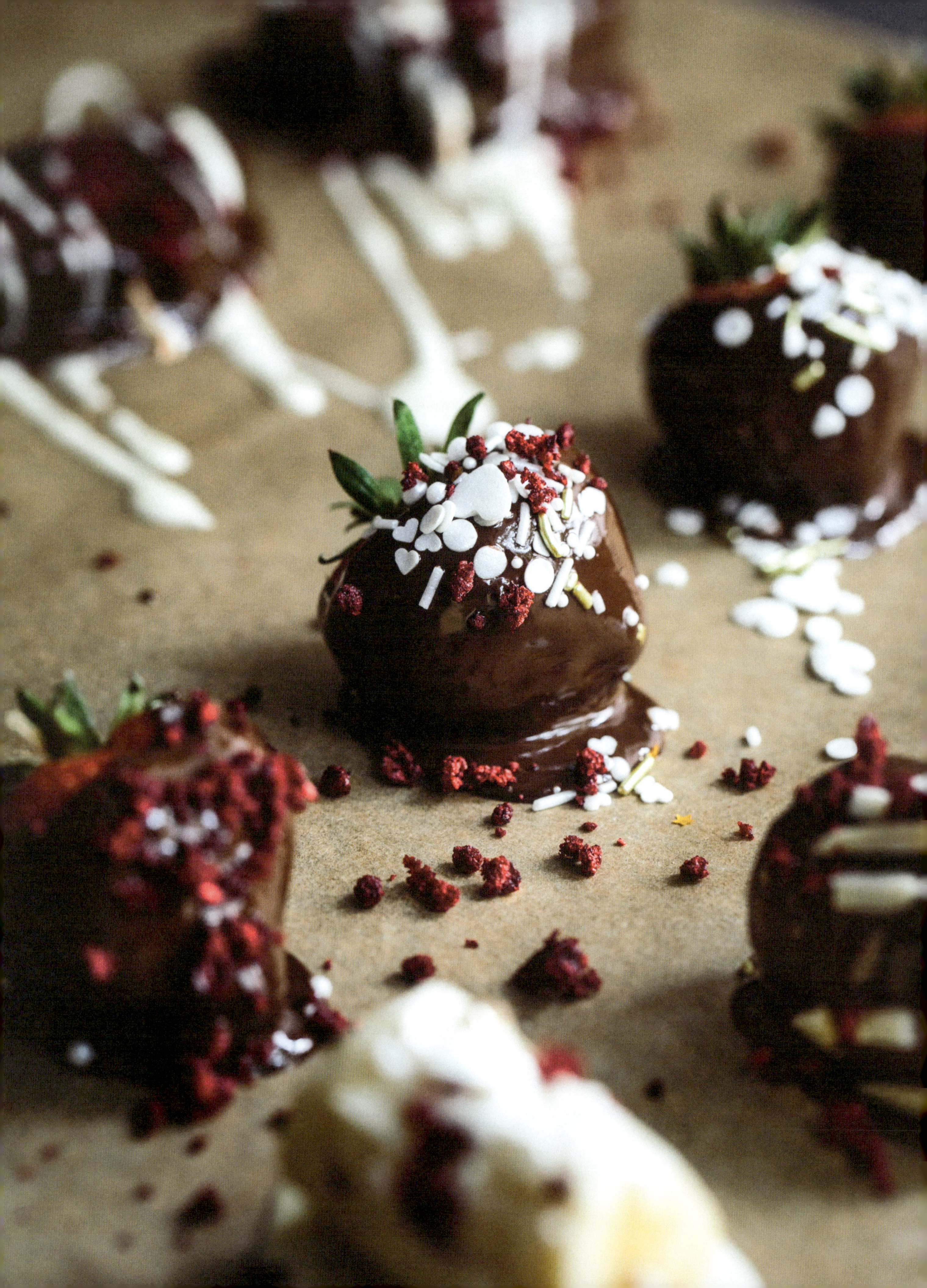

Angezogene **Jahrmarkts- früchtchen**

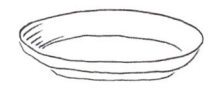

ZUTATEN

400 g	weiße Kuvertüre
400 g	Zartbitter-Kuvertüre
10	Erdbeeren
¼	Ananas
1	Banane

FÜR DAS TOPPING

Verschiedene Streusel, Mandelsplitter, gefriergetrocknete Früchte

AUSSERDEM

Zahnstocher oder gekürzte Schaschlikspieße (ca. 6 cm)

ZUBEREITUNGSZEIT

ca. 20 Minuten

Das weckt Kindheitserinnerungen. Ein echter Klassiker, der so einfach zuzubereiten ist.

So wird's gemacht:

Die Kuvertüren etwas zerkleinern und jeweils im Wasserbad schmelzen lassen.

Die Erdbeeren putzen, die Ananas in mundgerechte Stücke schneiden und die Banane ebenfalls in ca. 4 cm lange Stücke schneiden.

Die Fruchtstücke auf Schaschlikspieße stecken.

Die Früchte in die flüssigen Kuvertüren dippen und auf ein Backpapier legen.

Nach Geschmack und Belieben mit den verschiedenen Toppings bestreuen und verzieren.

Kaum ein Land lebt so sehr mit und vom Meer wie Japan. Auf den größten Fischmärkten der Welt wird verkauft, was die Schiffe mitbringen. Frischer geht es kaum – man muss nur sehr früh aufstehen

FISHING FOR COMPLIMENTS

JAPAN

150 → 151

FISCH

キハダ
キハダ
A2
48
550
㈱うおいち

JAPAN

152

153

FISCH

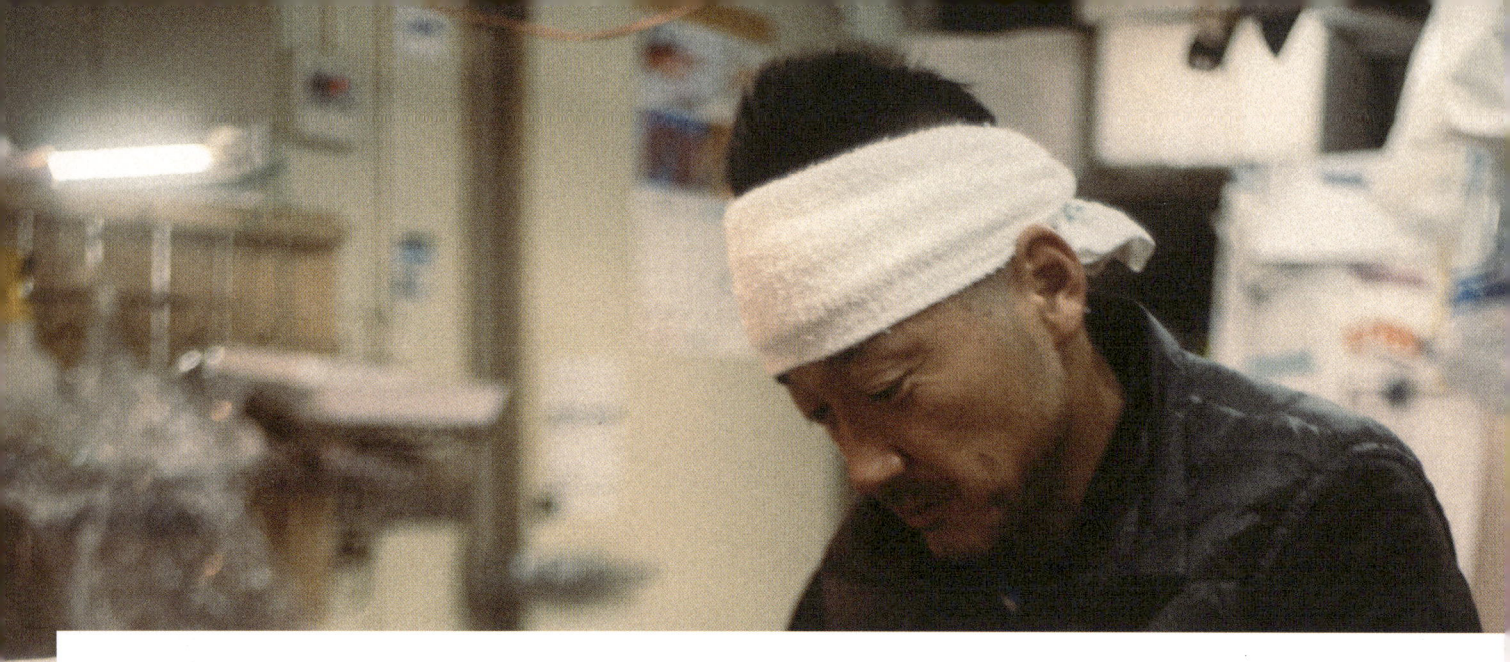

Um 3.30 Uhr in der Früh ist das Treiben auf dem Großfischmarkt in Osakas Süden für Müßiggänger wie ein Streich mit der Angelrute – ein Erweckungserlebnis. Während vor den Metallrolltoren die Metropole noch schläft, ist im Inneren der Halle jeder bereits hellwach. Die mannsgroßen Thunfische, die gerade vom Schiff gezerrt wurden, gehen direkt in die Versteigerung. Jetzt zählt, wer sich durchsetzen kann. Es wird von rechts nach links gerufen, Zettel werden in die Luft gerissen, Zahlen auf Papiere gekritzelt und an unbestimmte Empfänger durchgereicht. Die Sushi-Köche und Einkäufer der vielen exklusiven Restaurants ringen nun um die feinsten Stücke. Und da ist der Preis manchmal zweitrangig. Anfang des Jahres 2019 wurde bei einer Auktion auf dem Fischmarkt in Tokio ein Blauflossenthunfisch für 2,7 Millionen Euro versteigert – der höchste Preis, der je für einen Thunfisch bezahlt wurde. Das seltene Tier, das an der Nordspitze der Insel Honshu gefangen wurde, wog 278 Kilo und wurde direkt in den Restaurants Sushizanmai angeboten – für 3,70 Euro je Nigiri-Sushi. Für den Besitzer der Restaurants, Kiyoshi Kimura, finanziell kein lohnendes Geschäft. Der Kauf war wohl eher eine Marketingentscheidung, ist aber dennoch ein Beleg dafür, welchen Stellenwert Fisch in der japanischen Gesellschaft hat. Als Tourist ist man bei den Versteigerungen auf dem Fischmarkt gar nicht gern gesehen – diese Art von Geschäft macht man hier unter sich aus. Auch weil einige der Thunfische, die hier versteigert werden, auf der Liste der bedrohten Arten stehen. So schnell, wie er kam, ist der Trubel in der Versteigerungshalle dann nach einer Stunde wieder vorbei – Fisch wechselt schnell seinen Besitzer. In der weitverzweigten Halle herrscht nun ruhige Betriebsamkeit. Es ist kühl und riecht überraschend wenig nach Fisch. Der Boden ist feucht, Eis knirscht unter der Schuhsohle. Unzählige Stände reihen sich aneinander und es gibt wohl kaum einen Meeresbewohner, der hier nicht verkauft wird. Verrückt. Also, etwas Thunfisch und Makrele einpacken lassen und erst einmal zurück ins Bett.

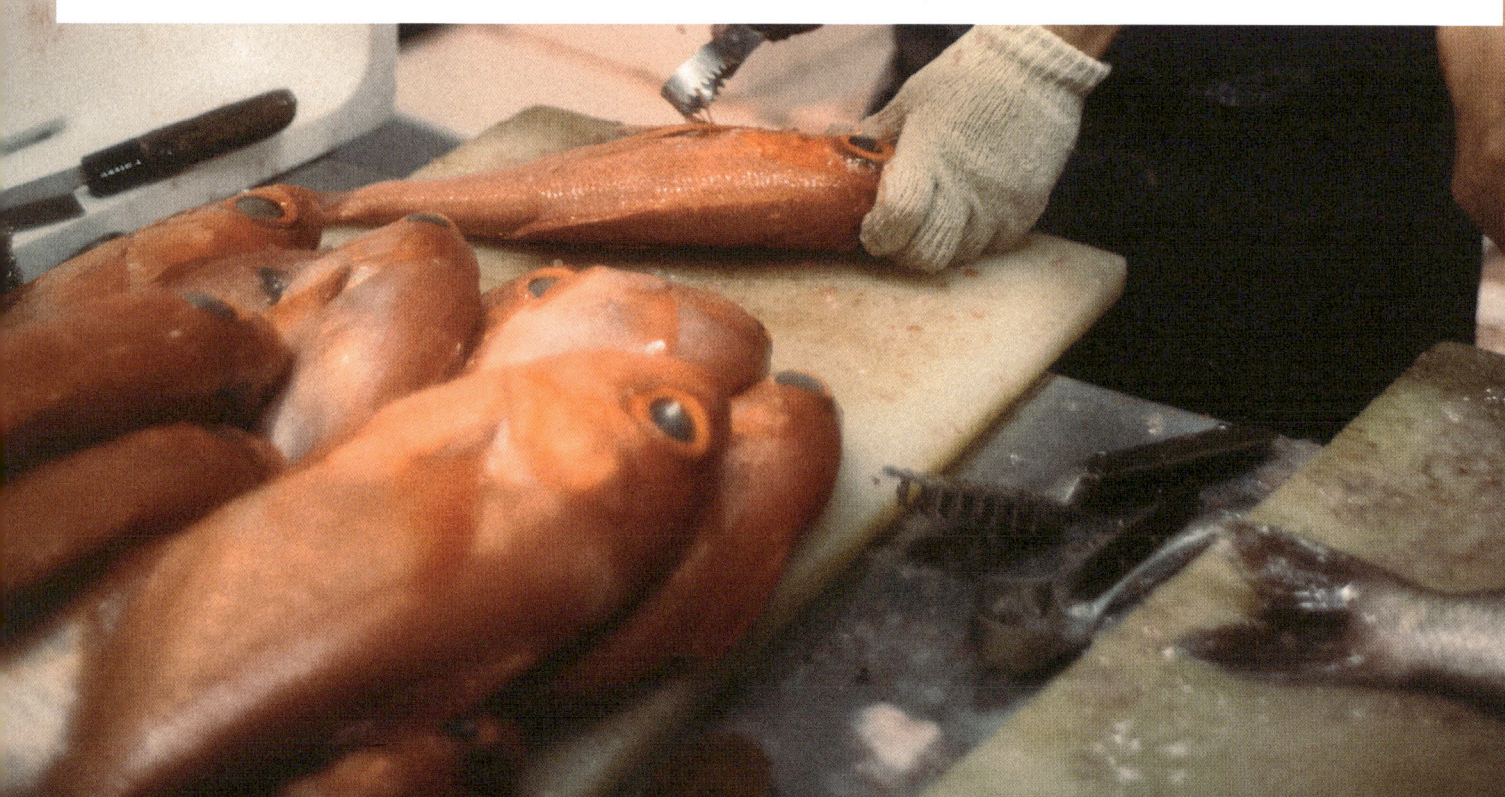

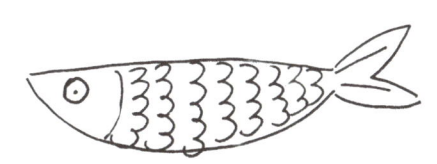

DER FISCH UND DER REIS

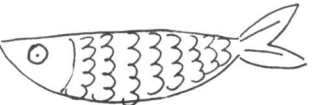

Sushi besteht aus nur wenigen Zutaten. Umso wichtiger, dass sie von hoher Qualität sind. Und richtig behandelt werden

Klar, roher Fisch auf dem Teller (oder zwischen den Fingern oder Stäbchen) gehört untrennbar zu Japan – auch wenn andere Nationen so etwas ebenfalls auf ihrem Speiseplan haben. Da wären die Peruaner mit ihrem Ceviche oder die Hawaiianer und die Poke Bowl. Dennoch: Roher Fisch ist Japan. Und Japan ist Sushi. Unzählige Restaurants und Straßenverkäufer bieten in Japan Sushi in allen Preisklassen an. Manche sind da eher puristisch und haben nur die Klassiker wie Maki, Sashimi und Nigiri auf der Karte, andere eine wilde Fusion-Küche. Schon in einem japanischen Regierungsdokument aus dem Jahr 718 ist Sushi erwähnt. Dabei war es im Ursprung noch eine Methode, um fangfrische Fische haltbar zu machen. Dafür wurden sie über Wochen in gekochten Reis eingelegt und so fermentiert. Der Reis und der Fisch wurden dadurch säuerlich. Während der konservierte Fisch nach der Fermentation über ein Jahr hielt, wurde der Reis weggeworfen. Durch immer kürzere Einlegezeiten entwickelte sich daraus irgendwann im 14. Jahrhundert ein Gericht – man behielt den Fisch und den Reis.

Dabei sind es heute die wenigen, aber hochwertigen Zutaten, die Sushi auszeichnen: Reis, roher Fisch und getrockneter Seetang, das Nori. Der Reis, den man für dieses Sushi verwendet, ist dabei kein „normaler". Denn während viele Sorten bei uns damit beworben werden, dass sie besonders fluffig sind, braucht man für Sushi das Gegenteil – ein eher runderes Korn, das nach dem Kochen weich und klebrig wird. Durch eine Reisessig-Zucker-Mischung, das sogenannte Sushi-Zu, wird diese Eigenschaft zwar verstärkt, aber selbst damit wird aus Basmati- niemals Sushi-Reis. Hat man das richtige Korn für sich gefunden, kommt es auf die Verarbeitung an. Für das Sushi-Zu werden Reisessig, Zucker und Salz in einem Topf unter Rühren erwärmt, bis sich die Kristalle aufgelöst haben. Nachdem der Reis mit wenig Wasser aufgekocht wurde, wird er in eine große flache Schüssel gefüllt. Dann wird alles mit einem Spatel aufgelockert und das Sushi-Zu dazugegossen. Dabei

WAS, ABI?

Streng genommen, ist die grüne Paste, die man bei einem Sushi-Restaurant außerhalb Asiens bekommt, im seltensten Fall echter Wasabi. Oft ist es eine Mischung, aus Meerrettichpulver, Senfmehl, Farbstoffen und Wasser. Denn der japanische Wassermeerrettich ist ein anspruchsvolles Gewächs, das nur unter bestimmten Bedingungen gedeiht und intensive Pflege braucht. Das macht ihn teuer. In Europa kostet das Kilo über 250 Euro. In Japan einen Bruchteil, daher wird die Wurzel (etwa 10 Euro je Stück) frisch gekauft und am Tisch mit einer Wasabireibe geraspelt. Mehr braucht ihn für das scharfe Sushi-Gewürz nicht. Die echte Wurzel schmeckt etwas süßlicher, ist vielschichtiger im Geschmack, weniger beißend scharf und gerieben auch nicht so giftgrün, eher mintfarben.

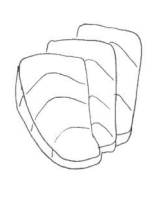

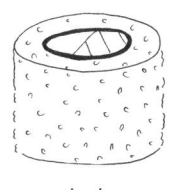

| 1 | **SASHIMI.** Ohne Reis, nur der rohe Fisch. Er bekommt etwas Wasabi und wird kurz in Sojasoße getaucht. Der Fisch sollte Sashimi-Qualität haben | 2 | **MAKI.** Da Sushi in Japan ursprünglich mit den Fingern gegessen wurde, hat sich der gerollte Klassiker mit getrocknetem Seetang außen durchgesetzt | 3 | **URA-MAKI.** Auch bekannt als California Roll, stammt ursprünglich nicht aus Japan, wird dort aber auch angeboten. Der Reis ist außen, innen mehrere Zutaten | 4 | **NIGIRI.** Der mit den Fingern geformte Reis dient als Grundlage für den Fisch. Manchmal hält auch ein Streifen Seetang das Stück zusammen

sollte man ständig mit einem Fächer kühlen, denn Sushi-Reis wird kalt verarbeitet.

Mit dem Fisch steht und fällt die Qualität des Sushi – auch wenn einige Japaner behaupten, es sei der Reis. Auf jeden Fall hat die Nation in den letzten 700 Jahren eine Wissenschaft aus dem rohen Fisch gemacht. So bekommt man beim Thunfisch unterschiedlichste Stücke – je nach Fettgehalt haben sie eine andere Farbe und schmecken dementsprechend intensiver oder weniger intensiv. Je heller, desto mehr Fett, desto geschmackvoller. Auch wird zwischen Sushi- und Sashimi-Qualität unterschieden, da beim Sashimi der Fisch ohne Reis gegessen wird. Der Thunfisch ist ein ziemliches Muskelpaket und neben dem Schwertfisch der einzige Fisch, dessen Körpertemperatur nicht der Umgebungstemperatur im Wasser entspricht, sondern 6 bis 12 Grad darüber liegen kann. Der Grund: Die Wärme, die durch die Aktivität der großen Muskelmasse entsteht, leitet der Fisch ins Körperinnere. Sonst kommen traditionell Ei, Aal, Oktopus oder Makrele auf den Reis. Der in Europa so beliebte Lachs spielt in Japan kaum eine Rolle.

Da vieles roh verarbeitet wird, braucht man ein sehr scharfes Messer, das sogenannte Hōchō. Nach jedem dritten oder vierten Schnitt hilft es, das Messer kurz in kaltes Essigwasser zu tauchen. So bleibt nichts an der Klinge haften und sie gleitet gut durch das Fischfleisch. Um den Reis zielgerichtet formen zu können, hilft es, die Hände permanent mit Wasser zu befeuchten. Beim Rollen von Maki braucht man eine kleine Bambusmatte. Im Übrigen: Der Wasabi kommt in Japan direkt auf den Reis und damit unter den Fisch und wird nicht in die Sojasoße gerührt. Auch taucht man nicht den Reis, sondern den Fisch in die Sojasoße. Um den Geschmack der unterschiedlichen Fische zu neutralisieren, wird zwischen den einzelnen Sushi eingelegter Ingwer, der Gari, gegessen. Und wenn das jetzt alles beim ersten Mal nicht klappt, nicht verzagen. In Japan kann die Ausbildung zum Sushiya oder gar Itamae bis zu 15 Jahre dauern. Itamae bedeutet übersetzt „der hinter dem Brett steht" und ist der höchste Rang eines Sushi-Meisters.

WENN ICH AN SUSHI DENKE, DENKE ICH AN MEIN PERSÖNLICHES BELOHNUNGSESSEN. ICH ERINNERE MICH NOCH GENAU, WIE ICH DAMALS MIT MEINER MUTTER ZU CASTINGS NACH HAMBURG GEFAHREN BIN UND ES DANACH IMMER IN DIE GLEICHE SUSHI-BAR GING, IN DER DIE TELLER AUF EINEM LAUFBAND UM UNS RUMFUHREN UND ICH SO VIEL ESSEN DURFTE, WIE ICH WOLLTE. <u>ALL YOU CAN EAT!</u> BIS HEUTE IST SUSHI EINE MEINER ABSOLUTEN LIEBLINGSSPEISEN, DIE ICH MITTLERWEILE AUCH GERNE SELBER ZUBEREITE.

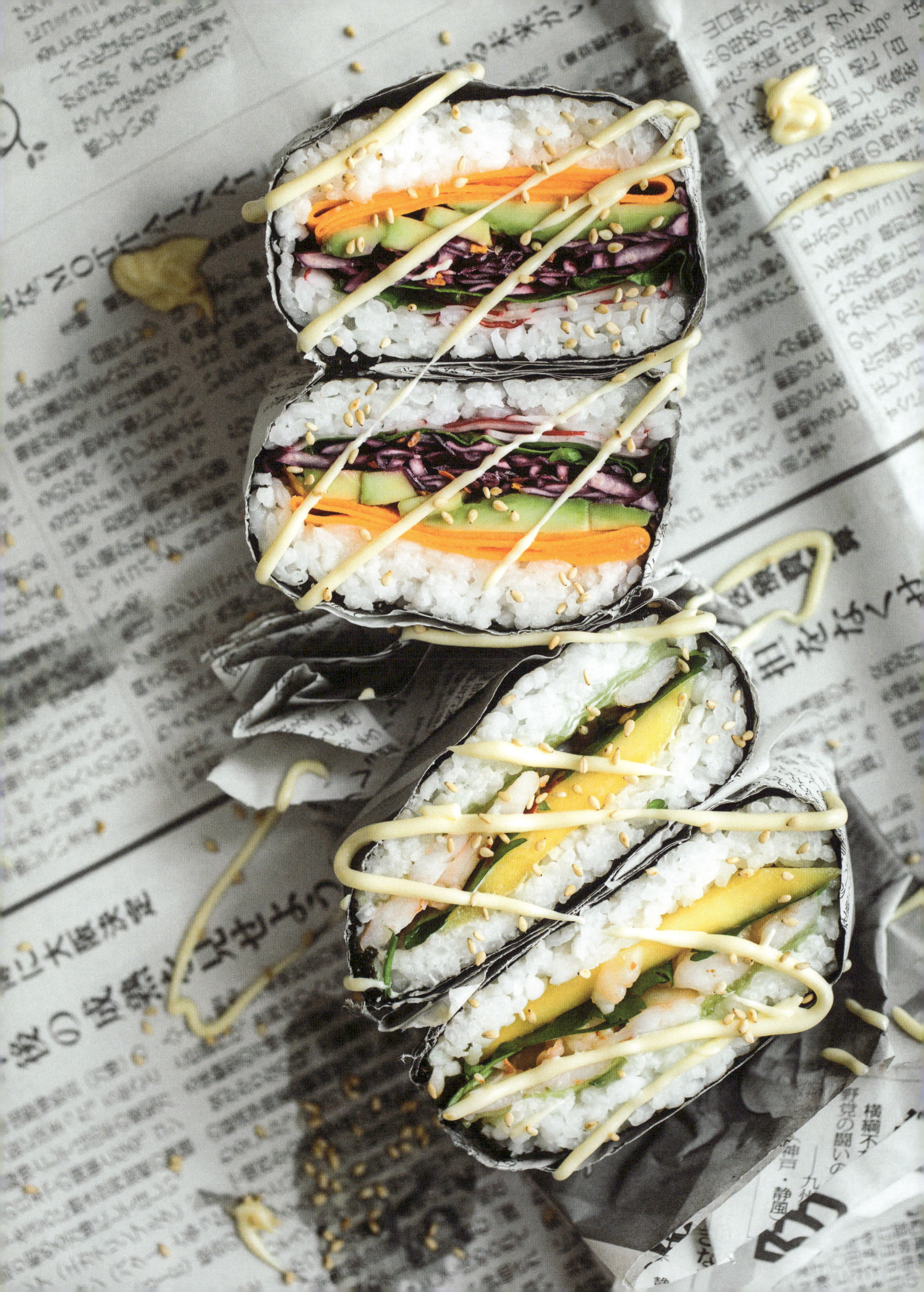

Onigirazu – das **Sushi**-Sandwich

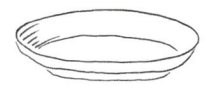

ZUTATEN FÜR JE 1 SANDWICH

1 Tasse	Sushi-Reis
3 EL	Sushi-Essig
1 Pck.	Noriblätter
	Salz

FÜR DIE VEGANEN SANDWICHES

100 g	Rotkraut
1 EL	Reisessig
½ TL	Salz
1	Karotte
¼	Avocado
	Chiliflocken
	Babyspinat, 1 Handvoll
1	Radieschen
	vegane Mayonnaise zum Garnieren

FÜR DIE GARNELEN-SANDWICHES

1	Minigurke
½	Mango
4	TK-Garnelen, aufgetaut
	Zitronensaft, 1 Spritzer
	Chiliflocken
	Koriander
	Salz
	(vegane) Mayonnaise zum Garnieren

ZUBEREITUNGSZEIT

15 Minuten
(+10 Minuten zum Belegen und Falten)

Ich liebe, liebe, liebe, liebe Sushi und besonders in dieser Version als Sandwich. Ich beneide immer die asiatischen Schulkinder um ihre Bento-und die Sushi-Boxen. Sushi to go, das man überallhin mitnehmen kann.

So wird's gemacht:

Den Sushi-Reis nach Packungsanleitung zubereiten. Reis etwas salzen und mit dem Sushi-Essig gut vermengen. Beiseitestellen.

Für die veganen Sandwiches
Das Rotkraut in feine Streifen schneiden, mit Reisessig und Salz vermischen, mit den Händen einmassieren und beiseitestellen.

Die Karotten in dünne Scheiben hobeln oder mit einem Sparschäler in feine Streifen schneiden. Die Avocado in Scheiben schneiden und nach Belieben mit Chiliflocken bestreuen. Das restliche Gemüse waschen, schneiden und portionieren.

Ein Noriblatt mit der rauen Seite nach oben auf ein Stück Frischhaltefolie legen. Je eine kleine Handvoll Reis quer in die Mitte geben, mit dem eingelegten Rotkraut, den gehobelten Karottenscheiben, den Avocadoscheiben, Spinatblättern und Radieschenscheiben belegen und mit einer weiteren kleinen Handvoll Reis abschließen. Die Ecken des Noriblatts einfalten, sodass am Ende ein kleines Päckchen entsteht. Die Ecken beim Falten etwas befeuchten, damit sie gut aneinanderhaften. Das Päckchen halbieren und mit veganer Mayonnaise garnieren.

Für die Garnelen-Sandwiches
Die Minigurke hobeln, die Mango in Scheiben schneiden und die Garnelen mit Zitronensaft beträufeln.
Ein Noriblatt mit der rauen Seite nach oben auf ein Stück Frischhaltefolie legen. Je eine kleine Handvoll Reis quer in die Mitte geben, mit den gehobelten Gurkenscheiben, einer Mangoscheibe und den Garnelen belegen und mit Chiliflocken, Koriander und Salz würzen. Mit einer weiteren kleinen Handvoll Reis abschließen. Die Ecken vom Noriblatt einfalten, sodass am Ende ein kleines Päckchen entsteht. Die Ecken beim Falten etwas befeuchten, damit sie gut aneinanderhaften.
Das Päckchen halbieren und mit Mayonnaise garnieren.

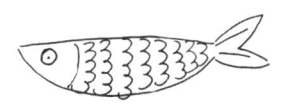

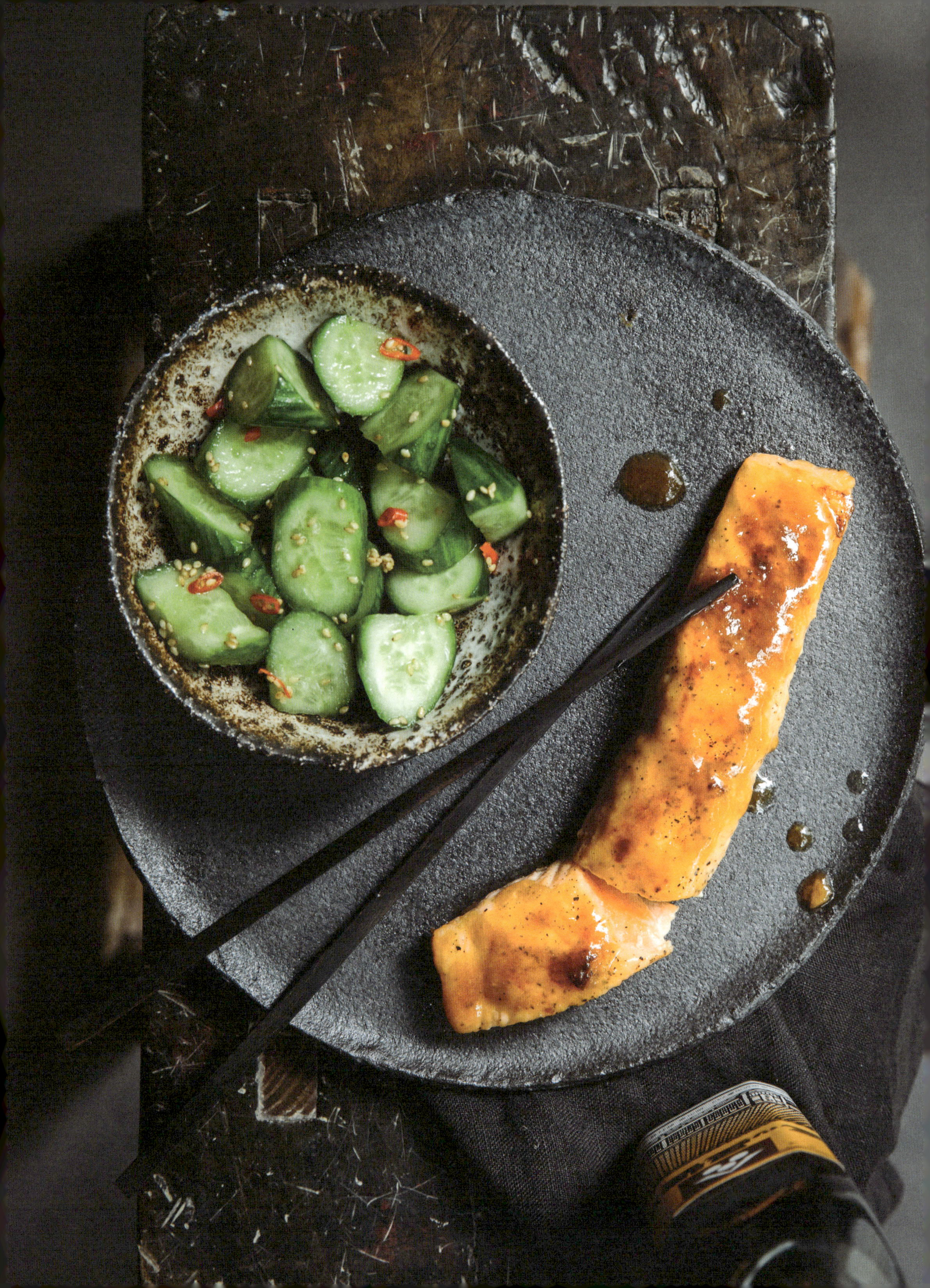

Lachs mit Miso-Butter

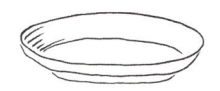

ZUTATEN FÜR 2 PERSONEN

2	Lachsfilets, ohne Haut (110–170 g)
½ EL	Mehl
1 EL	Butter, weich
1 EL	Miso
1 EL	brauner Zucker
2 EL	Sake
1 EL	Mirin
1½ EL	Sojasoße
1 EL	Olivenöl
	Salz
	Pfeffer

GURKENSALAT

400 g	Snackgurken (oder normale Gurken)
Salz	nach Belieben
1 EL	Reisessig
½	rote Chilischote (wer es nicht so scharf mag, würzt nach Belieben)
1 EL	flüssiger Honig
1 TL	Sesamöl
2 EL	weißer Sesam

ZUBEREITUNGSZEIT

15 Minuten
Gurkensalat ca. 3 Minuten
(+20 Minuten Ziehzeit)

Das Rezept ist inspiriert von einer ganz großartigen Erfahrung, die ich in einem japanischen Restaurant in L. A. gemacht habe. Das Miso Cod (bei uns bekannt als Kabeljau) ist bis heute in meinen Erinnerungen geblieben. Es war so sensationell, dass ich mir gedacht habe, das kann man einfach mal mit Lachs und der Miso-Paste probieren, welche ich extra von meiner Japan-Reise mitgebracht habe.

So wird's gemacht:

Den Lachs mit Salz und Pfeffer würzen und in Mehl wenden.

Die weiche Butter, Miso, braunen Zucker, Sake, Mirin und Sojasoße mit einer Gabel in einer kleinen Schüssel vermengen.

Währenddessen das Öl in einer Pfanne erhitzen. Den Lachs auf beiden Seiten anbraten, bis die Seiten schön knusprig sind und er innen noch leicht glasig aussieht – so schmeckt er saftig und ist nicht zu trocken. Je nach Geschmack kann man den Fisch natürlich auch länger braten, bis er den gewünschten Garpunkt erreicht hat.

Die Temperatur reduzieren und die Miso-Butter-Soße in die Pfanne geben. Den Lachs kurz darin schwenken, bis die Soße karamellisiert.

Für den Salat die Gurken putzen und in spitz zulaufende, mundgerechte „Dreiecke" schneiden. Kräftig mit Salz würzen und den Reisessig zugeben. Chili halbieren und in feine Scheiben schneiden und nach Geschmack untermengen. Wer mag, kann die Gurken auch leicht andrücken damit sie die Marinade besser aufnehmen. Den Honig und das Sesamöl ebenfalls hinzugeben und bis zum Servieren zugedeckt in den Kühlschrank stellen. Sesam in einer Pfanne ohne Fett rösten und vor dem Servieren über den Gurkensalat streuen.

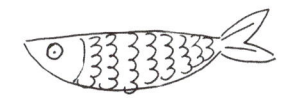

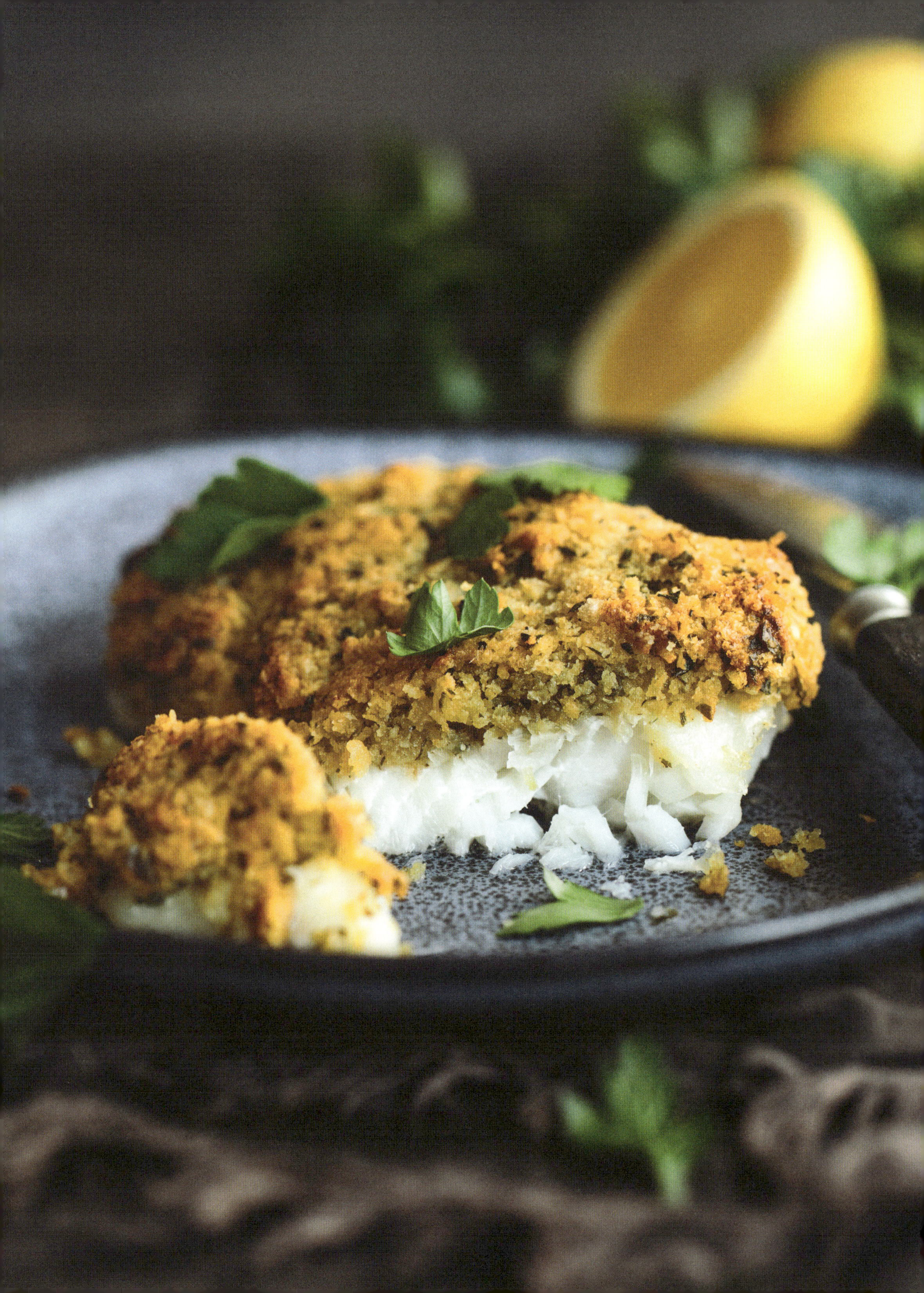

Ofenfisch aus der Kindheit

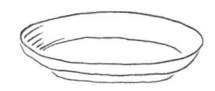

ZUTATEN FÜR 2 PERSONEN

1		Bio-Zitrone
1 EL		Dijonsenf
1 TL		brauner Zucker
30 g		Butter
50 g		Pankomehl
¼ Bund		Dill
¼ Bund		glatte Petersilie
400 g		Kabeljaufilet
		Salz
		Pfeffer

Wer kennt es nicht, dieses berühmte Fischfilet in der Aluschale aus der Tiefkühltruhe. Ich sag euch, diese Variante ist eine Millionen Mal leckerer und frischer.

So wird's gemacht:

Den Backofen auf 200 °C Ober- und Unterhitze (180 °C Umluft) vorheizen.
Die Zitronenschale abreiben und in einer Schale den Senf, Zitronenabrieb, Zucker, Butter, Salz, Pfeffer und Pankomehl gut zu einer Panade vermengen. Die Kräuter waschen, die Stängel entfernen, fein hacken und auch unter die Panade mischen.

Den Fisch gut waschen, trocken tupfen, in zwei gleiche Stücke schneiden und in eine Auflaufform geben. Salz und Pfeffer nach Belieben hinzufügen.

Die Bröselmasse gleichmäßig über die Fischstücke verteilen.

Die Schlemmerfilets für ca. 30–40 Minuten im Backofen garen, bis die Kruste sich goldbraun färbt und knusprig ist. Die Filets mit je einer Scheibe Zitrone und Kräutern garnieren.
Fertig und servieren!

ZUBEREITUNGSZEIT

10 Minuten
(+30-40 Minuten Garzeit)

GOBO

Das Fischerdorf südlich von Osaka liegt abseits der touristischen Routen. Zwei Autostunden brauche ich von der Großstadt im Norden durch die Präfektur Wakayama, dann erreiche ich diese ländliche Gegend. Fischfang, Holzwirtschaft und Ackerbau haben sie über Jahrhunderte geprägt. Und: eine braune, flüssige Würze. Sojasoße. Für diese Erfahrung habe ich die Reise gerne auf mich genommen.

JAPAN

164
↓
165

SO, JA!

Sojasoße und
Sushi hängen
untrennbar
zusammen.
Dabei kann das
schwarze Gold
weit mehr
als Maki oder
Nigiri salzen.
Doch wie wird
der Allrounder
hergestellt?
Zu Besuch
in einer
traditionellen
Soja-Brauerei

Etwas muffig riecht es schon in der knapp 100 Quadratmeter kleinen Halle. Zehn Tröge aus Sugi-Holz, einem Zederngewächs aus der Region, stehen hier, stille Wächter eines Geheimnisses. Sie sind groß wie aufgestellte VW-Busse und in ihren Bäuchen tragen sie je 7000 Liter Koji mit Salzwasser. Und die Herstellung dieser Melange ist tatsächlich ein Geheimnis – denn am Ende eines langen Fermentationsprozesses wird hier eine ganz besondere Sojasoße entstehen. Bei Horikawaya Nomura wird dieses Rezept von Generation zu Generation vererbt. Keisuke Nomura ist bereits in der 18. – und wird sein Wissen zur rechten Zeit an seinen heute drei Jahre alten Sohn weiterreichen. Seit dem Jahr 1688 ist das hier bei Horikawaya Nomura Tradition.

Dennoch kämpfen solche Betriebe, wie so viele familiengeführte Manufakturen, einen harten Kampf ums Überleben. Selbst wenn Keisukes Sohn das Geschäft weiterführen möchte, sehen sich nachfolgende Generationen möglicherweise irgendwann mit einem anderen Problem konfrontiert: Die traditionellen Holzfässer, die es für den natürlichen Fermentationsprozess braucht, werden kaum noch hergestellt. Denn die Kinder der Fassbauer möchten das Handwerk der Eltern selten übernehmen – einen Hersteller gibt es in Japan noch. Das letzte Fass hat noch Keisukes Vater, Tahei Nomura, bestellt – es wird voraussichtlich in drei Jahren geliefert und soll dann über 170 Jahre seinen Dienst tun.

Die Stadt Gobo liegt in der Präfektur Wakayama. Eine ländliche Region mit viel Wasser und einem Hafen. Sie gilt als Ursprung der japanischen Sojasoße

JAPAN

166
↓
167

SOJA

Die Sojasoße aus der Manufaktur schmeckt durch die Lagerung in den Holzfässern, genannt Kioke, intensiver als Fabriksoßen. Der tiefe Geschmack braucht Zeit, Liebe und die richtigen Temperaturen – denn in der Manufaktur „schlafen" die Bakterien im Winter. Die alten Tröge werden, wie das Wissen auch, vom Vater an den Sohn weitergegeben

Vier

Zutaten braucht es für eine natürlich gebraute Sojasoße

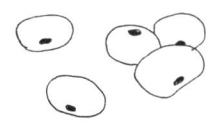

SOJABOHNEN.
Für die hochwertige Soße werden nur komplette Bohnen aus Japan verwendet. Bereits 1700 v. Chr. wurde Soja als Nahrungspflanze kultiviert. Jährlich werden 350 Millionen Tonnen geerntet

WEIZEN.
Menschen mit einer Gluten-Unverträglichkeit können mit Sojasoße würzen. Denn zumindest bei der traditionellen Herstellungsmethode ist nach dem Fermentationsprozess kein Klebereiweiß mehr darin nachweisbar

WASSER & SALZ.
Die Bohnen werden erst in Quellwasser gekocht. Die Mixtur aus Weizen, Bohnen und Bakterien, genannt Koji, wird dann in den Zedernholzfässern mit Wasser und Meersalz aufgegossen und dem Fermentationsprozess überlassen

Diese Fässer sind es, die der natürlich fermentierten Sojasoße ihren unverwechselbaren Geschmack geben. Es funktioniert auch in Stahlfässern, aber dann ist es ein anderer Prozess. „Es gibt in Japan noch etwa 20 Manufakturen, die Sojasoße traditionell in Holzfässern und per Hand brauen wie wir", sagt Keisuke. Der grundsätzliche Ablauf ist dabei immer der gleiche.

Seit über 750 Jahren wird in Japan Sojasoße gebraut. Und wie viele gute Dinge in unserer Welt ist sie ein Produkt des Zufalls. Ein Mönch des buddhistischen Tempels Koukoku in der Stadt Yuracho, nicht weit von hier, brachte von einer China-Reise das Rezept für Miso mit. Als die Mönche die fermentierte Sojapaste herstellten, merkten sie, dass die Flüssigkeit, die dabei entsteht, zum Würzen taugt. Die Geburtsstunde der Sojasoße.

Bei Horikawaya brauen sechs Mitarbeiter im natürlichen Verfahren das schwarze Gold. Das bedeutet, die vier Zutaten für die Sojasoße sind festgeschrieben: Sojabohnen, Weizen, Wasser und Salz. Die Fässer werden in einem rotierenden System angesetzt, um jedes Jahr Soja verarbeiten zu können. 25 000 Liter kommen so jährlich zusammen – wie bei einem guten Wein ist der Geschmack dabei in jedem Jahr in Nuancen anders. Doch es beginnt immer gleich: mit dem Aufkochen der Sojabohnen. Für fünf Stunden werden sie über dem offenen Feuer in Quellwasser erhitzt. In einer zweiten, gewaltigen Pfanne wird gleichzeitig gerösteter Weizen aus Hokkaido über dem Feuer dampfgegart. Sojabohnen und Weizen werden im Anschluss vermischt und mit Bakterienkulturen versetzt. Die entstehende Maische, das Koji, muss dann vier Tage in einem Wärmeraum ruhen, dort reift sie. Nach dem Ablauf dieser Zeit füllt Keisuke das Koji in die Holzfässer und gibt Wasser und Meersalz hinzu. Nun entscheidet die Pflege über das Ergebnis. Bei dem Fermentationsprozess wandelt sich das Soja-Eiweiß in Aminosäuren um und die Weizenstärke spaltet sich in Zucker, Alkohol und Säuren auf.

Zwei Sommer verbleibt die Mixtur in den Fässern. Regelmäßig rührt Keisuke die Maische mit einem Holzrechen um. Er kann es sehen, riechen und fühlen, wann die Zeit reif dafür ist. Da der Fermentationsprozess Wärme benötigt, der Raum aber weder beheizt wird noch Zusatzstoffe der Maische zugeführt werden – anders als bei der industriellen Herstellung –, halten die Bakterien in dem natürlichen Klima einen Winterschlaf. Bei der industriellen

Eine hohe Qualität der Bohne ist für das spätere Produkt entscheidend. Keisuke verwendet Soja aus der Region Hokkaido. Nur 20 Manufakturen gibt es in Japan noch, die so aufwendig herstellen. In Stahlfässern und mit weiteren Inhaltsstoffen lässt sich die Brauzeit von zwei Jahren auf wenige Monate oder sogar Tage verkürzen – die Soßen trennen geschmacklich Welten

Herstellung können Jahre auf wenige Monate oder sogar Tage verkürzt werden – mit Verlust von Qualität und Geschmack. Dennoch ist diese Optimierung nötig, da allein die Japaner schon zehn Liter Sojasoße pro Person im Jahr verbrauchen.

Nach den zwei Jahren im Holzfass wird die Maische in Tücher gewickelt und diese in eine hydraulische Presse gespannt. „Die 60 Jahre alte Maschine ist der einzige nicht menschliche Mitarbeiter hier", sagt Keisuke und lacht. Zwei Tage dauert der Pressvorgang, um die maximale Menge an Soße zu gewinnen – tröpfchenweise fällt sie durch ein handtellergroßes Sieb in eine kupferne Pfanne. Um die Sojasoße im letzten Schritt haltbar zu machen, wird sie noch einmal für fünf Stunden aufgekocht. Keisuke hat dieses Handwerk fünf Jahre bei seinem Vater gelernt, bis dieser ihm die Produktion übergab. „Diese neun Schritte zu einer handgemachten Sojasoße klingen simpel, doch es ist viel Erfahrung nötig. Das alles hier ist ein ganz großer Organismus, der von vielen kleinen Einflüssen abhängig ist. Falsche Entscheidungen, ein schlechtes Timing oder Unwissenheit können Jahre der Arbeit zunichtemachen", sagt Keisuke.

Eine gut fermentierte Sojasoße, so sagt man, müsse alle fünf Geschmacksrichtungen ausbalancieren: salzig, süß, bitter, sauer und umami. Letzteres bedeutet so etwas wie „Schmackhaftigkeit" und ist in Bezug auf Essen das wohl wichtigste Wort der Japaner. Keisuke hat es bisher immer geschafft, dass seine Soße umami ist. Doch so gut wie sein Vater, sagt er, sei er noch lange nicht.

Nach meinem Besuch bei Keisuke in Gobo ist meine Liebe zu Sojasoße noch größer geworden. Ich habe immer eine Flasche zu Hause. Nicht nur pur, sondern auch in Marinaden und Salatsoßen macht sie sich hervorragend. Probiert's mir aus!

JAPAN

170
▼
171

SOJA

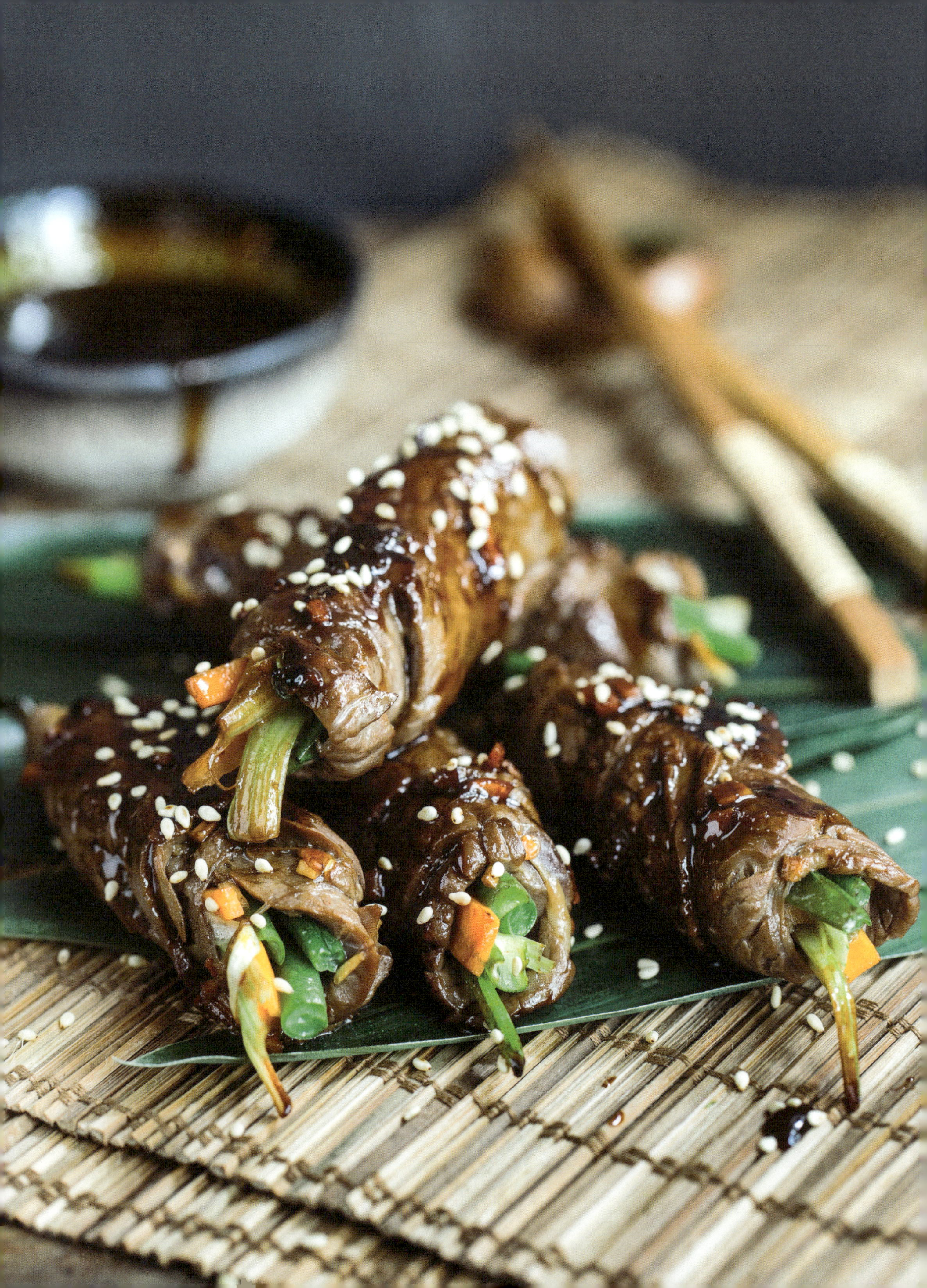

Salty Rindfleisch-Teriyaki

ZUTATEN FÜR 20 STÜCK

FÜR DIE TERIYAKI-SOSSE

2	Knoblauchzehen
100 ml	Sojasoße (ich nehme gerne die Sojasoße mit wenig Salz für dieses Rezept)
15 g	Ingwer
½	Limettensaft
3 EL	Honig
½ TL	Chiliflocken
1 TL	Sesamöl
100 ml	Orangensaft, frisch gepresst
½ TL	Salz
	Pfeffer

FÜR DAS FLEISCH

350 g	Rindfleisch von der Hüfte (am besten lasst ihr das Fleisch vom Metzger gleich in dünne Scheiben schneiden)
	Pflanzenöl zum Braten
2	Karotten
2	Frühlingszwiebeln
50 g	Prinzessbohnen
½ TL	Salz (für das Wasser)
	Salz
	Pfeffer

Zahnstocher zum Verschließen

Ich liebe Teriyaki-Soße und könnte mich in sie wortwörtlich reinlegen. Die Vielfältigkeit der Soße ist unglaublich, weswegen man sie für fast alles einsetzen kann. Hier ist eine Variante mit Rindfleisch für euch.

So wird's gemacht:

Knoblauchzehen schälen, durch die Presse drücken. Alle Zutaten für die Teriyaki-Soße verrühren. Die Rindfleischscheiben darin einlegen und für mindestens 30 Minuten im Kühlschrank marinieren. Das Fleisch aus der Marinade heben. Die restliche Flüssigkeit auf mittlerer Hitze mit offenem Deckel zu einer sirupähnlichen Soße einkochen.

Die Karotten schälen und in 5 cm dünne Stäbchen schneiden, die Frühlingszwiebeln in Streifen schneiden. Salzwasser in einem Topf zum Kochen bringen. Karotten und grüne Bohnen darin blanchieren, bis sie bissfest sind. In Eiswasser abschrecken, damit der Garprozess unterbrochen wird. Nach etwa drei Minuten mit einem Schaumlöffel aus dem Wasser nehmen und abtropfen lassen.

Jeweils eine Scheibe Fleisch auf eine flache Unterlage geben. Mit Salz und Pfeffer würzen. Die Karottenstäbchen, Frühlingszwiebeln und Bohnen auf dem Fleisch verteilen und aufrollen. Mit Salz und Pfeffer würzen. Eventuell mit Zahnstochern verschließen. Im Pflanzenöl von allen Seiten kurz anbraten. Die fertigen Rollen mit der eingekochten Teriyaki-Soße übergießen und servieren.

ZUBEREITUNGSZEIT

20 Minuten
(+5 Minuten Bratzeit
+30 Minuten Marinierzeit
+30 Minuten Einkochzeit der Soße)

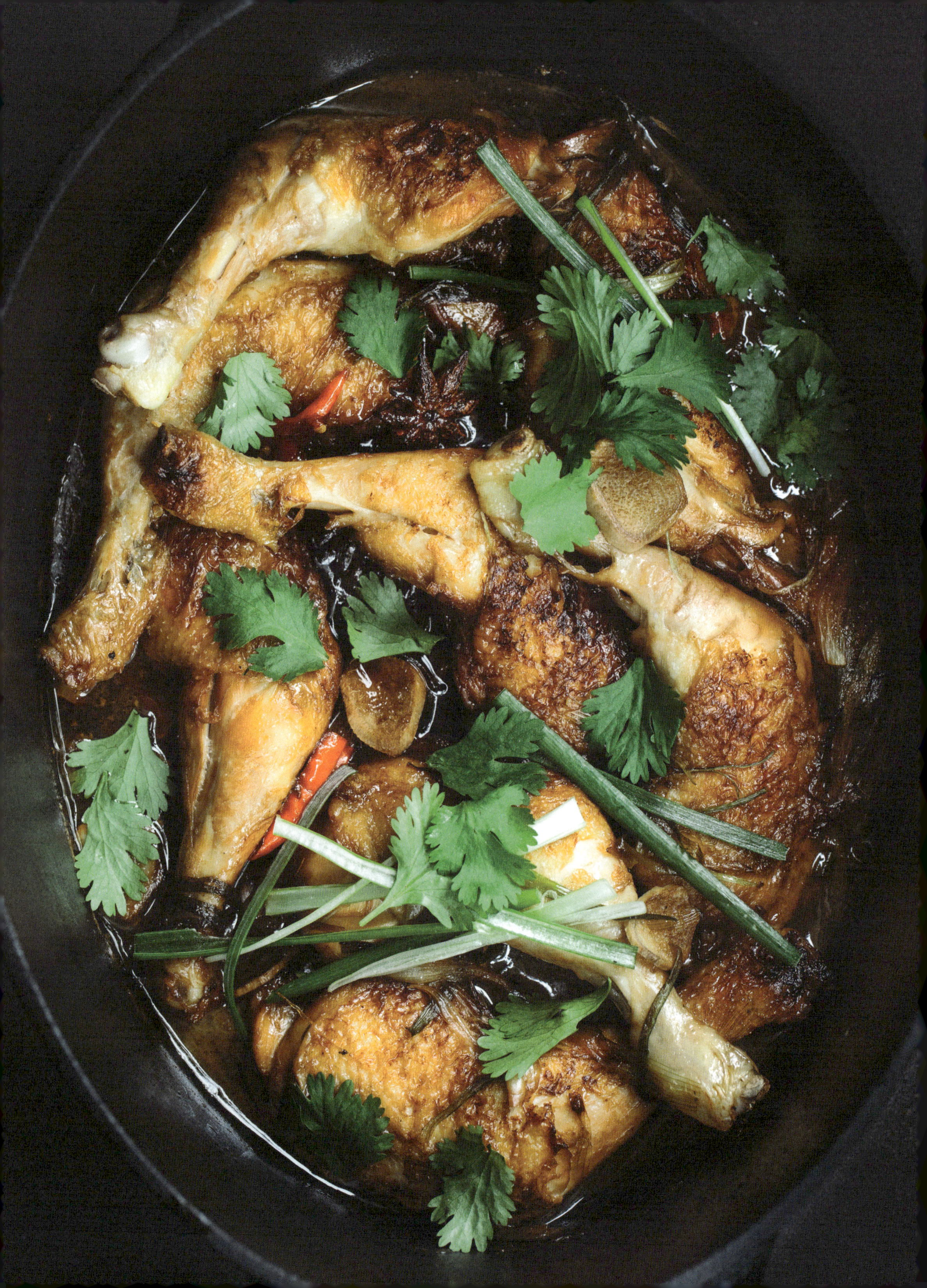

All Black Spicy Chicken

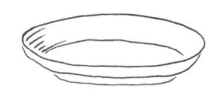

ZUTATEN FÜR 4 PERSONEN

2 EL	Sesamöl
8	Hähnchenschenkel
25 g	Stück Ingwer
6	Knoblauchzehen
3	Frühlingszwiebeln
2	lange rote Chilischoten (wer es nicht scharf mag, kann hier nur 1 Chilischote verwenden)
150 ml	Dunkelbier
100 ml	Sherry
100 ml	Sojasoße
40 g	brauner Zucker
2	Sternanis
150 ml	Wasser
½ Bund	Schnittlauch
1 Bund	Koriander
	Salz
	Pfeffer

ZUBEREITUNGSZEIT

20 Minuten
(+ 1 ½ Stunden Garzeit)

Ein außergewöhnliches Rezept, mit dem man perfekt seine Gäste überraschen kann und das super vorzubereiten ist.

So wird's gemacht:

Sesamöl in einer großen Pfanne oder einem Bräter stark erhitzen. Die abgebrausten und abgetupften Hähnchenschenkel vorsichtig hineingeben und 10 Minuten auf beiden Seiten scharf anbraten. Sie sollen schön knusprig braun werden.

Ingwer in dünne Scheiben schneiden, Knoblauchzehen schälen, durch die Presse drücken, Frühlingszwiebeln in Streifen schneiden, Chilischoten längs halbieren.

Dunkelbier, Sherry, Sojasoße, braunen Zucker, Ingwer, Knoblauch, Frühlingszwiebeln, Chilischoten, Sternanis und 150 ml Wasser in den Bräter geben und aufkochen.

Dann die Hitze reduzieren, den Bräter zudecken und sanft köcheln lassen, bis das Hähnchen gerade gar ist (ca. 25–30 Minuten).

Deckel abnehmen und die Soße einkochen lassen, bis sich die Flüssigkeit verringert und das Huhn sehr zart ist (ca. 45 Minuten bis 1 Stunde). Mit Salz und Pfeffer abschmecken.
Mit Schnittlauch und Koriander bestreuen und heiß servieren.

JAPAN

SOJA

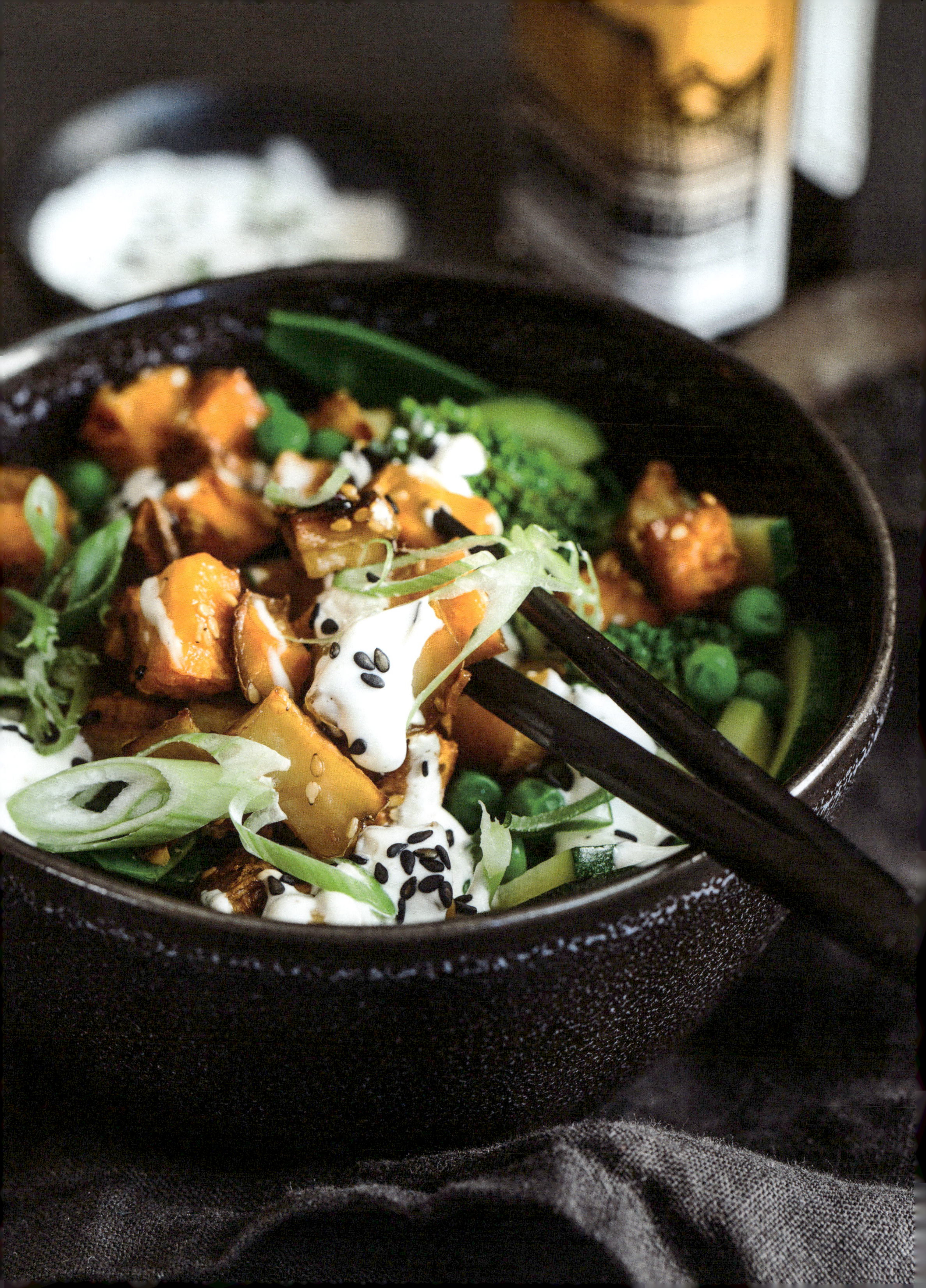

Black-and-Green-Bowl

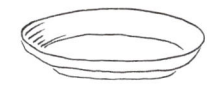

ZUTATEN FÜR 2 PERSONEN

FÜR DIE GREEN-BOWL

200	g	Zucchini
200	g	Brokkoliröschen
100	g	Zuckerschoten
150	g	TK-Erbsen
1		Bio-Limette
2	EL	Sonnenblumenöl
½	TL	Chiliflocken
		Salz
		Pfeffer

KARTOFFELWÜRFEL

2		kleine Süßkartoffeln (oder eine große)
2		Kartoffeln
1		Knoblauchzehe
4	EL	Sojasoße
1	EL	Ahornsirup
1	EL	Sesamöl
1	TL	weißer Sesam
½	TL	Chiliflocken

FÜR DAS TOPPING

100	g	Kokosjoghurt
¼	Bund	Minze
		Salz
		Pfeffer
1		Frühlingszwiebel
1	TL	schwarzer Sesam

ZUBEREITUNGSZEIT

15 Minuten
(+45 Minuten Garzeit)

Eines meiner liebsten Gerichte, wenn es was Leichtes sein soll. Je nachdem, was ihr gerade im Kühlschrank habt, könnt ihr die Bowl immer wieder neu kreieren. Ob Gemüse, Obst, Fleisch, Fisch oder Nüsse. Gebt in die Bowl, was ihr gerne esst!

So wird's gemacht:

Den Backofen auf 180 °C Ober- und Unterhitze (160 °C Umluft) vorheizen. Die Zucchini längs halbieren und in Scheiben schneiden.

In Salzwasser den Brokkoli, die Zuckerschoten, Erbsen und die Zucchini nacheinander blanchieren und in Eiswasser abschrecken.

Für das Dressing die Limette auspressen, den Saft mit Sonnenblumenöl, Salz, Pfeffer und Chiliflocken vermengen.

Die Süßkartoffeln und Kartoffeln gut waschen, in kleine Würfel schneiden und in eine Auflaufform geben. Den Knoblauch schälen und fein hacken und mit der Sojasoße, dem Ahornsirup, Sesamöl, weißem Sesam und Chiliflocken zu einer Marinade vermischen.

Die Marinade gleichmäßig über die Kartoffelwürfel verteilen, noch mal gut durchmischen und für ca. 45 Minuten im Backofen garen lassen.

Für das Topping die Minze in den Kokosjoghurt zupfen und gut vermengen. Mit Salz und Pfeffer würzen.

Die Frühlingszwiebeln in feine Ringe schneiden.

Das grüne Gemüse gleichmäßig in zwei Bowls verteilen und das Dressing darübergeben.

Die Kartoffelwürfel darauf verteilen und als Topping je zwei Esslöffel von der Joghurt-Minze-Creme darübergeben.

Zum Abschluss die Frühlingszwiebelringe und den schwarzen Sesam darüberstreuen.

Hier im Jetzt, ein fettes Stück gewählte Heimat. In der Hauptstadt leben meine Herzensmenschen und Soulsisters. Berlin Calling! Wer ist dabei?

BERLIN

178
↓
179

DINNERVORBEREITUNG
10 : 28 : 49
Stunden Minuten Sekunden

Die Hauptstadt
schläft nicht. Wenn
am Samstag die
Einladung zum
Essen rausgeht,
bleibt noch genug
Zeit, alles zu
besorgen.
Oder vielleicht
doch nicht?

DINNERVORBEREITUNG ›

09 : 11 : 17
Stunden   Minuten   Sekunden

Berlin ist multikulti. Unterschiedlichste Kulturen haben ihre Gerichte und Zutaten mitgebracht. Für einen Foodie sind die Straßen in Kreuzberg, Neukölln oder Mitte eine ständige Quelle neuer Ideen. Wo sich gestern noch ein Dönerspieß drehte, ist heute ein Sushi-Burrito-Restaurant und morgen vielleicht ein Cookie-Dough-Laden – eine unglaubliche Vielfalt

DINNERVORBEREITUNG

0 6 : 5 3 : 3 4

Stunden Minuten Sekunden

Obst und Kräuter kaufe ich gerne direkt bei den Straßenhändlern. Hier bekomme ich auch kleine Mengen und muss später nichts wegwerfen

BERLIN

Fleisch kommt vom Schlachter. Regional, saisonal und im besten Fall Bio oder Demeter. Und was ich nie vergesse: Tischdeko. Ich bin eben ein Blumenmädchen

DINNERVORBEREITUNG

0 5 : 3 1 : 1 3

Stunden Minuten Sekunden

DINNERVORBEREITUNG

`0 4` : `5 6` : `2 5`
Stunden   Minuten   Sekunden

Die kleinen Geschäfte
und Manufakturen –
das macht für mich
Prenzlauer Berg aus.
Die unterschiedlichen
Kieze sind für mich die
perfekten Orte, um sich
treiben zu lassen.
Und stets entdeckt man
etwas Neues oder trifft
alte Freunde. Und für
ein Eis ist immer Zeit

BERLIN

182

183

Berlin ist
berühmt-berüchtigt
für sein Nacht-
leben. Einen Drink
- nachdem ich
alles fürs Dinner
besorgen konnte -
habe ich mir
verdient

DINNERVORBEREITUNG

00 : 00 : 00

Stunden   Minuten   Sekunden

Ice
Ice
Baby

Ein paar Löffel zum Glück

Ich liebe kleine Geschäfte und Manufakturen. Der Gedanke daran, dass da auch immer eine reale Person dahintersteckt, die mit Passion so fest an ihre Idee glaubt, dass sie dafür viel riskiert, macht mich glücklich. Menschen, die für etwas brennen, sind mir hochsympathisch. Dabei ist es mir gar nicht so wichtig, wofür diese Menschen sich begeistern, Hauptsache, sie haben eine Leidenschaft und gehen dieser nach.

Klaus ist ein Typ mit dieser Leidenschaft. Früher hat er in der Finanzbranche in Übersee gearbeitet und irgendwann gespürt, dass es mehr im Leben geben muss, als fremdes Geld von links nach rechts zu schieben. Er gab seinen Job als Investmentbanker auf und widmete sich ganz seiner Passion: Essen. Genauer gesagt, Essen machen. Nämlich Eis.

Für einen Abend mit Freunden habe ich immer etwas im Eisfach. Und bei gefrorenen Desserts gibt es himmelweite Unterschiede. Zum Glück weiß ich, wo ich hinmuss, um meine Lieblingsware zu besorgen – zu meinem Dealer nach Prenzlauer Berg

BERLIN

184

185

EISZEIT

Prenzlauer Berg ist geprägt durch kleine Geschäfte und Altbauten. Das Viertel gilt als das kinderreichste Deutschlands

Immer wenn ich im Bezirk Prenzlauer Berg bin, statte ich Klaus in seiner Eismanufaktur einen Besuch ab. Bei Tribeca Ice Cream gibt es meiner Meinung nach das beste Eis der Stadt. Und: zu 100 Prozent vegan. Nicht, dass das für mich ausschlaggebend wäre, aber es ist gut zu wissen. „Unsere Basis ist kaltgepresstes Kokosöl, Nussmilch und Kakaobutter", sagt Klaus. Er ist kein militanter Veganer, eher ein Fan von hoher Qualität und feinen Zutaten.

Ich habe zwei ganz klare Favoriten: Pistachio Lucuma und Raspberry Coconut. Angefangen hat Klaus aber mit einer ganz anderen Sorte.

Er begann – damals noch in der heimischen Küche in New York und ganz ohne Maschinen –, mit einem veganen Schokoladen-Bananen-Eis zu experimentieren. „Immer wenn ich dieses Eis zu Hause gemacht habe, hat jeder gesagt: Klaus, du musst nen Eisladen eröffnen", erzählt er und lacht.
Klaus probierte sich – anfänglich noch aus purer Leidenschaft – mit unterschiedlichen Zutaten und Macharten an das perfekte Ergebnis heran. Ein Eis zu 100 Prozent vegan zu kreieren, das nicht kristallisiert und cremig bleibt, ist ein Kunststück. Doch wie viele Dinge im Leben suchen sich die guten Ideen irgendwann einen Weg – wie Wasser, das vom Berg ins Tal fließt. Mit seinem Bruder Frank und seinem Geschäftspartner Paul fand Klaus im April 2016 in der Rykestraße 40 in Prenzlauer Berg einen traumhaften kleinen Laden. Vorne wird das Eis verkauft, in den hinteren Räumen mit viel Liebe gemacht.

Mich hat schon bei meinem ersten Besuch beeindruckt, wie wenig Raum für so viel gutes Eis nötig ist. Und: mit welcher Hingabe Klaus über seine Passion spricht und danach handelt. Er ruht sich nicht auf dem aus, was er geschafft hat. Immer weiter experimentiert er, versucht sich an neuen Zutaten.

Ein Blick in das Herz von Tribeca Ice Cream. In den hinteren Räumen entstehen die außergewöhnlichen Kreationen. Wie Klaus sein legendäres Banana Chocolate Ice macht, hat er mir gezeigt. Das Tolle: Es funktioniert ohne Eismaschine und ist so cremig und lecker

Ein Eis in der Tüte ist eine Reise in die Kindheit – wenige Desserts machen mich so glücklich

Wer denkt, er bekommt bei Tribeca Ice Cream immer das Gleiche, der wird überrascht sein. Bis auf ein paar Klassiker wechseln die Sorten und Zutaten wie ein bunter Blumenstrauß.

Gestartet sind die Jungs mit Superfood-Zutaten wie Baobab, den Früchten des Affenbrotbaums, mit Maca, einer Knolle aus Südamerika, oder Lucuma, einer in den Anden beheimateten Frucht. Nun fermentiert man bei Tribeca Ice Cream gerade einen eigenen Kokosnuss-Joghurt oder mahlt über mehrere Stunden im eigenen Melanger aus japanischen Sesamsamen eine Tahini für das schwarze Sesameis. Dem Angebot setzt nur die Kreativität Grenzen.

Schon seit Längerem schafft es das Eis auch aus Prenzlauer Berg heraus – auf drei Rädern. Mit einem Eisfahrrad sind Mitarbeiter unterwegs und bringen es den Eisliebhabern in der ganzen Stadt.

Support your local dealer.

Klaus' Nice Cream

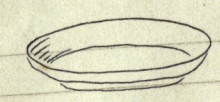

ZUTATEN FÜR 4 PERSONEN

- 450 g sehr reife Bananen (lasst die Bananen in einem luftdichten Behälter reifen, und die Stärke wandelt sich in Zucker)
- 40 g Nussmus (am besten funktioniert Mandelmus)
- 40 g natives Kokosöl
- 40 g Rohkakao oder gerösteter Kakao (Rohkakao enthält noch viele gesunde Inhaltsstoffe, die beim Rösten der Bohne teilweise verloren gehen)
- etwas Wasser oder pflanzliche Milch

Klaus sagt: Vor etwa zehn Jahren war ich – während meiner New-York-Zeit – auf der Suche nach einem „gesunden" Eis – ohne Erfolg. So musste ich es eben selbst herstellen.

So wird's gemacht:

Sehr reife Bananen in 2 cm dicke Stücke schneiden und über Nacht in einem Gefrierbeutel einfrieren (mind. –18 Grad).

Gefrorene Bananen aus dem Beutel nehmen und in einem breiten Mixer (am besten Food Processor) mit den anderen Zutaten mixen. Sobald eine homogene Masse entstanden ist, das Ganze in einen großen Gefrierbeutel füllen. Darauf achten, dass die Masse max. 1 cm dick im Beutel ist. Dann noch mal eine Stunde im Tiefkühler anfrieren lassen und im Beutel kurz mit der Hand kneten, damit die Eiskristalle aufbrechen und eine cremige Nice Cream entsteht.

Anstatt Kakao kann zum Beispiel auch Maca-Pulver, Matcha oder Lucuma-Pulver verwendet werden.

ZUBEREITUNGSZEIT
ca. 20 Minuten
(+ca. 13 Stunden Gefrierzeit)

BERLIN

188

189

EISZEIT

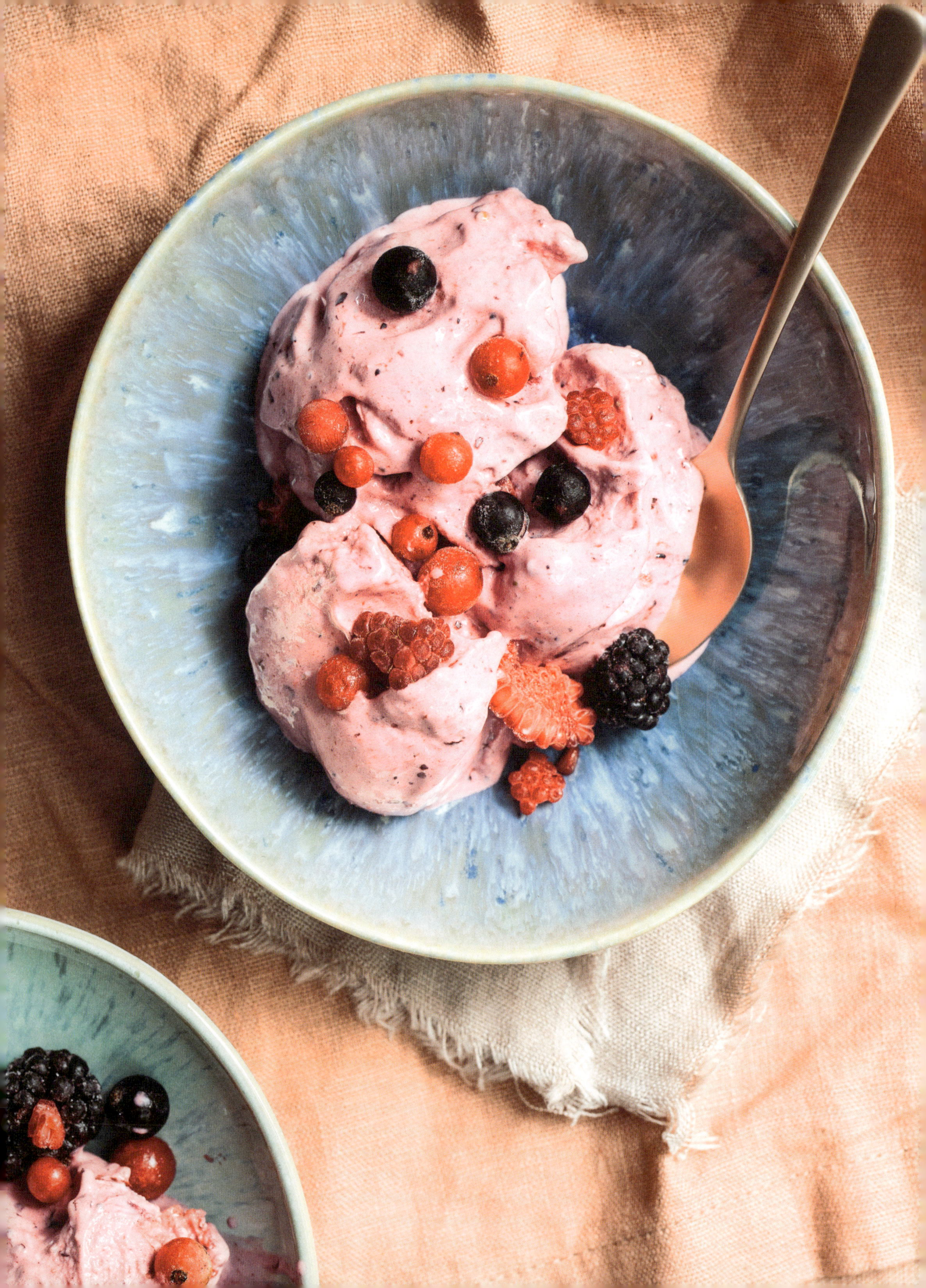

Das schnellste **Eis** der Welt

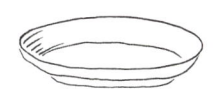

ZUTATEN FÜR 2 PERSONEN

- 250 g gefrorene Beeren
- 250 g griechischer Joghurt
- 1 EL Agavendicksaft (nach Belieben, je nachdem, wie süß man es haben möchte)

FÜR DIE VEGANE OPTION

Den griechischen Joghurt austauschen gegen einen Pflanzenjoghurt. Dazu eignet sich besonders Soja-Kokos-Joghurt.

Dieses Rezept hat meine Mutter schon damals für uns als gesunde Eis-Alternative zubereitet. Bis heute eines meiner liebsten Ruckzuck-Rezepte!

So wird's gemacht:

Die Beeren kurz antauen lassen, so lassen sie sich besser mixen.

Alle Zutaten zusammen in den Mixer geben – fertig!

ZUBEREITUNGSZEIT

ca. 2 Minuten
(+ 5 Minuten Antauzeit)

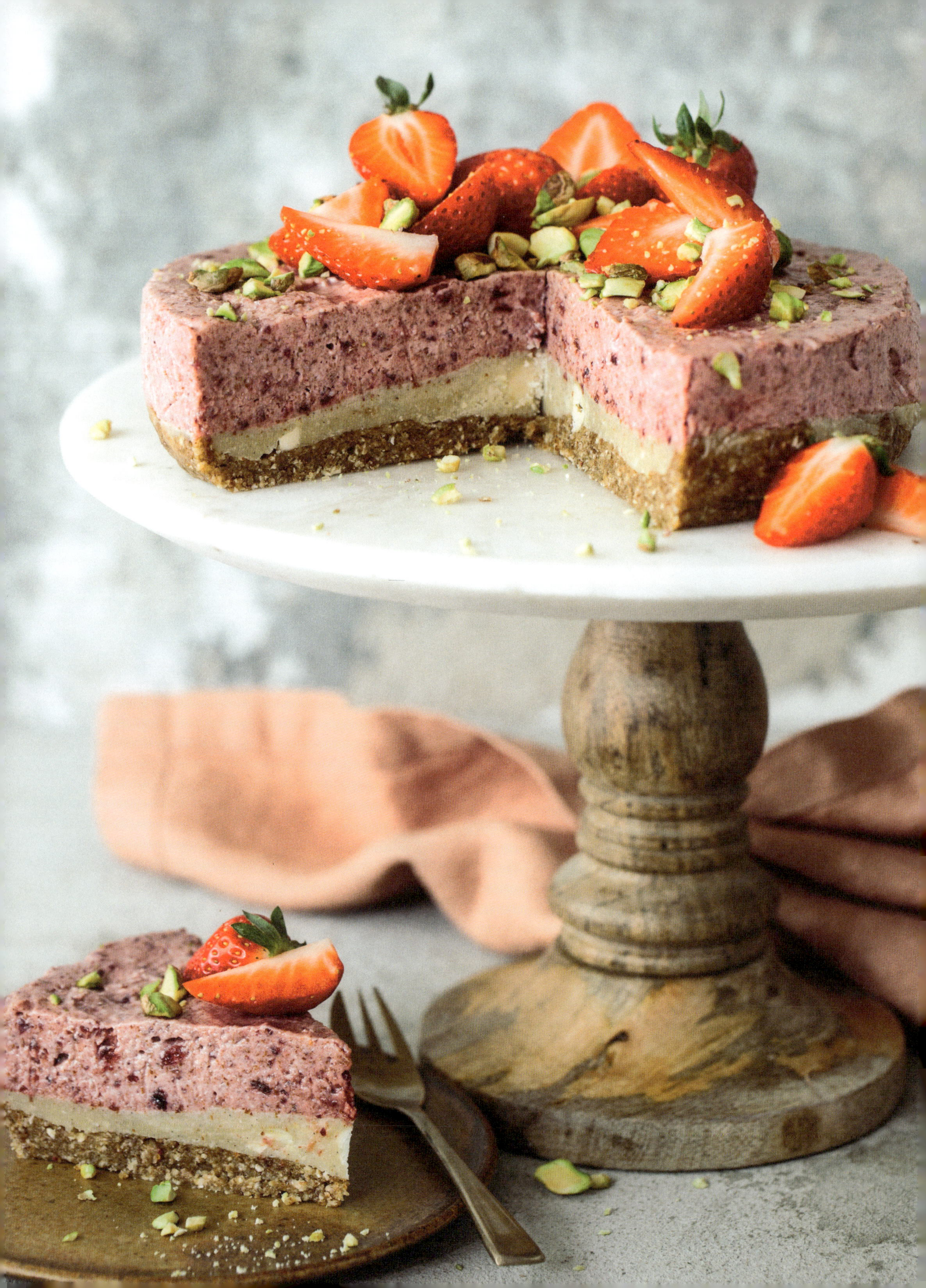

Frozen Fruit-Cake

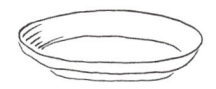

ZUTATEN FÜR 10 STÜCK
(SPRINGFORM 16 ZENTIMETER)

FÜR DEN BODEN

- 150 g Mandeln (können im Ofen oder in der Pfanne ohne Fett leicht geröstet werden)
- 50 g   Haferflocken
- 200 g Datteln
- 50 g   Rosinen (optional getrocknete Cranberries)

FÜR DIE VANILLECREME

- 200 g Cashewnüsse
- ⅛ TL   Salz
- 3 EL   Zitronensaft
- 50 ml Ahornsirup
- 2 TL   Vanillepaste
- 60 ml Kakaobutter

FÜR DIE ERDBEERCREME

- 100 g Cranberries (optional getrocknete Preiselbeeren)
- 100 g Mandeln
- 60 g   Erdbeeren
- 30 ml Ahornsirup
- 3 EL   Limettensaft
- 60 ml Kokosöl

ZUBEREITUNGSZEIT

ca. 20 Minuten
(+ 4 Stunden Kühlzeit)

Eines meiner allerliebsten Rezepte, die wir bei Janina and Food gemacht haben und jetzt noch einmal für das Kochbuch verfeinert haben.

So wird's gemacht:

Für den Boden
Mandeln und Haferflocken in einem guten Mixer oder einer Küchenmaschine zu Mehl mahlen. Datteln und Rosinen hinzufügen und so lange mixen, bis ein klebriger, feuchter Teig entsteht. Eine kleine Springform mit Klarsichtfolie auslegen und den Teig in die Springform füllen. Auf dem Boden verteilen und gut andrücken. Springform in den Kühlschrank stellen.

Für die Vanillecreme
Die Cashewnüsse über Nacht in Wasser einweichen, abtropfen lassen, mit Salz, Zitronensaft, Ahornsirup und Vanillepaste in einem Mixer oder einer Küchenmaschine zerkleinern.
Die Kakaobutter schmelzen lassen, hinzufügen und alles gut vermischen. Die Füllung auf dem Kuchenboden verteilen und glatt streichen.

Für die Erdbeercreme
Cranberries, Mandeln, Erdbeeren, Ahornsirup und Limettensaft in einem Mixer oder einer Küchenmaschine zerkleinern. Kokosöl schmelzen lassen, hinzufügen, alles gut vermischen und auf der Vanillecreme verteilen.

Den Raw Cake auf jeden Fall für ein paar Stunden im Tiefkühler kalt stellen, bevor er serviert wird.

Am Tag davor mit der Vorbereitung beginnen, da die Cashewnüsse über Nacht einweichen müssen.

Döner macht ...

Berlin ist ein kultureller Schmelztiegel – ein Foodie-Paradies. Durch viel Input entsteht eben auch viel Output. Insbesondere die orientalische Küche beeinflusst die Spreemetropole. Der Döner ist im Übrigen eine Berliner Erfindung. Glaubt ihr nicht?

... schöner

Nüsse, Honig, Baklava, Oliven oder Gewürze aus der orientalischen Küche – in Kreuzberg findet man alles für einen Abend aus Tausendundeiner Nacht

DIE MULTIKULTURELLEN EINFLÜSSE WAREN, ALS ICH 2007 NACH BERLIN GEZOGEN BIN, NEU UND FASZINIEREND FÜR MICH. HEUTE SIND DIE ORIENTALISCHEN GEWÜRZE AUS MEINER KÜCHE NICHT MEHR WEGZUDENKEN. SIE MACHEN AUS JEDEM FADEN GERICHT ETWAS RAFFINIERTES. MEINE ABSOLUTE LIEBLINGSGEWÜRZ-MISCHUNG, FÜR GEFÜHLT ALLES, IST RAS EL HANOUT.* SOLLTE IN KEINEM GEWÜRZSCHRANK FEHLEN!

*RAS EL HANOUT IST EINE GEWÜRZMISCHUNG, BESTEHEND AUS MUSKATNUSS, GETROCKNETEN ROSENKNOSPEN, ZIMTSTANGEN, MACIS, ANIS, GELBWURZ, VEILCHENWURZEL, CHILISCHOTEN, LAVENDELBLÜTEN, WEIßEM PFEFFER, GETROCKNETER INGWERWURZEL, GEWÜRZNELKEN, PIMENTKÖRNERN, KARDAMOMKAPSELN, GALGANTWURZEL, KREUZKÜMMEL, KÜMMEL UND ROSENPAPRIKA.

Die Zahl ist wirklich beeindruckend: Über 3,7 Millionen Menschen leben in Berlin. Über 3,7 Millionen Träume, Ideen, Wünsche und Ziele. Das Spannende ist: Jeder Dritte in der Hauptstadt hat einen Migrationshintergrund. Im Übrigen ein ähnliches Verhältnis wie in London oder Paris – Großstädte ziehen eben an. Und jeder hat ein Stück seiner heimischen Küche im Gepäck, seine eigenen Rezepte und Zutaten. Die ganze Stadt ist wie ein riesiges, andauerndes Dinner und jeder Gast bringt etwas mit. Es ist großartig.

Die Gastarbeiterfamilien aus der Türkei brachten beispielsweise den … Döner Kebab mit? Oh nein, weit gefehlt. Der wurde nämlich direkt in Berlin erfunden. Tja, der Döner ist deutsch. Konkreter: Berliner. Kadir Nurman steckte als Erster Fleisch vom Spieß direkt ins Brot. Im Jahr 1972 hatte er, der als türkischer Gastarbeiter nach Deutschland gekommen war, die Idee. Nurman fiel auf, dass seine Wahlheimat ein Land der Arbeiter ist und dass diese gerne beim Gehen oder schnell im Stehen aßen.

Also steckte er – als er dieses Bedürfnis erkannt hatte – in seiner Imbissbude beim Zoo am Kurfürstendamm den ersten Döner zusammen. Erst nur mit Fleisch im Brot, später mit Salat und Soße. Und wer mochte, „mit scharf" oder ohne. Der Döner Kebab wurde eine Erfolgsgeschichte, weit über die Stadtgrenzen hinaus. In Berlin gibt es mittlerweile mehr als 1000 Buden und in ganz Deutschland über 16 000 Drehspießgeschäfte – ob in Edel oder für ein schnelles Essen to go. Auch viele Varianten ohne Fleisch setzten sich im Laufe der letzten Jahre im ganzen Land durch.

Die orientalische Küche hat einen großen Einfluss auf die kulinarische Landschaft Berlins. Insbesondere im Stadtteil Kreuzberg ist er an vielen Straßenecken zu spüren, zu sehen und zu probieren. Es gibt unzählige Geschäfte, die Zutaten anbieten, die in der orientalischen Küche Verwendung finden. Sich dort treiben zu lassen, ist wie ein kulinarischer Kurzurlaub in Tel Aviv, Istanbul, Dubai oder Athen. Hier ein paar Nüsse probieren, am Ras el Hanout riechen oder etwas Baklava mitnehmen – dieser Einfluss hat die europäische Küche um viele Zutaten, Rezepte und Gewürze bereichert.

Klar ist auch: Die arabisch-orientalische Küche ist natürlich weit mehr als nur Streetfood, Döner und Falafel und wohl etwas, das sich als langfristige Food-Bewegung ausmachen lässt. Die Zutaten sind frische Tomaten, Auberginen, Avocados, Datteln und Granatäpfel, gepaart mit Bulgur, Couscous und Kichererbsen. Und nie darf Hummus fehlen, mit der allgegenwärtigen Sesampaste Tahini. Israelische, türkische, syrische, griechische, libanesische Restaurants – alle Tür an Tür in einer Straße, auch das ist Berlin. Es sind eben die Vielfalt und die Lust auf Abwechslung, die beim Kochen verbinden und Herzen öffnen. Die gemeinsame Leidenschaft für Kulinarik, für feine Zutaten verbindet und ist eine universelle Sprache: guten Appetit. Shahiat Jayida. Iyi Iştah. Beteavon.

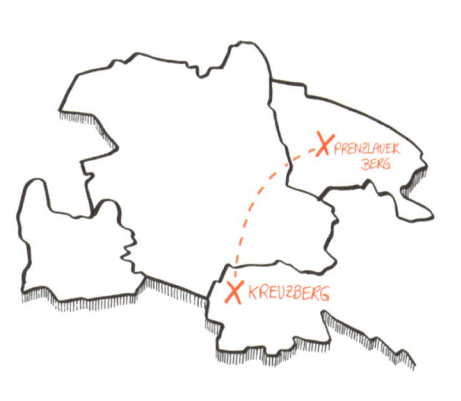

Der Stadtteil Kreuzberg mit über 150 000 Einwohnern zählt zum ehemaligen Westen. Dort lebt eine große türkische Community, was viel Einfluss auf das Essen dort hat

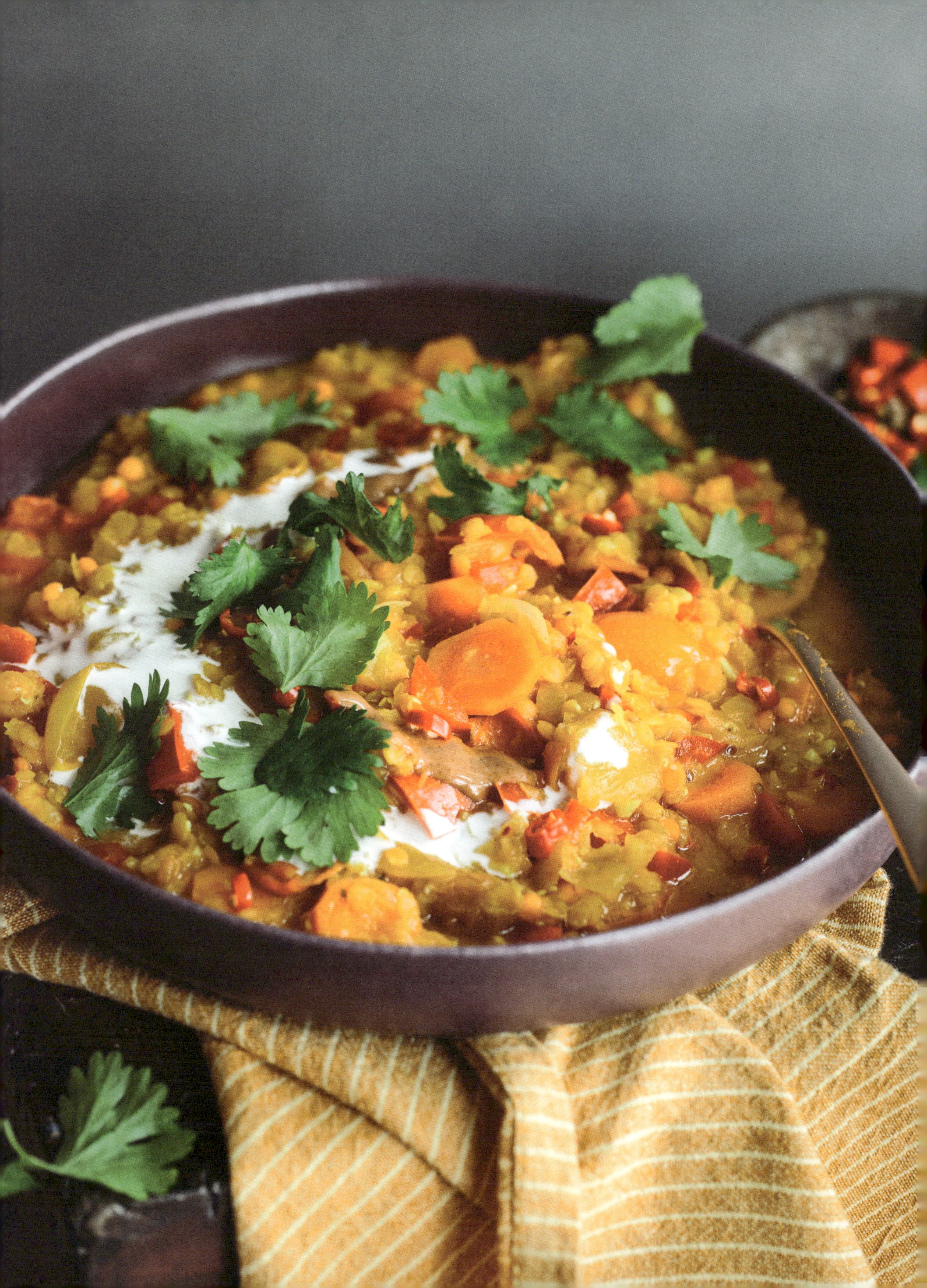

Linsensuppe aus dem **Morgenland**

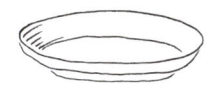

ZUTATEN FÜR 4 PERSONEN

160 g	rote Linsen
½ l	Wasser
1	Zwiebel
2	Knoblauchzehen
5 cm	frischer Ingwer
500 g	Kirschtomaten
1 EL	Kokosöl
2 TL	Ceylon-Zimt
½ TL	Kurkuma
½ TL	Koriander
¼ TL	Pfeffer
3	kleine Karotten
2	Spitzpaprika
750 ml	Gemüsebrühe
1 EL	Kokosblütenzucker (wenn du es nicht so süß magst, kannst du den Zucker auch weglassen)
½ TL	Chiliflocken
1 Spr.	Orangensaft, frisch gepresst
1 EL	Mandelmus
	Salz
	Kokosjoghurt zum Garnieren

Super simpel, easy, schnell gemacht und gesund! Dabei mit tollen orientalischen Gewürzen verfeinert und vegan.

So wird's gemacht:

Die Linsen in das Wasser geben und ca. 30 Minuten einweichen lassen.

Währenddessen Zwiebel, Knoblauch und Ingwer schälen und würfeln. Die Tomaten waschen und halbieren. Kokosöl in einem großen Topf erhitzen und die Würfel und die halbierten Tomatenstücke hineingeben. Unter Rühren alles einige Minuten anrösten.

Zimt, Kurkuma, Koriander und Pfeffer sofort dazugeben, bis alles anfängt, intensiv zu duften.

Karotten waschen und in kleine Scheiben schneiden. Die Spitzpaprika entkernen, würfeln, beides in den Topf geben. Das Ganze mit Gemüsebrühe aufgießen und 5 Minuten köcheln lassen.

Die eingeweichten Linsen in einem Sieb abspülen und in den Topf geben. Den Eintopf für 5–7 Minuten köcheln lassen.

Zum Schluss den Eintopf noch mit Kokosblütenzucker, den Chiliflocken, dem Orangensaft, dem Mandelmus und einer Prise Salz abschmecken.

Zum Garnieren eignet sich besonders Kokosjoghurt.

ZUBEREITUNGSZEIT

ca. 15 Minuten
(+15 Minuten Kochzeit
+30 Minuten Einweichzeit)

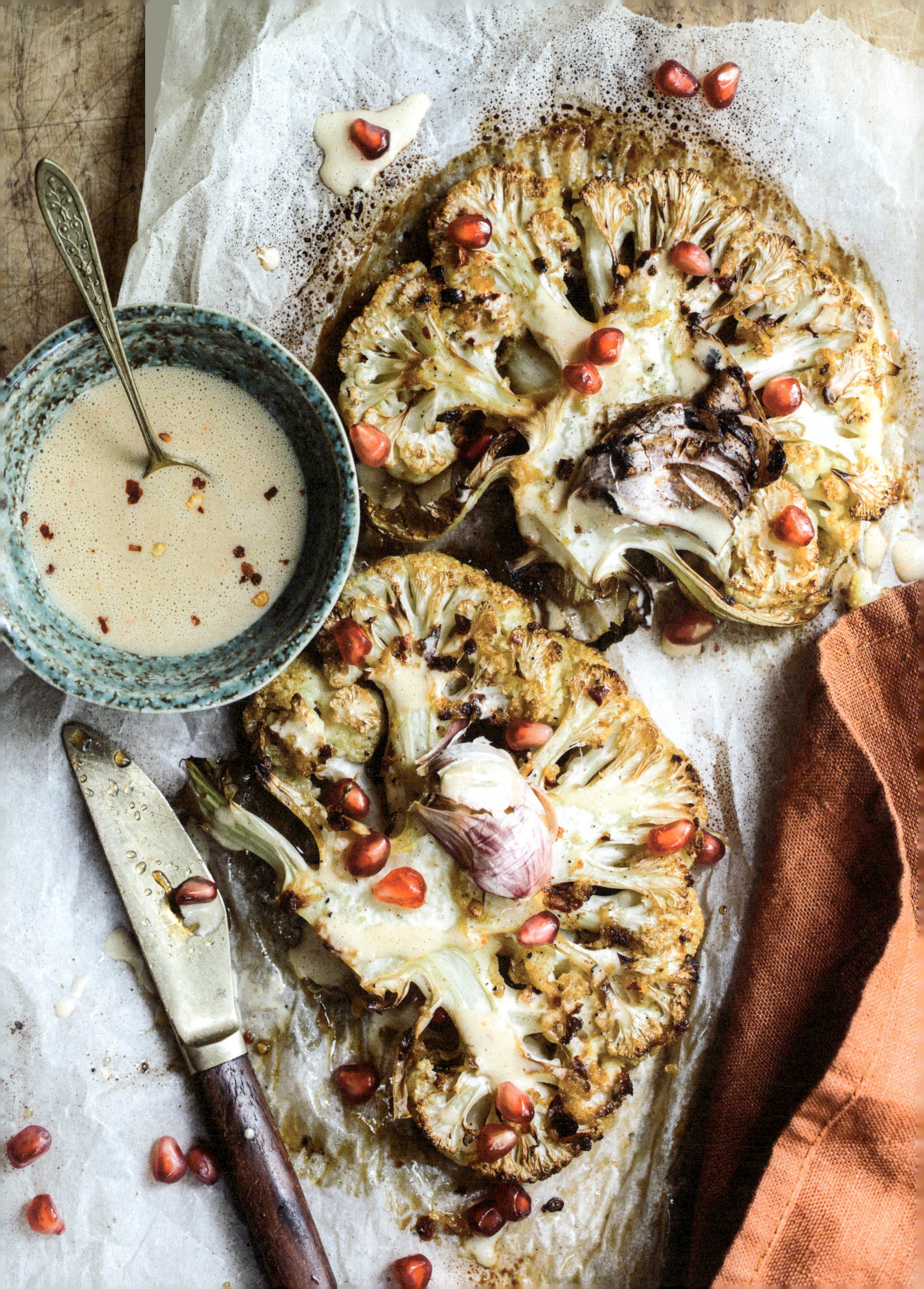

Wüstenblume mit Granatapfel

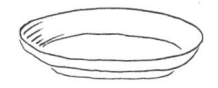

ZUTATEN FÜR 4 PERSONEN

FÜR DIE BLUMENKOHLSTEAKS

- 1 Blumenkohl, großer Kopf
- ½ TL Ingwer
- 3 EL Olivenöl
  rosa Himalaya-Salz, nach Belieben
- 1 Knoblauchzehe
  Salz
  Pfeffer
  Granatapfelkerne zum Garnieren

FÜR DAS TAHINI-ZITRONEN-DRESSING

- 1 Zitrone
- 2 EL Olivenöl
- 1 EL Tahini
- 1 EL Ahornsirup (alternativ geht auch Honig)
  Chiliflocken
- ½ Knoblauchzehe
- ¼ TL gemahlener Kreuzkümmel
- 1 EL Wasser (bei Bedarf mehr hinzufügen, um zu verdünnen)
  Salz
  Pfeffer

ZUBEREITUNGSZEIT

ca. 15 Minuten
(+ 45 Minuten Backzeit)

Wer Janina and Food schon seit einer Weile kennt, dem ist mein Klassiker „Blumenkohl à la Janina" nicht entgangen. Ich liebe die orientalischen Gewürze! Diese Variante habe ich etwas abgewandelt: von Blumenkohlröschen zu Steaks.

So wird's gemacht:

Den Backofen auf 190 °C Ober-und Unterhitze (170 °C Umluft) vorheizen und ein Backblech mit Backpapier auslegen.

Die äußeren Blätter vom Blumenkohl mit einem Messer entfernen und den Blumenkohl in Steaks schneiden. Die Menge der Steaks hängt von der Größe des Blumenkohls ab.

Die Blumenkohlsteaks auf das mit Backpapier ausgelegte Backblech legen. Ingwer reiben. Das Olivenöl mit dem frisch geriebenen Ingwer vermengen, mit Salz und Pfeffer würzen und die Blumenkohlsteaks mit dem Öl einreiben. Die Knoblauchzehe andrücken, zerteilen und ebenfalls auf die Steaks legen.

Das Backblech in den Ofen schieben und die Blumenkohlsteaks für 45 Minuten backen lassen oder bis die Steaks goldbraun und weich sind.

Zum Garnieren eignen sich besonders gut frische Granatapfelkerne.

Für das Tahini-Zitronen-Dressing
Zitrone auspressen. Alle Zutaten für das Tahini-Zitronen-Dressing in einer kleinen Schüssel verquirlen. Mit Salz und Pfeffer abschmecken und zu den Blumenkohlsteaks servieren.

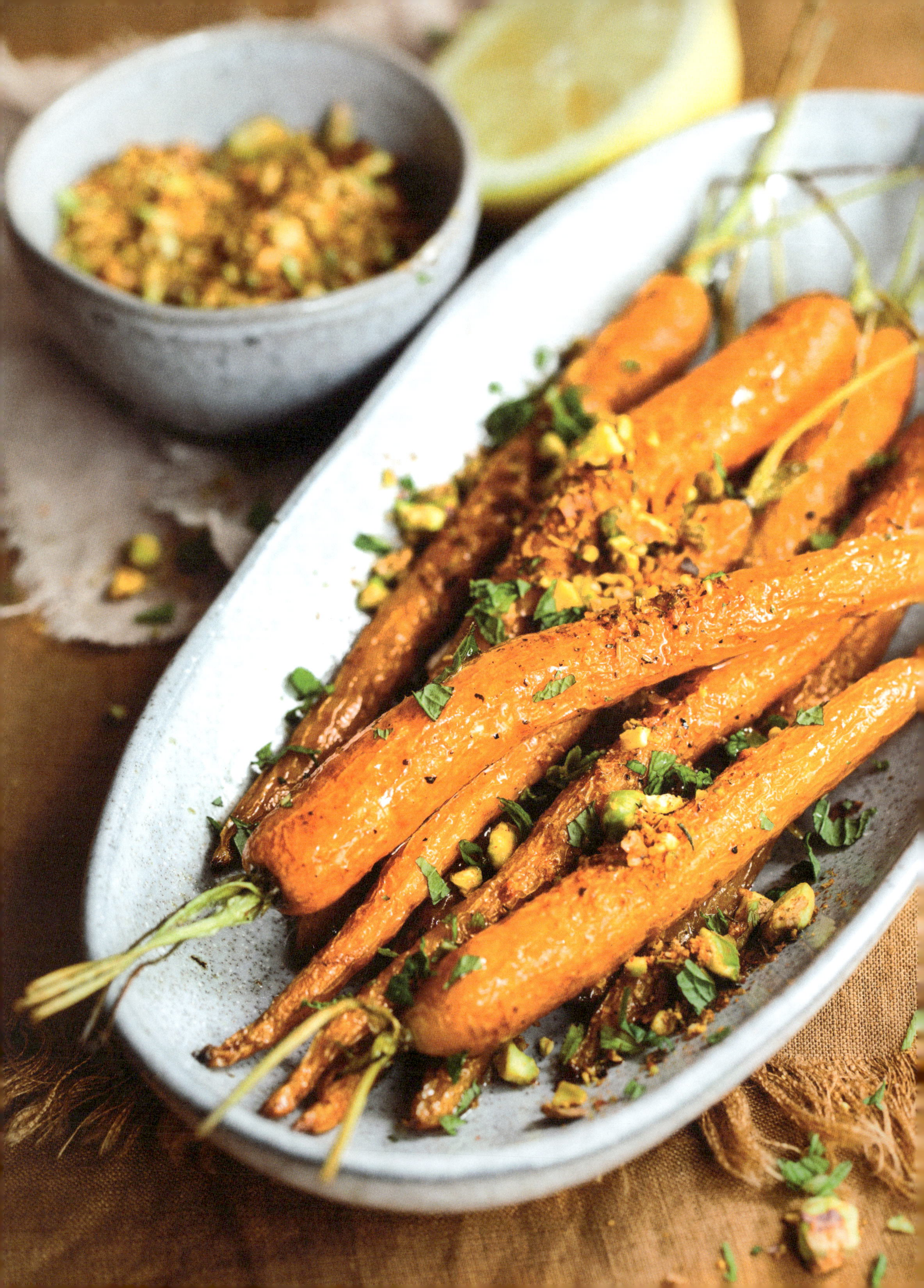

Die Wurzeln des **Orients**

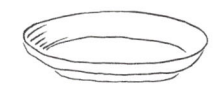

ZUTATEN FÜR 2 PERSONEN

FÜR DIE KAROTTEN

200 g	kleine Karotten
1 EL	Olivenöl
1 TL	Zitronensaft
1 TL	Bio-Zitronenabrieb
	Salz
	Pfeffer

FÜR DIE DUKKAH-GEWÜRZMISCHUNG

3 EL	geröstete Pistazien
½ TL	Oregano
½ TL	Paprika, edelsüß
½ TL	Thymian, gerebelt
½ TL	Koriandersamen oder -pulver
1 TL	Sesam, geröstet
½ TL	Pfeffer aus der Mühle
½	Bio-Zitrone, Abrieb
1 Pr.	Meersalzflocken

Möhren-Tuning! Mit der Dukkah-Gewürzmischung macht ihr aus jedem langweiligen Rezept etwas Raffiniertes.

Kleiner Tipp: Bereitet ein bisschen mehr davon zu. Denn in einem geschlossenen Glas an einem dunklen Ort hält sie sich sehr lange.

So wird's gemacht:

Den Ofen auf 180 °C Ober- und Unterhitze (160 °C Umluft) vorheizen.

Die Karotten waschen und im Ganzen in eine Auflaufform geben.

Das Olivenöl mit dem Zitronensaft und Zitronenabrieb vermengen, mit Pfeffer und Salz abschmecken und über die Karotten träufeln. Bei 180 °C Ober- und Unterhitze (160 °C Umluft) für 30 Minuten in den Ofen geben. Die fertigen Karotten mit der Dukkah-Gewürzmischung servieren.

Für die Dukkah-Gewürzmischung
Alles in den Mörser geben und gut zerstampfen. Fertig!

ZUBEREITUNGSZEIT

ca. 5 Minuten
(+ 30 Minuten Backzeit)

Wenn die Nacht zum Tag wird

Die Bars scheinen nie zu schließen, in den Clubs wird wilder gefeiert und die Locations sind schräger als im Rest der Nation – 72 Stunden am Stück ausgehen? In Berlin kein Problem

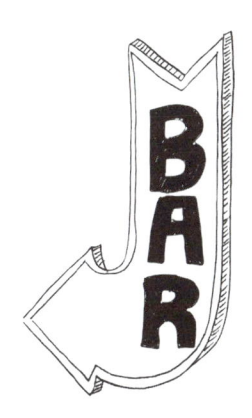

„Ich bin ein Berliner." Es sind wohl die vier berühmtesten Worte, die je ein Gast der Stadt über ebendiese gesagt hat. Und nicht erst seit der Rede von John F. Kennedy am 26. Juni 1963 denken und fühlen diesen Satz Tausende Besucher jeden Monat und dazu Millionen Einwohner der Stadt.

Berlin ist vielfältig, ein kultureller Magnet. Berlins Geschichte ist weltweit einzigartig und dadurch wird die Stadt zum Sehnsuchtsziel. Klar, Berlin muss auch manchmal ordentlich einstecken. Und trotz all dem Genöle – „In Berlin sind auch nur noch Düsseldorfer" oder „Ich könnte ohne die Berge in Bayern nicht leben" oder „Mir liegt die hanseatische Zurückhaltung eher" – pilgern sie doch alle irgendwann in die Hauptstadt: auf jeden Fall, um zu feiern. Und viele bleiben ein wenig, manche ein Leben lang. Ja, das Nachtleben kann Berlin besser als alle anderen, da ist die Stadt an der Spitze. Arm, aber sexy, Europas Party-Metropole.

Das Berghain schafft es sogar, sich bei nahezu jedem Club-Ranking unter den Top Ten der Welt zu platzieren. Das Nachtleben zählt zu den aufregendsten auf diesem Planeten. Dabei bietet die Stadt noch eine ganze Menge Geschichte, Kultur und mit Brandenburg ein ziemlich einzigartiges Umland – aber das ist beim ersten Besuch oft zweitrangig.

Es gibt ein paar Ecken, die sich hinsichtlich der Abendgestaltung besonders hervorgetan haben. Kreuzberg, klar. Kreuzberger Nächte sind lang, das wissen wir schon seit 1978, als es so von den Gebrüdern Blattschuss besungen wurde. Tendenziell sind in Friedrichshain die meisten Clubs, in Mitte, Kreuzberg, Prenzlauer Berg die Bars. Und unfassbare Restaurants sind in der ganzen Stadt verteilt – viele in Charlottenburg. Tendenziell kann man aber sagen: Der alte Westen ist und bleibt gediegener, der ehemalige Osten experimenteller und wilder.

Klar ist: In Berlin muss niemand aus Mangel an Alternativen hungern, dürsten oder sich gar langweilen. In Charlottenburg steht beispielsweise am Zoo eine ganz besondere Cocktailbar. Im 10. Stock des Bikini Berlin bietet die Monkey Bar einen unglaublichen Blick in den Zoo und die großzügige Dachterrasse ist der perfekte Ort für einen Sundowner.

Ein wenig Klugscheißerwissen: Eine Bar heißt so, weil sie eine Barriere zwischen Gast und Gastgeber darstellt. Und weil man aus der Monkey Bar direkt ins Affengehege zu unseren entfernten Verwandten schauen kann, trägt diese Bar diesen Namen. Und das Tolle: Sie ist wenige Gehminuten vom Kitchen Kartell entfernt, in dem die Janina and Food-Kochvideos gedreht, Freunde bekocht werden oder einfach nur Zeit verbracht wird – ein Ort der Zusammenkunft. Wie eine Bar.

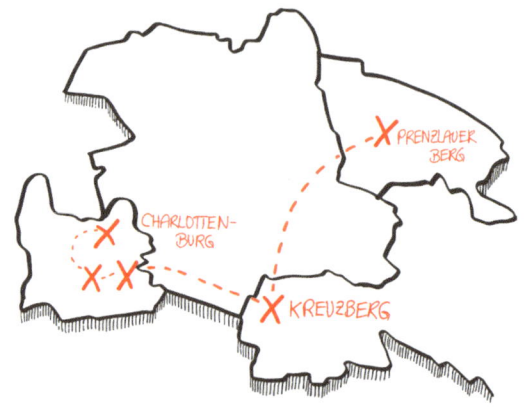

Der Stadtteil Charlottenburg ist der alte Westen und gilt nicht gerade als Party-Hochburg – hier locken eher Bars und Restaurants

Von der Monkey Bar in Charlottenburg hat man einen einzigartigen Blick in das Affengehege des Berliner Zoos. Die Dachterrasse ist im Sommer legendär und perfekt für einen Sundowner

Ich weiß nicht, wie es euch geht, aber ich liebe es, zu einem kühlen Bier oder einem Cocktail Snacks zu essen. Seien es Oliven, Nüsse, beides oder mehr! Am tollsten ist es natürlich, wenn die Snacks selbstgemacht sind...

Bini's **Monkey** Ponkey

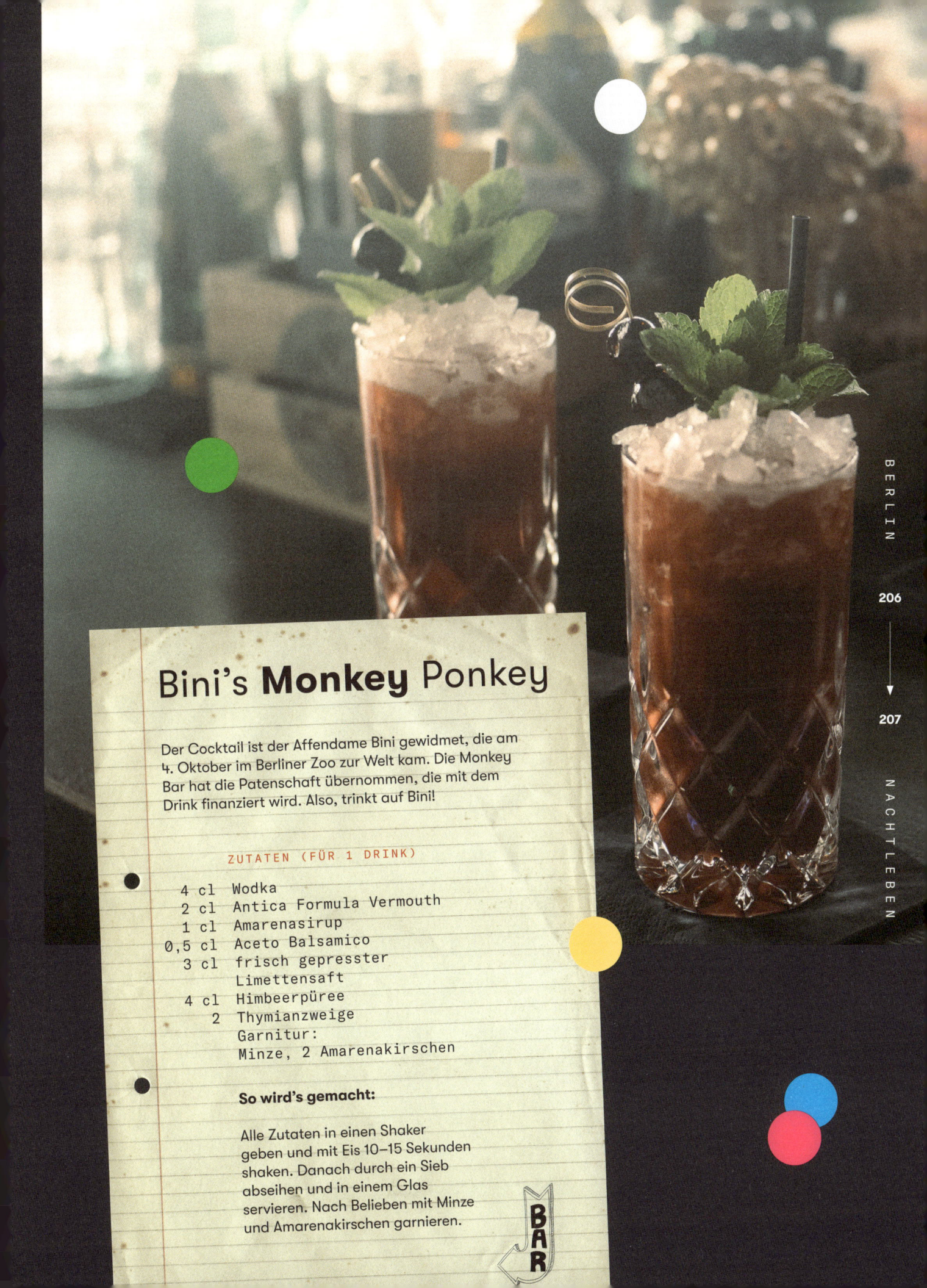

Der Cocktail ist der Affendame Bini gewidmet, die am 4. Oktober im Berliner Zoo zur Welt kam. Die Monkey Bar hat die Patenschaft übernommen, die mit dem Drink finanziert wird. Also, trinkt auf Bini!

ZUTATEN (FÜR 1 DRINK)

- 4 cl Wodka
- 2 cl Antica Formula Vermouth
- 1 cl Amarenasirup
- 0,5 cl Aceto Balsamico
- 3 cl frisch gepresster Limettensaft
- 4 cl Himbeerpüree
- 2 Thymianzweige
- Garnitur: Minze, 2 Amarenakirschen

So wird's gemacht:

Alle Zutaten in einen Shaker geben und mit Eis 10–15 Sekunden shaken. Danach durch ein Sieb abseihen und in einem Glas servieren. Nach Belieben mit Minze und Amarenakirschen garnieren.

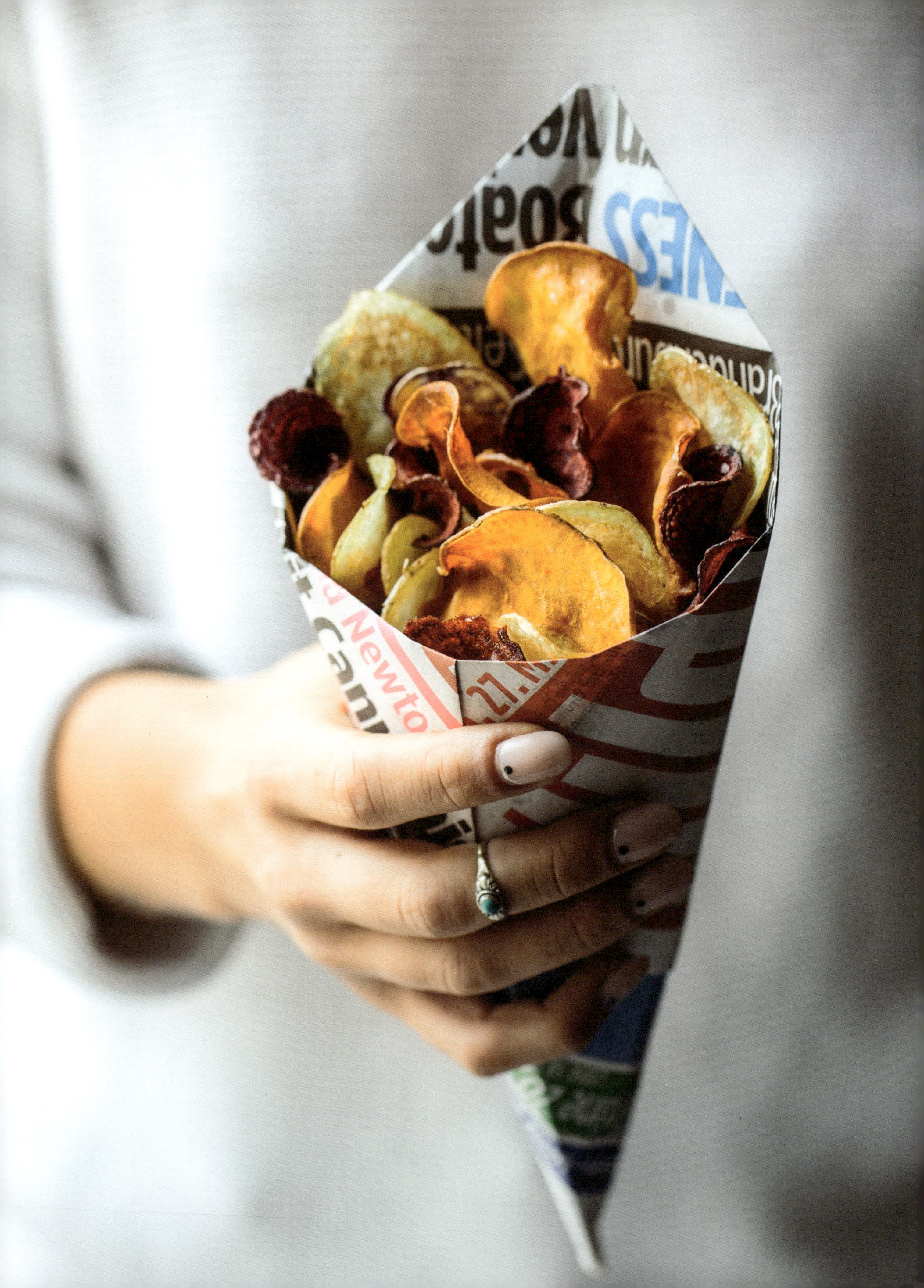

Sundowner-Gemüse-Chips

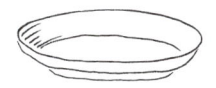

ZUTATEN FÜR 1 PERSON

(FÜR MICH IST ES EINE PORTION. WAHRSCHEINLICH REICHT ES ABER AUCH FÜR 3 PERSONEN ;))

- ½ Süßkartoffel
- 1 violette Kartoffel
- 1 Kartoffel, bevorzugt festkochend
- 1 Rote Bete, frisch
- 500 ml Sonnenblumenöl
- Meersalzflocken

Ich liebe herzhafte Snacks viel mehr als süße. Wenn ich eine Tüte Chips aufmache, überlebt die nicht lange, und wenn ich dazu noch weiß, was genau drin ist, und ich die Chips selbst gemacht habe, ist es ein noch viel schöneres Gefühl zu snacken.

So wird's gemacht:

Die Süßkartoffel, die violette und die normale Kartoffel sowie die Rote Bete gründlich waschen, mit einem Tuch gut trocken tupfen und mit dem Gemüsehobel oder der Mandoline in sehr dünne Scheiben hobeln.

In einer Pfanne oder einem Topf das Sonnenblumenöl erhitzen. Die Temperatur testen, indem man ein Holzstäbchen oder einen Holzkochlöffel in das Öl hält. Bilden sich Bläschen um das Holz, dann ist das Öl heiß und die Temperatur richtig. Das Öl ist sehr heiß, Vorsicht!

Die Kartoffelscheibchen portionsweise in dem Öl frittieren. Jeweils mit einem Schaumlöffel herausnehmen und auf Küchenpapier abtropfen lassen, das Öl wieder erhitzen und die nächste Portion hineingeben.

Die noch heißen Chips mit Meersalzflocken bestreuen, portionieren und auf der Couch genießen.

ZUBEREITUNGSZEIT

ca. 5 Minuten
(+ 30 Minuten Frittierzeit)

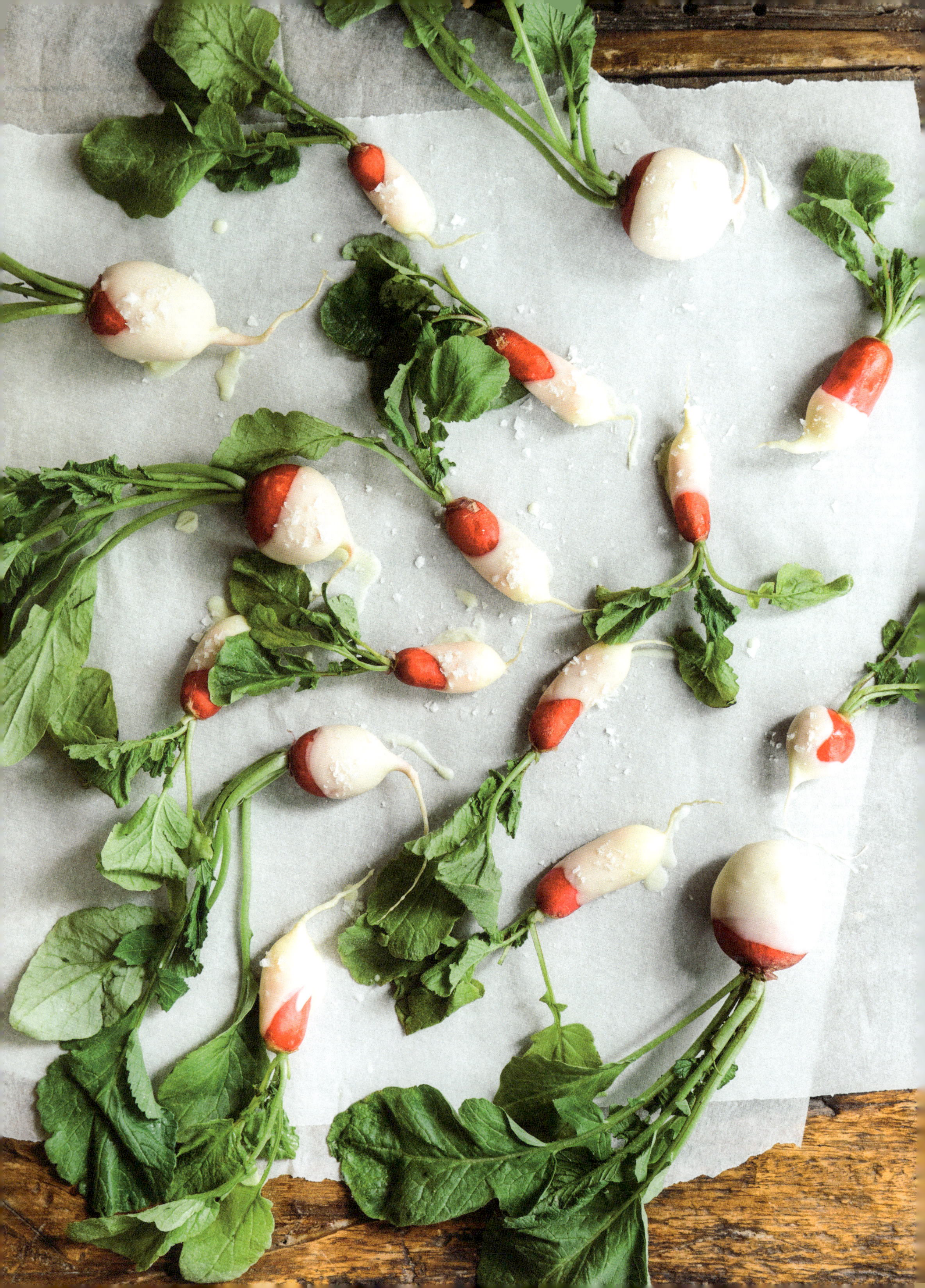

Hangover-Radieschen

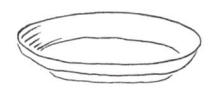

ZUTATEN FÜR 2 PERSONEN

1 Bund	Radieschen
125 g	Butter, ungesalzen
	Meersalzflocken

Bei meinem letzten New-York-Aufenthalt gab es diese in einer ziemlich angesagten Bar. Gleich nachgemacht. Absolut köstlich und etwas Ausgefallenes, wenn man seine Gäste überraschen möchte.

So wird's gemacht:

Die Radieschen gründlich mit kaltem Wasser abspülen und putzen. Den Schmutz, Sand, einiges Grün und Wurzeln dabei sorgfältig entfernen. Die Radieschen trocknen und bis zum Eintauchen im Kühlschrank aufbewahren, so haftet die Butter später besser an den Radieschen.

In einer kleinen Schüssel die Butter nur ganz leicht anschmelzen lassen (ca. 25–30 Sekunden) und mit einer Gabel oder einem Schneebesen verquirlen, bis die Konsistenz dick und glatt und die Farbe der Butter blass ist.

Ein Backblech mit Backpapier auslegen, die Radieschen aus dem Kühlschrank holen und in die lauwarme Butter tunken. Auf Backpapier auslegen und die Meersalzflocken sofort auf die Radieschen streuen, damit sie haften bleiben.

Bis zum Verzehr das Blech in den Kühlschrank stellen. Sobald die Gäste da sind, aus dem Kühlschrank nehmen und ab in den Mund damit!

ZUBEREITUNGSZEIT

ca. 10 Minuten
(+ 15 Minuten Kühlzeit)

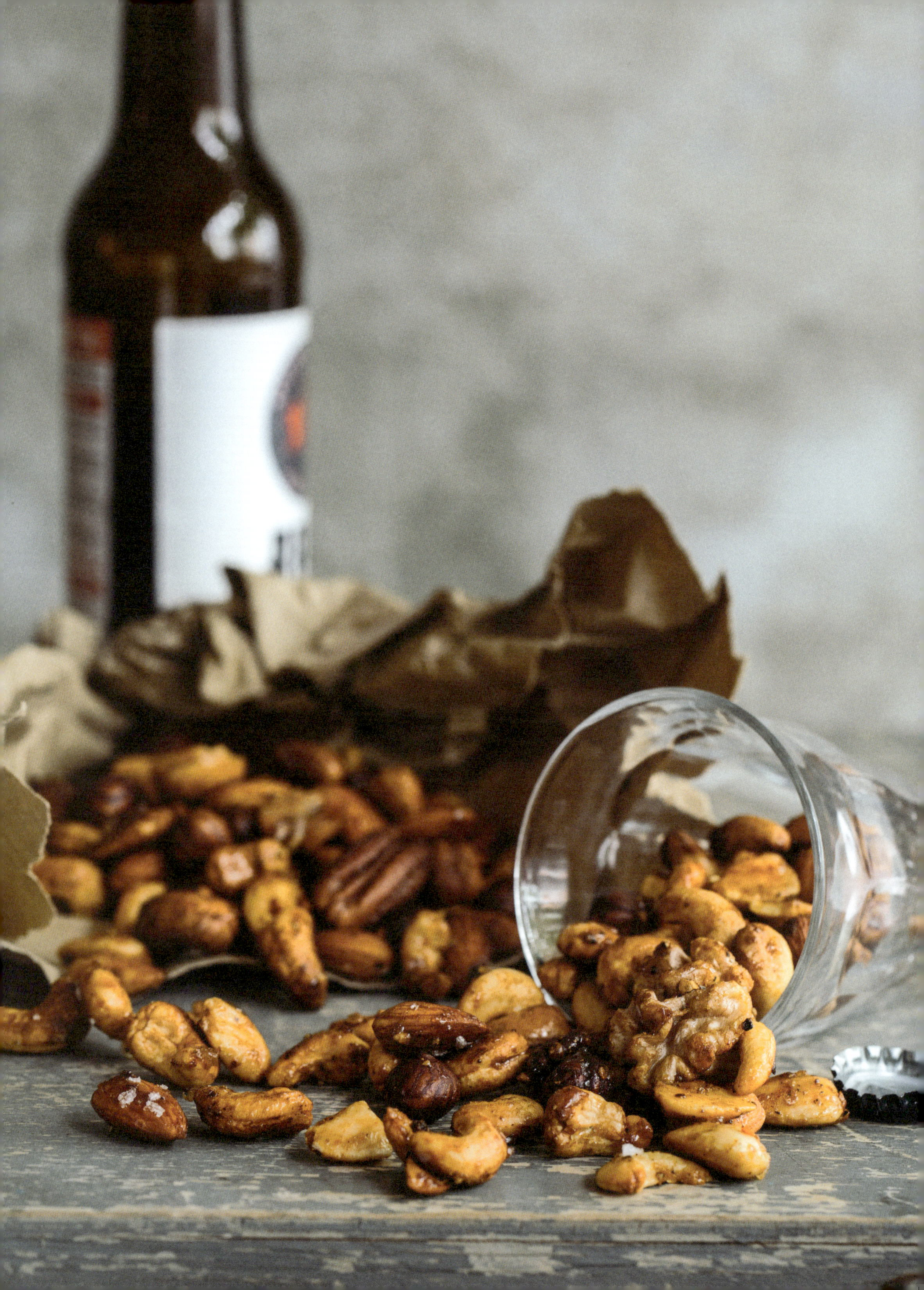

Geröstete **Bier**-Bar-Nüsse

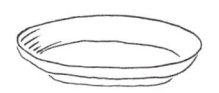

ZUTATEN FÜR 4 PERSONEN

200 g	Nussmix
100 g	Cashewkerne
40 ml	Mirin*
1 EL	Honig
½ EL	Olivenöl
	Chiliflocken, nach Belieben
½ TL	Kreuzkümmel, gemahlen
½ TL	Ras el Hanout, gemahlen
¾ TL	Ingwer, gemahlen
1½ TL	Bio-Orangenabrieb
½ TL	Meersalzflocken
	Pfeffer

ZUBEREITUNGSZEIT

ca. 5 Minuten
(+ 12–15 Minuten Backzeit)

Man neigt so schnell dazu, sich fertige Nussmischungen zu kaufen – was natürlich auch lecker ist. Wenn man aber seine Gäste überraschen möchte, ist das eine viel coolere Alternative und vor allem so einfach selbst zu machen.

So wird's gemacht:

Den Ofen auf 180 °C Ober- und Unterhitze (160 °C Umluft) vorheizen.

Ein Backblech mit Backpapier auslegen und beiseitestellen. In einer mittelgroßen Schüssel den Nussmix und die Cashewkerne mit Mirin, Honig und Olivenöl mischen, bis sie gleichmäßig überzogen sind, und ebenfalls beiseitestellen.

In einer kleinen Schüssel Chiliflocken, Kreuzkümmel, Ras el Hanout, Ingwer, den Orangenabrieb, Salz und Pfeffer mischen. Die Mischung über die Nüsse streuen und umrühren, bis sie gleichmäßig beschichtet sind, und auf dem mit Backpapier ausgelegten Backblech verteilen. Die Nüsse sollten nicht aneinanderkleben.

Das Backblech in den vorgeheizten Ofen geben und die Nüsse ca. 12–15 Minuten backen, bis sie goldgelb sind. Sofort aus dem Ofen nehmen, sobald sie die gewünschte Bräune erreicht haben, und abkühlen lassen.

Nach Bedarf können auf die noch heißen Nüsse nochmals Meersalzflocken gestreut werden.

*Mirin: süßer japanischer Reiswein

Tisch.
Feuer.
Werk.

Alles Nötige fürs Fest besorge ich am Vortag, für die Deko ist am Morgen noch Zeit. Aber: Ein individuell gedeckter Tisch ist nicht weniger wichtig als die Zutaten und Gerichte

Ich bin ein Blumenmädchen. Die größte Freude kann man mir mit einem liebevoll gebundenen Strauß machen. Und am schönsten finde ich es, wenn die Blumen aussehen, als seien sie etwas ungleichmäßig, fast zufällig zusammengesteckt und frisch von der Wiese. Daher sind Bumen bei meiner Tischdekoration immer ein Muss – nicht viel, eher gut akzentuiert. Ein liebevoll gedeckter Tisch ist das Tor zur

BERLIN

214

215

TISCH DECKEN

FAMILY STYLE
Alles auf einen Tisch. So wie es damals bei Mama und Oma war, so ist es bis heute geblieben – und das ist auch gut so. Prall gefüllte Töpfe, Pfannen und große Schalen direkt auf dem Tisch strahlen was Heimeliges und Gemütliches aus und man kann sich jederzeit einen Nachschlag holen. So entsteht pure Interaktion. Family Style eignet sich wunderbar, wenn die Gäste sich untereinander noch nicht so gut kennen

ESS-DEKO
Für mich gehören frische Blumen auf eine perfekte Tafel. Solltet ihr euch mal spontan entschieden haben, eure Liebsten zum Essen einzuladen, und ihr bekommt aufgrund der Kurzfristigkeit keine Blumen, habe ich einen kleinen Tipp. Schnappt euch eure Kräutertöpfe, Zitronen oder anderes ansprechendes, essbares Zeug und nutzt es als Deko. Dann kann jeder nach Belieben zupfen, schnippeln und würzen

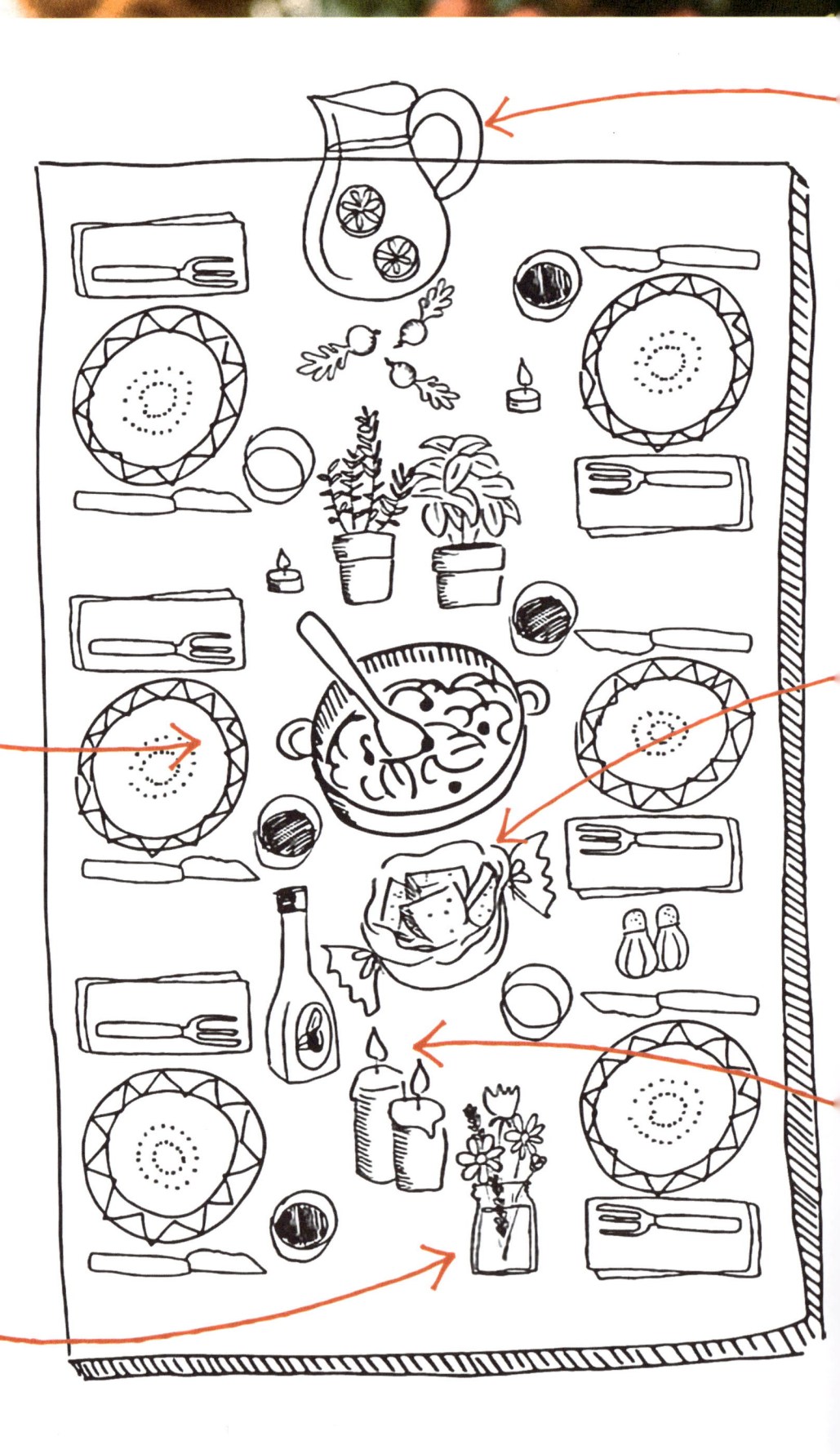

KARAFFE
Selbst fusioniertes Wasser macht optisch auf einem gedeckten Tisch viel her und schmeckt irre gut. Dazu eignen sich die meisten Obstsorten, Kräuter oder auch Gemüse. Hier nur einige von unzähligen Möglichkeiten, wie ihr euer schnödes Wasser pimpen könnt: Gurke, Ingwer, Melone, Erdbeeren, Salbei, Thymian, Zitrusfrüchte, Trauben …

BROTKORB
Kein Brotkorb zu Hause oder ihr findet ihn zu spießig? Dann bastelt euch doch eine lässige Alternative. Ich nehme dafür immer ein circa 30 cm langes Stück Backpapier und binde es an beiden Enden mit Paketband oder einer schönen Kordel zusammen, sodass ein wie ein Schiffchen anmutendes Behältnis entsteht. Das fülle ich dann mit Brot – und fertig

OFFENES FEUER
Kerzen gehören für mich immer auf den Tisch. Viele große, auch bunte Stumpenkerzen, die ich, bevor die Gäste kommen, etwas brennen lasse, da ich sie ladenneu nicht so schön finde

Ein kleiner Blick in meine Trickkiste: Mit einem weißen Permanentmarker beschrifte ich Blätter mit den jeweiligen Namen der Gäste. Viel lässiger als Platzkarten

Küche und spiegelt die Idee des Kochs wider. Dabei gibt es meiner Meinung nach kein Richtig oder Falsch. Es sind eher die Fragen: Was möchte ich an diesem Abend ausdrücken? Welche Bühne möchte ich bespielen? Eine Tischdeko muss ja auch nicht starr sein und kann sich dem Abend anpassen. Jeder hat da sicher ein paar eigene All-time-favorites. Meine findet ihr auf der linken Seite. Damit hab ich bisher immer gut gelegen, egal, was ich serviert habe.

Cooking

Gemeinsam kochen, gemeinsam genießen – das ist für mich die Essenz des guten Lebens. Daher liebe ich es, alle Freunde an einen Tisch zu bringen. Mit dem Janina and Food-Küchenstudio in Berlin habe ich einen Ort geschaffen, an dem ich alle meine Foodies am Herd und an einer langen Tafel vereinen kann. Essen fassen. Fertig. Los!

with friends

BERLIN
218
219
GEMEINSCHAFT

Wiedererkannt? In den Räumlichkeiten im Stadtteil Charlottenburg werden die Janina and Food-Kochvideos gedreht. Wir haben den Ort Kitchen Kartell genannt, weil hier viel Gutes zusammenkommt

BERLIN

220
↓
221

GEMEINSCHAFT

Im Innenhof des Kitchen Kartells steht eine alte Ledercouch im Schatten. Hier zu sitzen, mit Herzensmenschen, einem Stück selbst gebackenem Kuchen und einem Becher Kaffee, das macht echt glücklich – und Vierbeiner sind natürlich auch willkommen

Wenn ich so recht überlege, muss ich zugeben: Die Schauspielerei zog mich nach Berlin. Oder besser: für sie bin ich dort hingezogen. Die Hauptstadt war keine Stecknadel auf der Karte meiner Wunschorte. Aber manchmal legt eben das Leben die Ziele und Etappen fest. Es ist gefühlt eine Ewigkeit her. Im Jahr 2007 übernahm ich also bei GZSZ die Rolle der Jasmin und brach von der norddeutschen Küste auf an die Spree. Mit einem kleinen Koffer und vielen Träumen im Gepäck. Warum ich euch das erzähle? Weil es mein Leben, meine Freundschaften und meine Sehnsüchte lebensverändernd geprägt hat.

Bis heute sind mir viele der Menschen geblieben, mit denen ich so viel Zeit beim Drehen in Babelsberg bei Potsdam verbracht habe. Einen Job in einer solchen Intensität über

Sentas Paleo-Kuchen

ZUTATEN FÜR 8-10 STÜCK
(26ER-SPRINGFORM)

- 2-3 Äpfel
- 4 Eier, Größe M
- 1 Pr. Salz
- 200 g Mandeln, gemahlen
- 2 EL Butter (oder Ghee)
- 200 ml Ahornsirup
- 1 TL Vanilleschote (oder ½ TL Vanillepaste)
- 1 TL Weinsteinbackpulver
- 50 g Mandeln, gehackt
- 1 EL Honig

FÜR DAS EIS
- 2-3 sehr reife Bananen, gefroren
- 3 EL Ahornsirup

ZUBEREITUNGSZEIT
ca. 10 Minuten
(+40 Minuten Backzeit)

So wird's gemacht:

Den Ofen auf 190 °C Ober- und Unterhitze (170 °C Umluft) vorheizen. Die Äpfel schälen und in Scheiben schneiden. Eier trennen, Eiweiß mit einer Prise Salz in einer Schüssel mit einem Handrührgerät auf mittlerer Stufe ca. 1 Minute leicht schaumig schlagen, dann auf höchster Stufe zu steifem Schnee schlagen. Die gemahlenen Mandeln, die Butter (oder Ghee), Ahornsirup, Vanille und das Backpulver zum Eigelb geben und das Eiweiß unter die Eigelbmasse heben. Die Springform mit Backpapier auslegen und den Teig einfüllen. Die Apfelscheiben auf dem Kuchen auslegen und in den Ofen geben.

Währenddessen die gehackten Mandeln und den Honig mischen. Nach 10 Minuten den Kuchen aus dem Ofen nehmen, die Mandel-Honig-Mischung auf den Kuchen geben und für weitere 40 Minuten backen.

Die gefrorenen Bananen und den Ahornsirup mit einem Stabmixer pürieren und zu dem noch warmen Mandelapfelkuchen servieren.

Ullas Ofenkürbis

ZUTATEN FÜR 4 PERSONEN

FÜR DEN KÜRBIS
- 1 Butternut-Kürbis
- 2 EL Olivenöl
- 1 EL Sesamsamen
- Salz, Pfeffer

FÜR DAS ZHOUG
- 1 TL Kümmel
- 3 lange grüne Chilischoten
- 3 Knoblauchzehen
- ¾ TL Kardamom, gemahlen
- ¼ TL Nelken, gemahlen
- 1 Bund Korianderblätter
- 60 ml Olivenöl
- 1½ TL Zitronensaft, frisch

ZUBEREITUNGSZEIT
ca. 15 Minuten (+40 Minuten Backzeit)

So wird's gemacht:
Den Backofen auf 180 °C Ober- und Unterhitze (160 °C Umluft) vorheizen.

Den Kürbis waschen, halbieren, entkernen und in Scheiben schneiden. Auf dem mit Backpapier ausgelegten Backblech verteilen. Die Kürbisscheiben mit Öl beträufeln und mit Salz und Pfeffer würzen. Alles für 40 Minuten in den Ofen geben. Die Scheiben einmal wenden, damit sie von beiden Seiten goldbraun sind. In der Zwischenzeit den Kümmel in einer beschichteten Pfanne leicht anrösten.

Die Chilischoten und den Knoblauch grob zerkleinern und mit dem gerösteten Kümmel, Kardamom und Nelken im Mörser zerdrücken. Die Korianderblätter grob zerkleinern. Die Hälfte des Öls in den Mörser geben, Korianderblätter hinzufügen und alles erneut zerstoßen. Den Zitronensaft und das restliche Öl langsam unter Rühren zu der entstandenen Paste hinzufügen. Den Sesam kurz in einer fettfreien Pfanne anrösten. Die Kürbisscheiben mit dem Zhoug servieren und mit Sesam bestreuen.

so viele Jahre zu machen, schweißt für drei Leben zusammen.
Und ich kann euch sagen: Nacht- und Außendrehs, noch vor dem Sonnenaufgang in der Maske sitzen und unzählige Textseiten auswendig lernen … Kochen war und ist für mich so etwas wie ein perfekter Ausgleich, es schafft die Balance. Eine Leidenschaft, bei der ich total gut abschalten kann. Die Schauspielerei und das Kochen sind eben zwei große Passionen, die sich wunderbar ergänzen. Was dem einen sein Fitness-Center, ist für mich meine Küche.

Und darüber hinaus bekam ich irgendwann Lust, meine Rezepte und Entdeckungen, die ich auf Reisen oder bei Freunden gemacht hatte, mit euch zu teilen. So startete ich mit Janina and Food, meinem eigenen Koch-Channel auf Facebook. Und: Schon immer

Iris' Kartoffelsuppe

ZUTATEN FÜR 6–8 PERSONEN

400 g	Kassler mit Knochen
200 g	Speckschwarte
1 kg	Kartoffeln
2 Bund	Suppengrün
4	kleine Zwiebeln
2–3 EL	Gemüsebrühe
2	Knackwürste
5	Lorbeerblätter
1–2 TL	Rauchsalz
1 EL	Kräuter der Provence
1 EL	Majoran
1 EL	Thymian
1–2 TL	Liebstöckel
1–2 TL	Kerbel

ZUBEREITUNGSZEIT
ca. 30 Minuten (+50 Minuten Kochzeit)

So wird's gemacht:
Kasslerknochen und Speckschwarte ½ Stunde in einem sehr großen, zur Hälfte mit Wasser gefüllten Topf auskochen. Danach rausnehmen.

Kartoffeln schälen und würfeln, Suppengrün putzen, Zwiebeln würfeln, Kasslerfleisch klein schneiden. Mit Gemüsebrühe und Lorbeerblättern in den Sud geben und alles zusammen mit den Knackwürsten für ca. 20 Minuten köcheln lassen.

Alles mit einem Kartoffelstampfer behutsam stampfen, sodass die Suppe noch leicht stückig ist. Die Lorbeerblätter aus der Suppe nehmen. Mit Rauchsalz, Kräutern der Provence, Majoran, Thymian, Liebstöckel und Kerbel nach und nach abschmecken und heiß genießen.

Die Suppe schmeckt am zweiten Tag noch besser!

lade ich fleißig Freunde ein, um die vielen neuen Dinge auszuprobieren, mich inspirieren zu lassen und dazuzulernen. Bis heute hat sich vieles geändert, vieles ist aber auch gleich geblieben. Der Schauspielerei bin ich natürlich treu, doch verstärkt vom Fernsehen auf die Kinoleinwand gewandert. Und Janina and Food ist nun ebenfalls gewandert – in ein eigenes Studio: das Kitchen Kartell.

Es ist ein Ort, an dem man sich wohlfühlt, ein zweites Zuhause mit einem langen Tisch, einer großen Küche und einem Küchenblock, an dem ich eine ganze Fußballmannschaft inklusive Ersatzbank bekochen kann. Es ist ein Traum. So oft es geht, lade ich meine Herzensmenschen hierhin ein – auch weil meine Küche zu Hause ziemlich mickrig ist. Und da wir alle viel um die Ohren haben, weiß ich diese wertvollen Abende sehr zu schätzen. Es sind die Stunden ohne die schnelle Welt da draußen, die doch manchmal so viel Aufmerksamkeit braucht.

Ich kenne diese Momente der Gemeinsamkeit auch von zu Hause.

Evas Soba-Nudeln mit Lachsspießen

ZUTATEN FÜR 2 PERSONEN

FÜR DIE SPIESSE
- ½ Bio-Limette
- 1 Knoblauchzehe
- 1 TL Ingwer
- 2 EL Teriyaki-Soße
- 1 TL Sesamöl
- 1 TL Mirin
- 1 Lachsfilet
- 100 g Garnelen
- 2 Holzspieße (oder Edelstahlspieße)

FÜR DIE SOBA-NUDELN
- 1 Zucchini
- 100 g Soba-Nudeln
- ½ Bio-Limette
- 2 TL Sesamöl
- 1 TL Teriyaki-Soße
- ½ TL Chiliflocken
- 1 EL Sesam
- ½ Bund Koriander
- 1 Frühlingszwiebel

ZUBEREITUNGSZEIT
ca. 10 Minuten (+20 Minuten Backzeit)

So wird's gemacht:
Limette auspressen, Schale in Zesten abschälen, Knoblauch fein hacken, Ingwer reiben. Alles mit Teriyaki-Soße, Sesamöl und Mirin in einer Schüssel mischen. Den Lachs und die Garnelen darin marinieren und mindestens eine Stunde im Kühlschrank ruhen lassen. Die Zucchini mit einem Spiralschneider in lange, dünne Streifen schneiden. Soba-Nudeln in kochendem Wasser ca. 4 Minuten bissfest garen. Den Lachs und die Garnelen auf Spieße stecken und in einer Pfanne oder unter dem Grill braten.

Nach ca. 6 Minuten die Spieße aus der Pfanne nehmen und warm stellen.

Die Soba-Nudeln und die Zucchinistreifen in der gleichen Pfanne mit dem Saft der halben Limette, Sesamöl, Teriyaki-Soße und Chiliflocken kurz erhitzen. Den Sesam in einer Pfanne anrösten und beiseitestellen. Die Nudeln mit den Spießen anrichten, Koriander hacken, Frühlingszwiebeln hacken, beides über das Gericht geben, zum Schluss mit Sesam bestreuen.

BERLIN

226

227

GEMEINSCHAFT

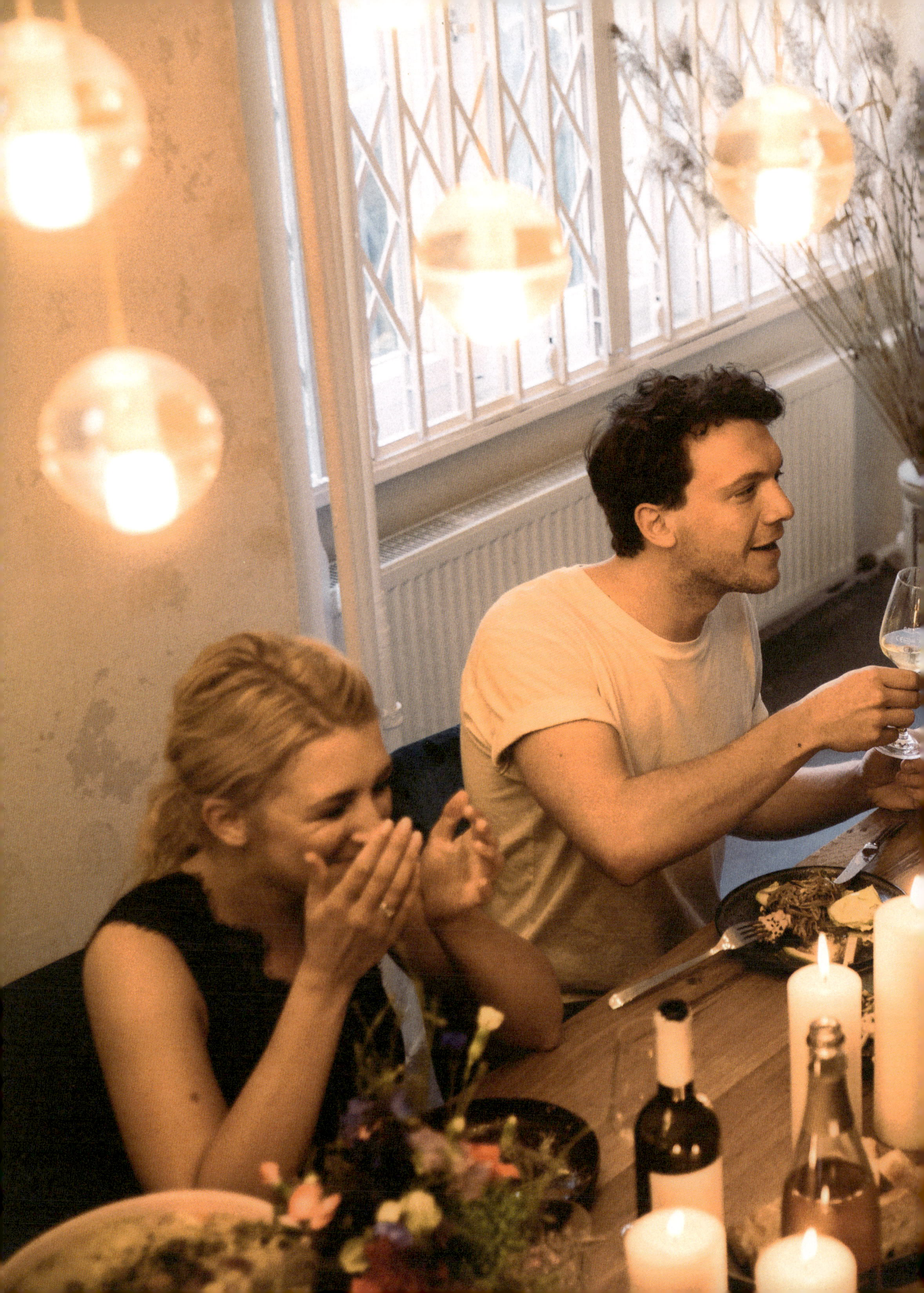

Die lange Tafel im Kitchen Kartell ist ein Ort, der schon viele gute Stunden gesehen hat. Unter der Bocci-Lampe sitzen wir oft bis tief in die Nacht und quatschen, trinken guten Wein und essen, was die Küche hergibt

Bei den Schaustellern ist es normal, dass man beisammensitzt und isst. Man spricht übers Geschäft, übers Leben und das, was einen gerade so beschäftigt.

Wenn wir uns treffen, sind alle am Herd willkommen – Kochen ist für mich definitiv ein Gemeinschaftsakt. Man kann quatschen und Quatsch machen – herrlich. Die Küche ist immer Kommunikationstreffpunkt Nummer eins. Auch bei fast jeder Privatparty stehen sich die Gäste lieber in der Küche gegenseitig auf den Füßen, als im leeren Wohnzimmer auf der Couch zu sitzen. Die Nähe zum Kühlschrank scheint Sicherheit und Wohlgefühl zu schaffen. Daher muss ich auch sagen: Mir sind Menschen, denen Essen egal und Genuss fremd ist, etwas suspekt. Meine Herzensmenschen sind alle leidenschaftliche Esser. Gott sei Dank!

Was mich am Kochen wirklich immer wieder so fasziniert: Man erschafft etwas. Nein, nicht gottgleich, das meine ich nicht. Sondern aus vielen Einzelteilen erschafft man mit den Händen und dem Verstand etwas ganz Eigenes, Vergängliches, aber – wenn man es denn aufschreibt – Reproduzierbares. Es ist ein wenig wie das Leben. Nicht die großen Brocken machen es dauerhaft schmackhaft, sondern die feinen Nuancen zur richtigen Zeit, das Zusammenspiel der Zutaten und die richtige Temperatur. Also, ladet eure Freunde ein, probiert am Herd etwas aus, improvisiert und genießt die gemeinsame Zeit!

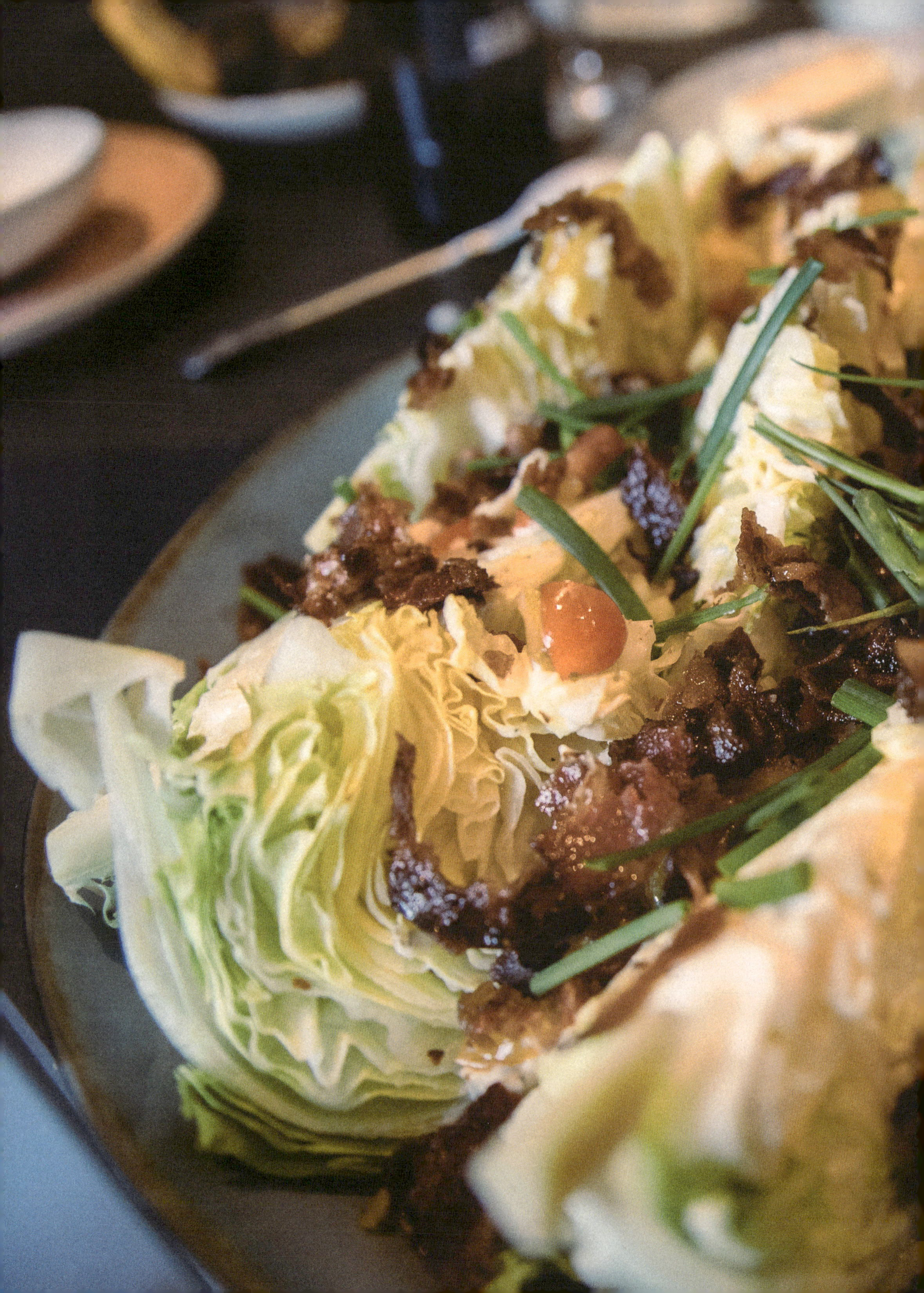

Friends Wedge-Salat

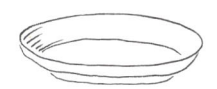

ZUTATEN FÜR 4 PERSONEN

FÜR DAS BLAUSCHIMMELKÄSE-DRESSING

200 g	Blauschimmelkäse
70 g	Mayonnaise
300 ml	Buttermilch
115 g	saure Sahne
3 EL	Weißwein-Essig
½	Knoblauchzehe, gerieben
2 EL	Honig
2 EL	Olivenöl
	Salz
	Pfeffer

FÜR DEN SALAT

1–2	Köpfe Eisbergsalat
80 g	Bacon, in Streifen
1	Zwiebel
50 g	Blauschimmelkäse
½ Bund	Schnittlauch
150 g	Kirschtomaten

ZUBEREITUNGSZEIT

ca. 15 Minuten
(+ 15 Minuten Backzeit)

IMMER wenn ich in Amerika bei Whole Foods bin, nehme ich mir diesen Salat aus der Frischetheke mit. So genial, so lecker und sooo einfach selbst gemacht!

So wird's gemacht:

Alle Zutaten für das Dressing mit einem Stabmixer oder Mixer glatt pürieren und mit Salz und Pfeffer kräftig würzen.

Den Salatkopf waschen und gegebenenfalls die verwelkten braunen Blätter entfernen.
Den unteren Kern vom Salatkopf abschneiden und den Salatkopf vierteln. Jedes Viertel sanft zwischen den Schichten auswaschen und abtupfen.

Die Bacon-Streifen bei 190 °C Ober- und Unterhitze (170 °C Umluft) für 15 Minuten in den Ofen geben und knusprig backen.

Jedes Salatviertel mit der Innenseite nach oben auf einen Teller legen und etwas von dem Blauschimmelkäse-Dressing darübergießen.

Den Bacon aus dem Ofen nehmen und über den Salat bröseln. Zwiebel würfeln, Blauschimmelkäse zerbröseln, Schnittlauch in feine Röllchen schneiden; alles ebenfalls drübergeben. Kirschtomaten waschen, halbieren und ringsum auf dem Teller anrichten. Den Salat mit Pfeffer aus der Mühle abschmecken. Sofort servieren.

Topping-Ideen für Wedge-Salat-Variationen
- hart gekochte Eier
- gebratene Baby-Garnelen
- Avocadowürfel
- geröstete Brotkrümel
- Kräuter- oder Knoblauch-Croûtons
- gewürfelte rote Paprika

Quetschkartoffeln – die **Absoluten Giganten**

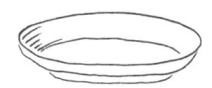

ZUTATEN FÜR 2 PERSONEN

FÜR DIE KARTOFFELN

- 800 g La-Ratte-Kartoffeln o.Ä.
- 1½ EL Olivenöl
- ½ TL Meersalzflocken
- ½ TL Pfeffer aus der Mühle
- 3 EL Parmesan, gerieben, optional
- Salz

FÜR DAS PESTO

- 2 Knoblauchzehen
- 1 Bund frisches Basilikum
- 3 EL Pinienkerne oder Walnüsse
- 2 EL Zitronensaft, frisch gepresst
- 2 EL Abrieb einer Bio-Zitrone
- 2–3 EL Olivenöl
- Meersalzflocken
- schwarzer Pfeffer

ZUBEREITUNGSZEIT

ca. 10 Minuten
(+ 40 Minuten Backzeit)

Eine grandiose Alternative zu Salz-, Back- oder Pellkartoffeln. Diese Zutaten habe ich immer im Haus, falls überraschend Gäste kommen.

So wird's gemacht:

Den Ofen auf 180 °C Ober- und Unterhitze (160 °C Umluft) vorheizen.

Die gewaschenen Kartoffeln in einem großen Topf mit Wasser bedecken und leicht salzen. Die Kartoffeln für 10 Minuten vorkochen. Sie sollten noch bissfest sein. Die Kartoffeln abgießen.

Die Kartoffeln mit dem Handrücken andrücken und auf ein Backblech geben. Mit dem Olivenöl beträufeln und Meersalz und Pfeffer bestreuen.

Das Backblech für 40 Minuten bei 180 °C Ober- und Unterhitze (160 °C Umluft) in den Backofen schieben.

In der Zwischenzeit kann das Pesto zubereitet werden. Knoblauchzehen hacken, mit allen weiteren Zutaten in einen Blitzhacker geben und mixen. Nach Belieben mit Salz und Pfeffer abschmecken.

Die Kartoffeln nach 40 Minuten oder nachdem der persönlich bevorzugte Bräunungsgrad erreicht ist, aus dem Backofen nehmen und optional am Ende den Parmesan über die noch warmen ofenfrischen Kartoffeln hobeln. Das Pesto zu den fertig gebackenen Kartoffeln servieren.

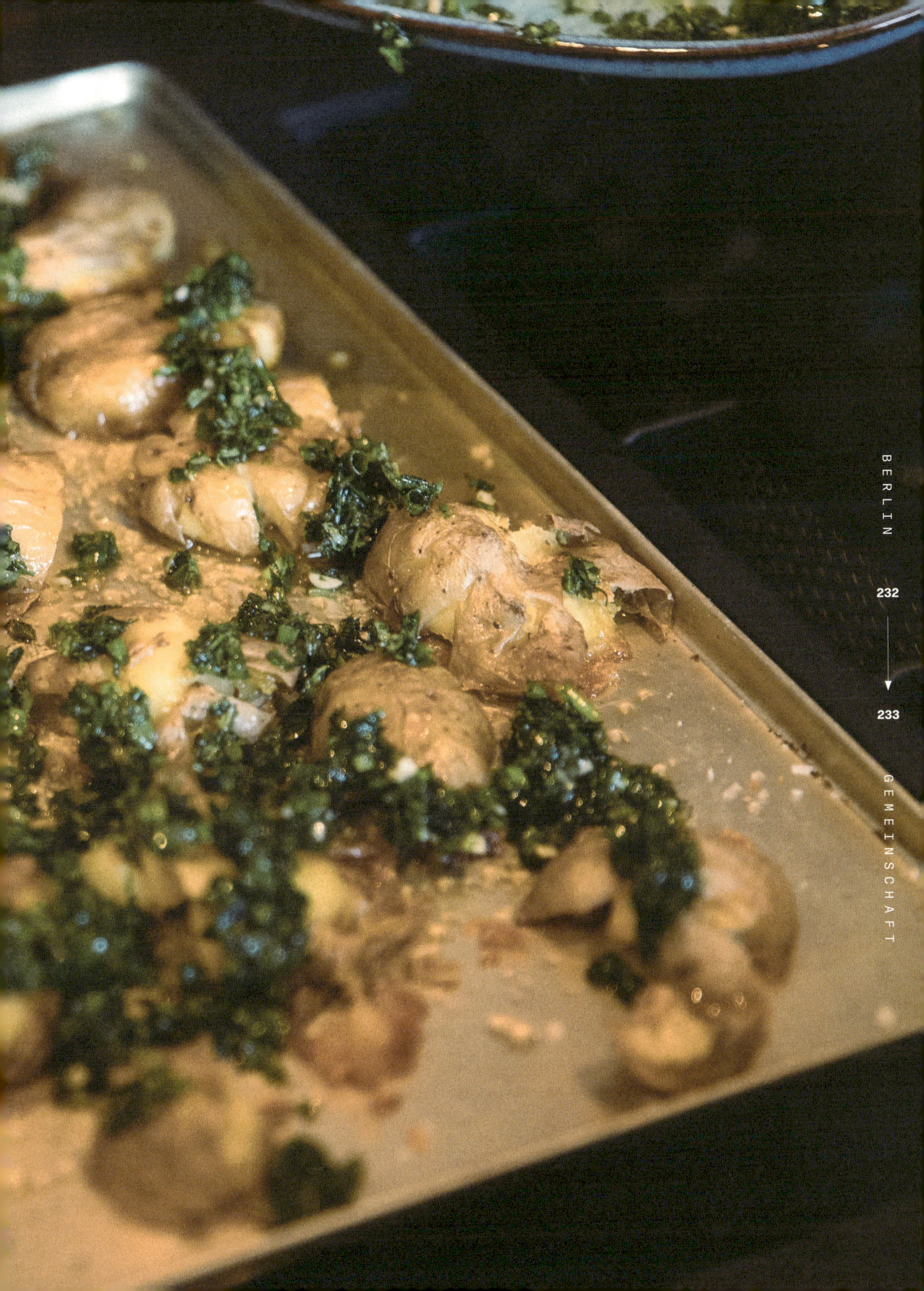

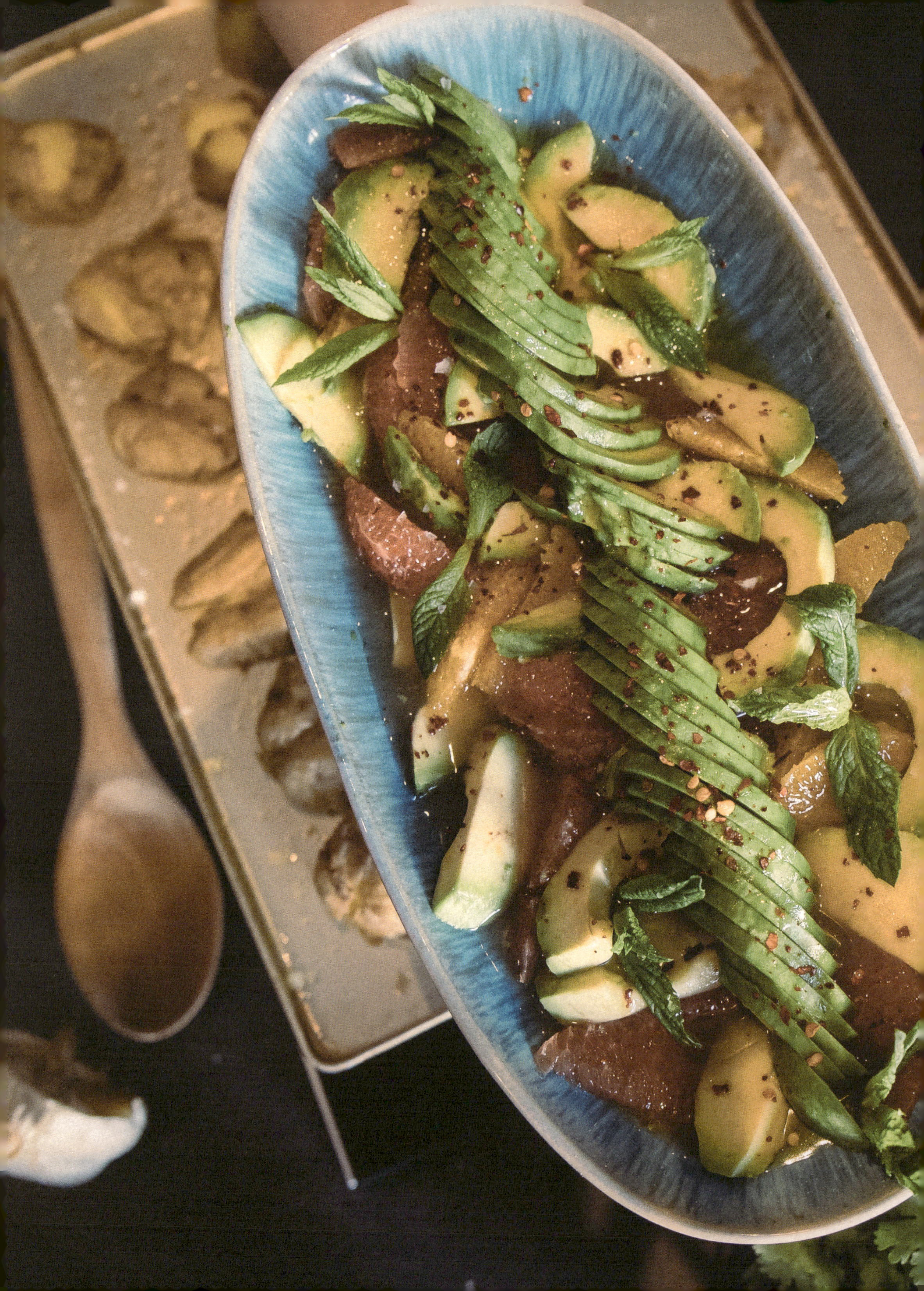

Avocado & Grapefruit – Ziemlich **beste Freunde**

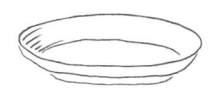

ZUTATEN FÜR 2 PERSONEN

- 2 Avocados
- 2 Grapefruits
- 1 Orange
- ½ Bund Minze

Für das Limetten-Dressing:

- 2 Limetten
- 2 EL Honig
- ½ TL Salz
- 3 EL Olivenöl
- Schafskäse, optional
- Meersalzflocken, optional

Diese Variante eines Salats ist eine echte Fruchtbombe und zaubert den Sommer auf den Teller. Die Zutaten harmonieren so prächtig zusammen – eine Geschmacksexplosion.

So wird's gemacht:

Avocados von Schale und Kern befreien und in Scheiben schneiden. Grapefruits und Orange filetieren. Auf einem Teller auslegen. Für das Limetten-Dressing Limetten auspressen. Saft mit Honig, Salz und Olivenöl zu einem Dressing verquirlen und über die Zitrusfrüchte träufeln. Mit frischer Minze garnieren.

Wer mag, kann zum Abschluss Meersalzflocken oder Schafskäse über den Salat streuen.

ZUBEREITUNGSZEIT

ca. 10 Minuten

Maishähnchen – **Bang Boom Bang**

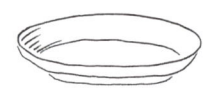

ZUTATEN FÜR 2 PERSONEN

1	Maishähnchen, ausgenommen (1,5 kg)
1	Knoblauchzehe
80 g	Butter, weich
4 EL	gehackte Kräuter (Salbei, Rosmarin, Thymian)
1 EL	Bio-Zitronenabrieb
1	Zitrone
	Salz
	Pfeffer

Das wohl einfachste und leckerste Fleischgericht, wenn man Gäste erwartet.

So wird's gemacht:

Backofen auf 180° Grad Ober- und Unterhitze (160° Umluft) vorheizen. Hähnchen waschen und mit Küchenpapier trocken tupfen. Außen und innen kräftig salzen und pfeffern.

Knoblauch hacken. Butter mit den Kräutern, Zitronenabrieb und Knoblauch vermischen und mit Salz und Pfeffer würzen. Die Zitrone an mehreren Stellen anpiksen.

Das Hähnchen mit der Kräuterbutter einreiben. Butter auch unter die Haut und auf die Innenseite reiben. Zitrone ins Innere geben. Hähnchen auf ein Gitter im Ofen legen, Fettpfanne darunterschieben. Huhn bei 180° Grad Ober- und Unterhitze (160° Umluft) 70 Minuten braten.

Mein Tipp: Falls ihr geräucherten Knoblauch bekommt, verwendet auch diesen, um ihn in das Innere des Hähnchens zu legen.

ZUBEREITUNGSZEIT

ca. 10 Minuten
(+1 Stunde 10 Minuten Bratzeit)

BERLIN

236

237

GEMEINSCHAFT

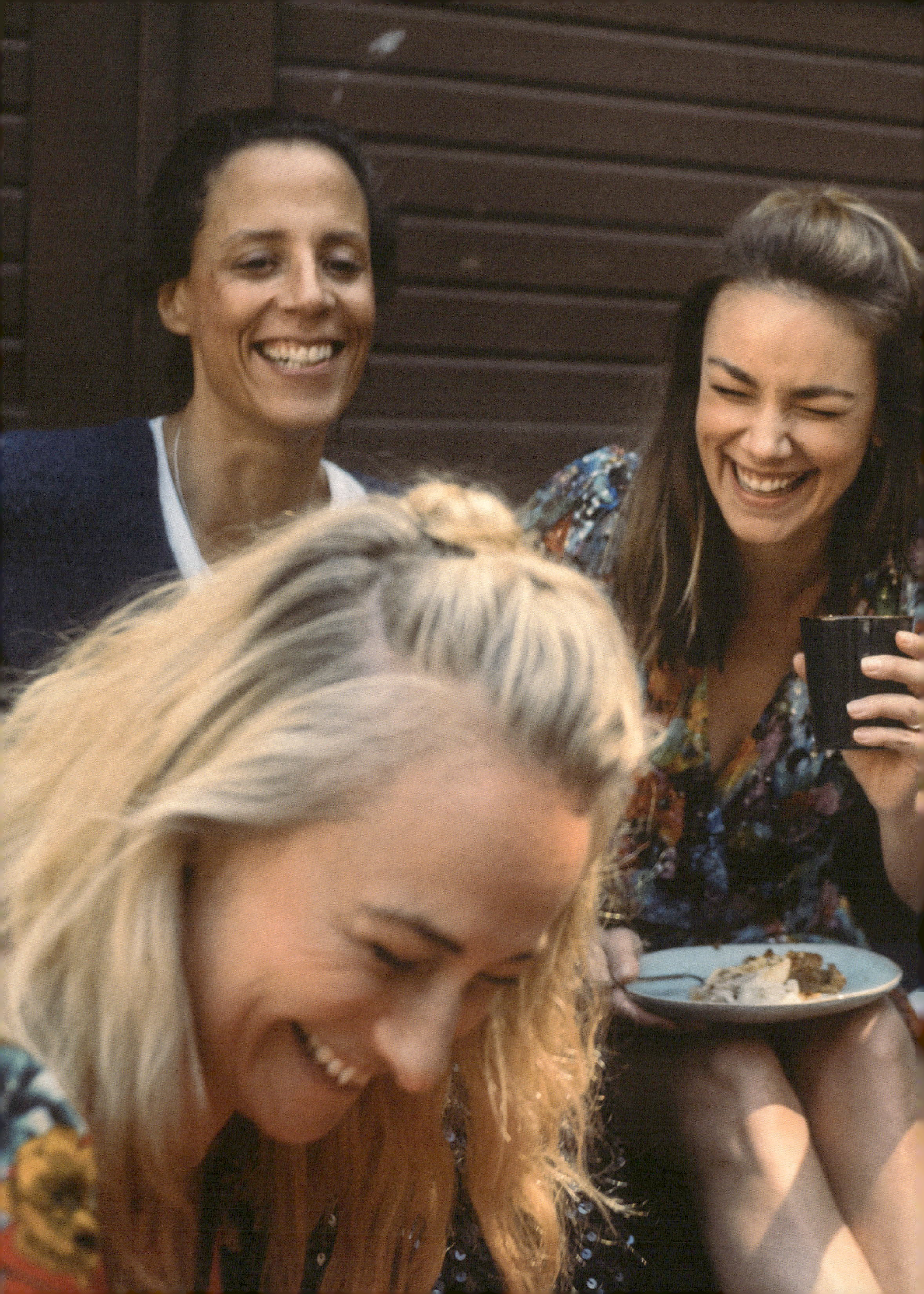

BERLIN

238
↓
239

GEMEINSCHAFT

Alles auf einen Blick

A
All Black Spicy Chicken, **175**
Angezogene Jahrmarkts-
 früchtchen, **149**
Apfel-Franzbrötchen-Brot, **71**
Aubergine mit Burrata und
 Tomatensalsa, **81**
Avocado & Grapefruit – Ziemlich
 beste Freunde, **235**

B
Banane mit Passionsfrucht und
 Dulce de Leche, **85**
Bananen-Curry-Dip, **91**
Bini's Monkey Ponkey, **207**
Black-and-Green-Bowll, **177**
Blumenkohlsteak mit
 Granatapfel, **201**
Butter-Radieschen, **211**
Butterkuchen, **41**

C
Caponata mit Schwips, **49**
Chicken, All Black Spicy, **175**

D
Das schnellste Eis der Welt, **191**
Die Kopfsalat-Tee-Affäre, **123**
Dip, Dip, hurra!, **91**

E
Eis, das schnellste der Welt, **191**
Eiweißbrot, **147**
Erdbeer-Matcha-Sando, **121**
Evas Soba-Nudeln mit
 Lachsspießen, **226**

F
Fast Tokio Overnight-Matcha-
 Oats, **125**
Feinste friesische Krabbensuppe, **59**
Fliederbeersuppe mit Klüten, **39**
Franzbrötchen-Brot, **71**
Friends Wedge-Salat, **231**
Frozen Fruit-Cake, **193**
Frühaufsteher-Trümmertorte mit
 Erdbeeren, **73**

G
Gemüsechips, **209**
Geröstete Bier-Bar-Nüsse, **213**
Gurkensalat, **159**
Green Bowl, **177**

Grill-Aubergine mit Burrata und
 Tomatensalsa, **81**
Grill-Banane mit Passionsfrucht und
 Dulce de Leche, **85**
Grillantischer Erdäpfelsalat, **93**
Guacamole mit Granatapfel, **91**

H
Handwarme Süßkartoffel, **137**
Hangover-Radieschen, **211**
Happy Spicy Tan Tan Ramen, **111**

I
Iris' Kartoffelsuppe, **225**

J
Janinas Quick Okonomiyaki, **135**

K
Karotten mit Dukkah, **203**
Kartoffelgratin, **47**
Kartoffelpüree, **37**
Kartoffelsalat, **93**
Kartoffelsuppe, **225**
Klaus' Nice Cream, **188**
Klopse à la Uhse, **37**
Königsberger Klopse, **37**
Kopfsalat mit Tee-Dressing, **123**
Kotelett vom Landschwein mit
 gegrilltem Brokkoli, **83**
Krabbenrührei mit Zitronensalz, **61**
Krabbensuppe, **59**
Kürbis aus dem Ofen, **224**

L
Lachs mit Miso-Butter, **159**
Lachsspieße mit Soba-Nudeln, **226**
Landschwein mit gegrilltem
 Brokkoli, **83**
Linsensuppe aus dem
 Morgenland, **199**

M
Maishähnchen – Bang
 Boom Bang, **236**
Mamas Rübenschmaus, **35**
Mandarinen-Kerbel-Aioli, **91**
Miesmuscheln, **31**
Miso Lachs, **159**
Monkey-Bar-Drink, **207**

N
Nice Cream, **188**

O
Ofenfisch aus der Kindheit, **161**
Ofenkürbis, **224**
Okonomiyaki, **135**
Omas Fliederbeersuppe
 mit Klüten, **39**
Onigirazu – das Sushi-Sandwich, **157**
Opas Lieblingsbutterkuchen, **41**
Opas Miesmuscheln, **31**
Overnight-Matcha-Oats, **125**

P
Paleo-Kuchen, **223**
Popcorn, **141**

Q
Quetschkartoffeln – die Absoluten
 Giganten, **232**
Quick Okonomiyaki, **135**

R
Ramen, **111**
Rindfleisch-Teriyaki, **173**
Rote-Bete-Salat, **37**
Rübenschmaus, **35**
Ruckzuck-Reise-Eiweißbrot, **147**

S
Salty Rindfleisch-Teriyaki, **173**
Schnellstes Eis der Welt, **191**
Schokofrüchte, **149**
Sentas Paleo-Kuchen, **223**
Soba-Nudeln mit Lachsspießen, **226**
Steak mit Rotwein-Balsamico-
 Reduktion, **47**
Sundowner-Gemüse-Chips, **209**
Süßkartoffel-Bowl, **177**
Süßkartoffel, **137**

T
Tan Tan Ramen, **111**
Trümmertorte mit Erdbeeren, **73**

U
Ullas Ofenkürbis, **224**

W
Wassermelonensalat mit Rucola
 und Schafskäse, **89**
Wedge-Salat, **231**
Weltbestes Popcorn, **141**
Wurzeln des Orients, **203**
Wüstenblume mit Granatapfel, **201**

Fleisch

All Black Spicy Chicken, **175**
Kartoffelsalat, **93**
Kartoffelsuppe
  mit Fleischeinlage, **225**
Königsberger Klopse, **37**
Landschwein mit gegrilltem
  Brokkoli, **83**
Maishähnchen – Bang
  Boom Bang, **236**
Ramen, **111**
Rindfleisch-Teriyaki, **173**
Rübenschmaus mit Kassler
  und Knacker, **35**
Steak mit Rotwein-Balsamico-
  Reduktion, **47**
Wedge-Salat, **231**

Fisch

Krabbenrührei mit Zitronensalz, **61**
Krabbensuppe, **59**
Lachs mit Miso-Butter, **159**
Miesmuscheln, **31**
Ofenfisch aus der Kindheit, **161**
Okonomiyaki, **135**
Onigirazu – das Sushi-Sandwich, **157**
Soba-Nudeln mit Lachsspießen, **226**

Vegan/Vegetarisch

Apfel-Franzbrötchen-Brot, **71**
Aubergine mit Burrata und
  Tomatensalsa, **81**
Avocado & Grapefruit, (vegan)
  ziemlich beste Freunde, **235**
Bananen-Curry-Dip, **91**
Black-and-Green-Bowl (vegan), **177**
Blumenkohlsteak mit Granatapfel
  (vegan), **201**
Butter-Radieschen, **211**
Butterkuchen, **41**
Caponata mit Schwips (vegan), **49**
Das schnellste Eis der Welt, **191**
Eiweißbrot, **147**
Erdbeer-Matcha-Sando, **121**
Fliederbeersuppe mit Klüten, **39**
Frozen Fruit-Cake (vegan), **193**
Gemüsechips (vegan), **209**
Geröstete Bier-Bar-Nüsse, **213**
Grill-Banane mit Passionsfrucht
  und Dulce de Leche, **85**
Guacamole mit Granatapfel
  (vegan), **91**
Handwarme Süßkartoffel, **137**
Kartoffelgratin, **47**
Kartoffelpüree, **37**
Kartoffelsalat, **93**
Kopfsalat mit Tee-Dressing
  (vegan), **123**
Linsensuppe aus dem Morgenland
  (vegan), **199**
Mandarinen-Kerbel-Aioli (vegan), **91**
Nice Cream (vegan), **188**
Ofenkürbis, **224**
Onigirazu – das Sushi-Sandwich
  (vegan), **157**
Overnight-Matcha-Oats
  (vegan), **125**
Paleo-Kuchen, **223**
Popcorn (vegan), **141**
Quetschkartoffeln – die absoluten
  Giganten (vegan), **232**
Rote-Bete-Salat (vegan), **37**
Schokofrüchte, **149**
Trümmertorte mit Erdbeeren, **73**
Wassermelonensalat mit Rucola
  und Schafskäse, **89**
Wurzeln des Orients (vegan), **203**

Sweets

Angezogene Jahrmarkts-
  früchtchen, **149**
Apfel-Franzbrötchen-Brot, **71**
Butterkuchen, **41**
Das schnellste Eis der Welt, **191**
Erdbeer-Matcha-Sando, **121**
Fliederbeersuppe mit Klüten, **39**
Frozen Fruit-Cake, **193**
Grill-Banane mit Passionsfrucht
  und Dulce de Leche, **85**
Nice Cream, **188**
Overnight-Matcha-Oats, **125**
Paleo-Kuchen, **223**
Popcorn, **141**
Trümmertorte mit Erdbeeren, **73**

Wir lieben unsere Umwelt

Klimaneutral Druckprodukt
ClimatePartner.com/53203-1907-1004

FSC MIX
Papier aus verantwortungsvollen Quellen
FSC® C006655
www.fsc.org

Printed in Germany

HERAUSGEBER
Janina and Food | janinaandfood.com

TEXT
Tim Gutke

GESTALTUNG
Büro Hamburg | Jürgen Kaffer

LEKTORAT
Lektorat Süd | lektorat-sued.de

FOTOS
REPORTAGE-FOTOGRAFIE:
André Josselin
Tim Gutke
FOOD-FOTOGRAFIE:
Marina Jerkovic
DROHNENBILD WEINGUT WAALEM:
Thorsten Schmidtkord Fotografie

DRUCK UND VERARBEITUNG
NINO Druck GmbH
Im Altenschemel 21 |
67435 | Neustadt/Wstr.
ninodruck.de

Alle Rechte an der Verbreitung, auch durch Film, Funk, digitale Medien, Fernsehen, fotomechanische Wiedergabe, Tonträger aller Art, auszugsweiser Nachdruck oder Einspeicherung und Rückgewinnung in Datenverarbeitungsanlagen aller Art, sind vorbehalten.

Die Verwertung der Texte oder Bilder, auch auszugsweise, ist ohne die Zustimmung des Verlags und der Autoren urheberrechtswidrig und strafbar. Die Inhalte dieses Buches sind von Autoren und Verlag sorgfältig erwogen und geprüft, dennoch kann eine Garantie nicht übernommen werden. Eine Haftung von Autoren und Verlag für Personen-, Sach- und Vermögensschäden ist ausgeschlossen.

Die Empfehlungen in diesem Buch ersetzen weder den Rat von professionellen Gesundheitsexperten noch von Ärzten.

ISBN
978-3964435699

Wir lieben unsere Partner

BOCCI

25h berlin/bikini
twenty five hours hotel

JNTO

KIANS GARDEN

MOTEL A MIIO

tribeca ice cream

WEINGUT WAALEM
Das Weingut mit dem Eisbären

WOLFFPACK VISION

Janina
AND
FOOD

UHSE